革命老区赣南区域研究丛书

此书系江西省高校人文基地项目"大数据背景下地方政□□□□□□
系的创新路径研究"（项目编号：JD20073）、"赣南苏区红旅融合发
展的驱动机制与创新路径研究"、"赣南等原中央苏区康养产业发展
对策研究"（项目编号：12019619）阶段性研究成果。

赣南革命老区
社会建设与发展研究

黄恩华　周利生◎主　编

杨　鑫　魏烈刚　黄仕佼　詹强南◎著

STUDY ON SOCIAL CONSTRUCTION AND
DEVELOPMENT OF
THE OLD REVOLUTIONARY BASE AREAS IN
SOUTHERN JIANGXI

经济管理出版社
ECONOMY & MANAGEMENT PUBLISHING HOUSE

图书在版编目（CIP）数据

赣南革命老区社会建设与发展研究/黄恩华，周利生主编；杨鑫等著．—北京：经济管理出版社，2022.7
ISBN 978-7-5096-8576-1

Ⅰ．○赣…　Ⅱ．①黄…　②周…　③杨…　Ⅲ．①赣南革命根据地—社会发展—研究　Ⅳ．①D675.6

中国版本图书馆 CIP 数据核字（2022）第 120206 号

组稿编辑：丁慧敏
责任编辑：张广花　丁光尧
责任印制：张莉琼
责任校对：蔡晓臻

出版发行：经济管理出版社
　　　　　（北京市海淀区北蜂窝 8 号中雅大厦 A 座 11 层　100038）
网　　　址：www. E－mp. com. cn
电　　　话：（010）51915602
印　　　刷：北京虎彩文化传播有限公司
经　　　销：新华书店
开　　　本：720mm×1000mm/16
印　　　张：12. 25
字　　　数：224 千字
版　　　次：2022 年 8 月第 1 版　　2022 年 8 月第 1 次印刷
书　　　号：ISBN 978-7-5096-8576-1
定　　　价：88. 00 元

前　言

　　2012 年 6 月，《国务院关于支持赣南等原中央苏区振兴发展的若干意见》（以下简称《若干意见》）出台，加快了原中央苏区振兴步伐。2013 年，为了更好地落实《若干意见》的政策措施，党中央决定，由中华人民共和国国家发展和改革委员会（以下简称"国家发展改革委"）、中国共产党中央委员会组织部（以下简称"中组部"）牵头，组织 52 个中央国家机关及有关单位分别对口支援赣南等原中央苏区各县。自此，赣南苏区在党中央和国务院的决策、领导、指挥下，掀起了一场声势浩大的振兴发展运动。多年来，赣南苏区进入了高速发展的"快车道"，经济发展取得了显著的成效，实现了赣南等原中央苏区整体性、历史性、全面性、彻底性的脱贫；赣州市的地区生产总值更是跻身全国百强行列。"十三五"时期，赣州市地区生产总值增幅更是实现江西省五连冠，这是赣州综合实力提升最快、城乡面貌变化最大、群众获得感最强、干事创业氛围最浓的时期，为开启全面建设社会主义现代化新征程奠定了坚实基础。

　　赣南苏区人民全力以赴抓好《若干意见》政策的落实，由中组部、国家发展改革委牵头，组织中央国家机关及有关单位按照中央文件的相关要求对赣南实施了最大规模的对口援助，架起了中央各有关单位和赣南老区人民的"连心桥"，开启了国家相关部委与赣南苏区地方政府无缝对接的"直通车"。中央国家机关及有关单位先后派出多批次调研组深入赣南开展调研工作，深入了解赣南苏区经济社会发展中存在的问题，制定了针对性极强、内容极其详尽的对口支援措施。

　　2019 年，赣州市迈入了"高铁时代"，"两纵两横"普速铁路和"一纵一横"高速铁路在赣州会聚，为赣州成为全国"八纵八横"铁路网节点城市打下坚实的基础。不仅如此，龙南、瑞金经济技术开发和赣州高新技术产业开发区还先后升级为国家级的高新技术开发园区；赣州综合保税区的正式通关运行，让赣州成为全国功能最齐全的国际内陆口岸之一；深（圳）赣（州）港产城一体化示范区的顺利推进，也将加速推进赣州成为对接融入粤港澳大湾区的"桥头堡"。赣州市中心城区初步形成"一环三连"的城市快速路网，赣州市民生活出行的便捷程度显著提升。

因此，本书通过详尽的实地调研及访谈，总结 2012 年《若干意见》出台之后，赣南苏区在推动社会建设方面所做的努力及取得的经验，深入剖析社会建设过程中的每一个环节，对促进赣南社会建设发展的成功经验进行总结归纳。具体分为以下五章：第一章为赣南苏区社会发展篇，介绍了近些年赣南苏区地方社会建设给整体营商环境带来的显著改变，分析了《若干意见》出台后赣南苏区社会建设取得的成就和面临的挑战；第二章为赣南苏区社会服务篇，介绍了赣南苏区教育事业与公共文化事业发展的成效与经验；第三章为赣南苏区社会治理篇，重点研究了对口支援政策在赣南苏区社会治理中的作用，赣州市政府构建完善的中小企业融资服务机制以及赣南苏区大力实施的引才招才工程，这些都是赣南苏区社会治理中的亮点；第四章为赣南苏区社会建设篇，介绍了赣南苏区社会建设的主要成效以及扶贫对赣南苏区社会建设的影响与促进作用，并通过实证分析的方法研究了《若干意见》出台后赣南苏区人民幸福感提升情况；第五章为"十四五"迈向新征程，重点从大健康产业、康养产业、高铁与地方经济发展、区块链与地方政府数据治理等方面对赣南苏区产生的影响，分析赣南苏区在"十四五"时期所面临的机遇与挑战，并提出了相关建议对策。魏烈刚负责第一章数据的收集与撰写工作，詹强南负责第二章数据的采集与撰写工作，黄仕佼负责第三章内容的撰写工作，杨鑫负责第四章和第五章内容的撰写工作。同时，感谢陈梦华、谭凯淋、陈崇立、史健阳同学对部分小结内容的撰写和数据采集工作。

总体来说，本书梳理了自《若干意见》出台后赣南苏区社会建设所取得的主要成就，赣州市自《若干意见》出台后也迎来了全面振兴发展的机遇期，赣州区域性中心城市的空间格局也正在显现。在党中央、国务院的深切关怀和国家对口支援部委的倾情支持下，在江西省委、省政府和赣州市委、市政府的坚强领导下，赣南苏区一个个项目落地生根、开花结果，一个个产业从无到有、从弱到强，一个个民生举措拔节而起、焕发生机！期待赣南苏区的明天会更美好！

目　录

第一章　赣南苏区社会发展篇

第一节　对口支援政策在推动赣南苏区社会建设方面成效显著

自实施对口支援工作以来，赣南苏区发生了翻天覆地的变化。截至 2020 年底，赣州地区生产总值已达 3645.20 亿元，约是 2012 年 1508.43 亿元的 2.4 倍，与 2019 年相比增长了 4.2%，与全国增长 2.3%、江西省增长 3.8% 相比，分别提高 1.9 个、0.4 个百分点，增长率连续五年保持江西省第一，跃居全国百强城市第 66 位。城镇、农村居民人均可支配收入分别增长 6.3%、9.2%，增幅江西省第一；财政总收入增长 1.1%，一般公共预算收入增长 1.9%，社会消费品零售总额增长 2.8%，规模以上工业增加值增长 4.6%，实际利用外资增长 7.7%，固定资产投资增长 9.2%，出口增长 24.3%。三大产业占 GDP 比重突破 50%，连续四年获江西省高质量发展考评第一名。老区面貌发生深刻变化，开通昌赣高铁和国际航线，高速公路通车里程增长 40%，供电能力提升 60%，实现村村通客车、通动力电、连 4G 网，组组通水泥路；中心城区建成区面积从 141 平方千米扩大到 202 平方千米，城市人口从 130 万增加到近 200 万。① 根据调研统计结果来看，中央机关对赣南的对口支援工作主要集中在政策、试点示范、平台、产业发展、基础设施建设、民生等方面，均取得了显著

---

① 资料来源：2021 年政府工作报告——2021 年 2 月 19 日在赣州市第五届人民代表大会第六次会议 [EB/OL]. 详见 https://www.ganzhou.gov.cn/zfxxgk/c100072/202102/6d6647f64bec46ea87cced14c33a6a13. shtml, 2021-02-24.

成效。

一、对口支援政策对赣南苏区社会建设扶持的主要方面

（一）对口支援政策对赣南苏区重大政策方面的扶持

对口支援政策对赣南苏区重大政策方面的扶持主要包括：中华人民共和国教育部（以下简称"教育部"）将"进一步支持赣南等原中央苏区教育发展"写入了《国家教育事业发展"十三五"规划》；在中华人民共和国工业和信息化部（以下简称"工信部"）、中华人民共和国科学技术部（以下简称"科技部"）的推动下，"中国稀金谷"列入《"十三五"国家科技创新规划》《全国稀土行业发展规划（2016—2020 年）》；中华人民共和国民政部（以下简称"民政部"）支持赣县撤县设区、龙南县撤县设市已顺利通过民政部评审；中华人民共和国司法部（以下简称"司法部"）将与赣州有关的 11 个县（市、区）纳入国家司法考试放宽学历地区范围；中华人民共和国财政部（以下简称"财政部"）从 2016 年起对每年安排的赣南等原中央苏区补助资金进行定增调增，并且将南康区、赣县区等 9 个县（市、区）纳入国家重点生态功能区转移支付范围，将章贡区、大余县等 7 个县（市、区）纳入革命老区转移支付范围，实现了全县域的全覆盖；原中华人民共和国农业部（以下简称"原农业部"）每年对赣南柑橘黄龙病防控经费给予重点支持，从 2018 年起将经费列入中央预算资金安排；中华人民共和国海关总署（以下简称"海关总署"）、财政部、国家税务总局、国家外汇管理局联合下发文件，准予设立龙南保税物流中心（B 型）；在工信部支持下，章贡区被评为第二批全国智慧健康养老示范基地，虔东稀土、崇义章源钨业入围全国第二批绿色工厂名单；在中国证券监督管理委员会（以下简称"证监会"）支持下，南康区首只战略性新兴产业发展基金——南康区兴康新兴产业发展基金（有限合伙）正式落地运作；在中华人民共和国商务部（以下简称"商务部"）推动下，赣州郁孤台街区被中国商旅文产业联盟评为"中国商旅文产业发展示范街区"。

（二）对口支援政策对赣南苏区重大平台方面的扶持

对口支援政策对赣南苏区重大平台方面的扶持主要包括：在国家发展改革委、财政部、海关总署、原国家质量监督检验检疫总局（以下简称"原国家质检总局"）等部委推动下，赣州市的综合保税区正式开始通关运行，从国外进境赣州市的木材，在国检监管区内，实现了第一次国内进境原料木材的内陆直达直通，赣州铁路国际集装箱场站成为第八个获批的国家临时对外开放口岸，

还成立了赣州市国检监管试验区，这也是全国内陆口岸中第一个国检监管试验区；在科技部的大力推动下，赣州市还成立了三个国家级的科研平台，分别是中国稀金（赣州）新材料研究院、中国科学院海西研究院赣州稀金产业技术研发中心、质谱科学与仪器国际联合研究中心赣州分中心；在国家发展改革委、海关总署的大力推动下，赣州国际陆港陆续获批为进口肉类的指定口岸、汽车整车进口口岸；在中国共产党中央委员会宣传部（以下简称"中宣部"）的支持下，"学习强国"学习平台客服中心落户寻乌并投入使用；在中华人民共和国生态环境部（以下简称"生态环境部"）的支持下，赣州市崇义县荣获"国家生态文明建设示范县"称号；在中国民用航空局（以下简称"民航局"）的支持下，江西丰羽顺途科技有限公司获得了民航华东局颁发的首张国内无人机航空运营（试点）许可证。

（三）对口支援政策对赣南苏区试点示范方面的扶持

对口支援政策对赣南苏区试点示范方面的扶持主要包括：国家发展改革委、中华人民共和国人力资源和社会保障部（以下简称"人社部"）等10个部委将宁都县、南康区等8个县（市、区）确定为结合新型城镇化，用来开展支持农民工等人员返乡进行有关创新创业工作的试点县城；国家发展改革委将赣州列为国家级现代物流创新发展试点城市；中宣部协调支持寻乌县创建公共文化服务示范县，先后下拨资金支持寻乌县村级综合文化服务中心建设，并安排资金帮助寻乌县"二馆一中心"建设和寻乌调查纪念馆改陈提升；教育部支持信丰县、赣县区、兴国县分别纳入特殊教育、学前教育和中小学研学旅行国家改革试验区；在科技部的支持下，赣州获批国家知识产权试点城市，赣县区、信丰县获批国家知识产权强县工程试点县；在工信部、财政部、中国人民银行、原中国银行业监督管理委员会的支持下，赣州获批全国首批国家产融合作试点城市；中华人民共和国公安部（以下简称"公安部"）支持赣州市申报2017年公共安全视频监控建设联网应用（即"雪亮工程"）重点支持城市，同意江西省公安厅在赣州建立"身份证制作所"；在民政部的支持下，江西省赣州市获批全国居家和社区养老服务中心改革试点示范性城市、国家康复辅助器具创新试点城市、全国殡葬改革综合试点城市；司法部将石城县列为全国法律援助工作联系点和"七五"普法依法治理工作联系点；财政部、原中华人民共和国环境保护部（以下简称"原环保部"）、原中华人民共和国国土资源部（以下简称"原国土资源部"）将江西省赣州市纳入作为国家山水林田湖生态保护修复试点的城市之一，并且下发了有关的政策，如奖励补助资金等相关政策；在财政部和原环保部的大力推动与协调工作下，赣粤两省正式签署了《东江流域上下游横向生态补偿协议（2019—2021年）》；原国土资源部指导赣州市开展三项试点工作，包括工矿废弃地复垦利用试点、城乡建设用地增减挂钩试点、缓坡低丘荒滩等从未利用地开发利用试点；原环保部支持赣州市崇义县创建国家有机食品生产基地，并且努力建设示范县（试点）；中华人民共和国水利部（以下简称"水利部"）批准宁都县水土保持科技示范园区为国家水土保持科技示范园区；在原国家质检总局的支持下，赣州市获得"全国质量强市示范城市"称号，国家标准化管理委员会把会昌县列为全国党建标准化试点单位；国家体育总局（以下简称"体育总局"）支持赣州创建全国运动休闲城市；原国家安全生产监督管理总局（以下简称"原国家安监总局"）将赣州市列为全国遏制重特大安全事故试点城市；原中华人民共和国国务院法制办公室争取将赣州市整体纳入三项制度试点区域，包括执法全过程跟踪记录制度的试点、行政执法公示制度试点、重大执法决定法制审核制度的试点；原中国保险监督管理委员会（以下简称"原保监会"）支持定南县开展水稻和仔猪保险试点；原国家粮食局支持于都县获评首批"中国好粮油"行动计划示范县；国家能源局将信丰县确定为国家小康用电示范县、增量配售电业务改革和综合能源管理改革试点县；民航局批复南康区为全国首个无人机物流配送应用试点；原国务院扶贫开发领导小组办公室在体育总局协调推动下，争取建设资金支持崇义县运动休闲小镇、全民健身综合馆、重走长征路登山健身步道等项目建设；在国家烟草专卖局帮扶下，兴国县洋池口水库被列为烟草行业援建水源工程项目；在中华人民共和国应急管理部指导下，5座无主尾矿库隐患综合治理已通过专家评审。

（四）对口支援政策对赣南苏区产业发展方面的扶持

对口支援政策对赣南苏区产业发展方面的扶持主要包括以下内容：国家发展改革委、证监会支持江西省赣州市南康区发行新增专项企业债券，其中企业债券包括小微企业增信集合债和双创企业孵化专项债券等；科技部支持赣州高新技术产业开发区注册设立赣州市首只专项高新技术产业发展基金；在国务院国有资产监督管理委员会（以下简称"国务院国资委"）、工信部的支持下，赣州经济技术开发区引进国机智骏和凯马汽车2个央企整车项目；在原国家食品药品监督管理总局（以下简称"原国家食药监总局"）的支持下，江西赣州市食品药品检验检测中心已建成并投入使用，龙南县、瑞金市和安远县区域性食品安全检验检测中心建成并投入使用；财政部为瑞金市下拨油茶产业发展专项资金；工信部下拨章贡区稀土开发综合利用试点专项补助资金；信丰县被原农业部、财政部列为第一批国家现代农业产业园创建县；得益于原国土资源部的支持，在《全国矿产资源规划（2016—2020 年）》中，赣州被列入"绿色矿业发展示范区"建设试点城市；商务部支持赣州电子商务进农村工作；在原国家质检总局的鼎力支持下，国家家具产品质量监督检验中心（江西）正式批准成立，油茶产品国检中心正式获得批准开始筹划建设；在国家发展改革委、财政部鼎力支持下，章贡区建设公司开始公开发行公司债券；在中宣部推动下，央视财经频道到寻乌拍摄《秋收特产——走进江西寻乌：电商助推生意忙》专题，宣传推介寻乌农特产品；在国务院台湾事务办公室（以下简称"国台办"）支持下，定南县引进了半导体防静电铝合金地板生产供应商——台湾惠亚科技公司投资办厂；在中国银行保险监督管理委员会（以下简称"银保监会"）推动下，由中国光大银行发起设立的江西瑞金光大村镇银行已经正式开放；在国家市场监督管理总局的大力支持下，在江西省龙南区域性食品药品检验检测中心，食品药品检验检测的工作顺利调试运行，江西九二氯碱项目和石磊公司氟化氢、氢氟酸、氟硅酸项目成功办理工业产品生产许可证。

（五）对口支援政策对赣南苏区基础设施建设方面的扶持

对口支援政策对赣南苏区基础设施建设方面的扶持主要包括在国家发展改革委、中华人民共和国交通运输部（以下简称"交通运输部"）、水利部、国家能源局、民航局、中国国家铁路集团有限公司等支持下，赣南苏区一批重大基础设施项目相继获得批复、开工和建设。例如，昌赣客运专线、昌赣高速铁路加快建设的同时，赣深高铁、兴泉铁路开工建设；兴永郴赣快速铁路、宁都—定南高速公路建成并顺利完成通车，广昌—吉安高速公路开工建设；沟通京广铁路与京九铁路的连接线的赣韶铁路扩能等 7 条铁路均被列入国家的《中长期铁路网规划》，并且江西赣州市在《"十三五"现代综合交通运输体系发展规划》中被定为全国性综合交通枢纽，赣州港"一带一路"多式联运示范工程项目已经成功获批成为全国第二批多式联运示范工程之一。交通运输部支持安远县交通建设，将安远县列为全国首批"四好农村路"示范县，并新增专项支持广吉高速宁都段高速公路建设；水利部支持由省财政负担赣州等原中央苏区公益性水利项目县级配套资金政策；中华人民共和国审计署（以下简称"审计署"）协调将庄庄线等 7 个重大基础设施项目成功纳入中央投资计划；在国家能源局的支持下，华能瑞金电厂二期工程加快建设，神华国华 2×660 兆瓦+2×1000 兆瓦超超临界燃煤发电机组信丰电厂项目纳入《电力发展"十三五"规划》，现已具备核准和开工条件；国家烟草专卖局援助长龙灌区改造项目，洋池口水库项目即将进入评审阶段；民航局安排赣州机场建设资金，并承诺安排瑞金机场建设民航发展基金；在国家发展改革委、国家能源局大力支持与推动下，顺利下达信丰大塘220千伏输变电工程2018年投资计划，赣浙能源与北京国华电力合资建设信丰电厂项目顺利签约；在审计署协调推动下，中国农业银行在资金贷款方面积极支持会昌县棚改工作；国家开发银行（以下简称"国开行"）在融资授信方面给予全南县第二批农村基础设施和水利提升项目有力支持。

（六）对口支援政策对赣南苏区民生事业方面的扶持

对口支援政策对赣南苏区民生事业方面的扶持主要包括：财政部向瑞金市倾斜支持棚户区改造、城市防洪工程等项目建设；民政部、国家烟草专卖局分别落实各类项目资金支持兴国县改善民生和完善基础设施；原国土资源部向赣州市倾斜支持农业地质调查；原环保部提供崇义县陡水湖生态环境保护、农村环境按片整理管制、重金属污染治理等专项资金；原农业部安排赣州农业特色产业发展和产业扶贫资金；在原国家卫生计划生育委员会的支持下，于都县人民医院获得中央投资，12所乡镇卫生院改扩建及职工周转房建设完成；审计署在会昌县成立"审爱助学金"，累计资助困难学子1100余名；原国家新闻出版广电总局支持大余县安装直播卫星"户户通"工程12410套；在体育总局的支持下，赣州市争取上级体育项目补助资金，崇义县新增体育场地面积10万平方米，村级全民健身工程实现全覆盖；原国家安监总局落实关闭小企业小矿山遗留问题专项补助资金，协调中国煤矿尘肺病防治基金会等向大余捐赠医疗设备和救护车；在民政部支持下，下发拨款中央专项彩票公益金补助兴国县方太乡、杰村乡、永丰乡光荣敬老院建设；在教育部支持下，上犹县教育事业发展基础更加夯实；在人社部协调推动下，宁都县民生保障水平得到进一步提升；中华全国供销合作总社（以下简称"全国供销总社"）积极支持安远县土地托管、标准化示范等项目建设；生态环境部在环保专项资金方面给予崇义县有力支持等。

二、国家相关部委对口支援的主要成效

（一）民政部、国家烟草专卖局对口支援兴国县的主要成效

民政部支持兴国县在全国率先启动"救急难"试点工程；投资启动并且开工建设了集儿童福利院、社会福利院、光荣院、残疾人托养中心、救灾救助中心

为一体的民政项目园。同时，民政部挂职干部充分发挥民政联系社会组织的优势，动员和组织了多家社会组织来赣州、兴国调研考察，扩大了兴国振兴发展的影响。

国家烟草专卖局也大力推进援建事业发展。2014 年，国家烟草局支援建设了兴国县红军儿童小学，还捐款建造了埠头乡金叶幼儿园、兴国县第一幼儿园和崇贤乡、良村镇等 20 所乡镇中心幼儿园，其中被评为市级示范幼儿园的有长冈、社富等 6 所乡镇中心幼儿园。此外，国家烟草专卖局临时干部通过金叶基金会的协调，给兴国捐赠资金，为多所学校建立了金叶育才图书馆，为学生提供了电脑、投影仪等先进的教学设备；也为多所农村学校建设饮水安全项目，为孩子们提供了安全饮水的保障。这些项目的建成为兴国县提供了良好的教育环境。

（二）原保监会、国台办对口支援定南县的主要成效

原保监会出台了《中国保监会关于保险业对口支援江西省赣州市定南县等原中央苏区振兴发展的指导意见》，积极发挥保险业的优势，强化保险产品服务的创新，推动定南保险创新示范点的建设。国台办提出《关于支持赣南等原中央苏区振兴发展的工作方案》，用好用活对台资源，推动赣南地区与台湾地区之间的经济、文化交流与合作，截至 2020 年，台商投资对赣州和定南的经济贡献度实现提升，为赣南等原中央苏区与全国同步全面建设小康社会提供了有力支持。

在政策协调方面，原保监会协调帮助定南扩大保险覆盖面，开展脐橙、育肥猪、水稻、农房保险财政补贴和出口信用保险试点。原保监会、国台办协调国家铁路设计部门支持赣深客专途经定南并设定南高铁站（设为两台六线的区域性中心站点），为规划建设定南高铁新区奠定基础；就定南洋前坝水库项目，协调国家有关部委将其列入国家"十三五"规划并获国务院批复，协调江西省发展改革委批复项目可研报告。在民生改善方面，国台办协调全国台湾同胞投资企业联谊会捐资建设定南县富田标准化示范小学，协调应昌期文教基金会捐资改善定南县镇田小学基础设施和教学条件，协调顶新公益基金会捐建定南县鹅公镇中心体育场，协调台资企业资助特困中小学生 250 名。

（三）人社部对口支援宁都县取得的主要成果

2014 年 1 月，人社部印发了《关于对口支援江西省宁都县人力资源和社会保障事业发展的指导意见》，根据自身特色优势明确提出建设一所高级技工学校，并且对江西省赣州市宁都县现有教育培训资源进行整合，以此为基础实

现宁都县产业结构的调整，最终推动宁都县域经济发展。2017 年 5 月 15 日，人社部办公厅颁布《关于做好定点帮扶宁都技工学校工作的通知》，并且组织专家服务指导技术团赴宁都职业技术学校进行专业指导，并在常州职业技术学院、江西职业技术学院等 6 个专业技术领域开展工作，依托特色专科学校，对口支援宁都技校各专业，使学生快速提高技能。同时，人社部还明确表示将给予宁都技工学校以政策、资金、项目等方面的援助，并指导宁都技工学校开展信息化建设。

（四）海关总署、原国家食药监总局对口支援龙南县的主要成效

（1）发挥职能优势。海关总署批复龙南保税物流中心（B 型），支持海关监管场所建设资金及设备，支持海关查验场所网络通信系统建设；帮助解决龙南县部分重点进出口企业业务通关问题，推动赣州海关和南昌海关驻龙南办事处实现通关一体化，促使龙南县连续两年出口业绩保持 20% 以上的增速等。原国家食药监总局对龙南区域性食品药品检验检测中心建设工作安排了补助资金，并同意将龙南县纳入我国第一批县级食品安全检验检测资源整合试点地区，极大地提升了龙南县的食品药品安全监管水平，有效地保障了苏区群众"舌尖上的安全"。

（2）积极招商引资。海关总署、原国家食药监总局大力发挥行业优势，推动龙南县招商引资工作取得新成效。海关总署安排宁波海关在宁波市举办了龙南县招商引资环境专场推荐会，成功与 3 家企业签订投资协议。原国家食药监总局牵头指导龙南县经济技术开发区和上海市食品添加剂与配料行业协会、昆山市香料香精化妆品工业协会签署了合作协议，挂职干部直接帮助龙南县引进江西中缘梦酒业、星辰生物科技、红井坊酒业等 8 家大型企业投资。

（五）证监会、民航局对口支援南康区的主要成效

（1）助推经济发展。证监会先后指导华源新材、前程新能源、康意服饰 3 家企业在新三板挂牌，德普特科技、博晶科技通过股改成为上市公司的全资子公司，实现了南康企业挂牌上市从无到有的历史跨越；引进华福证券指导南康区城发集团发行了中小企业增信集合债券，即将发行南康区城发公司双创孵化专项债券；帮助南康设立了 4 只产业投资基金，并推动设立产业发展引导基金。证监会还指导完善了南康金融组织体系，南康入驻了 5 家总部经济和 14 家私募基金。同时，民航局为赣南民航事业发展提供了帮助，全面推动了民航事业发展，按照西部大开发政策，帮助申请赣南等前中央苏区机场建设补助和运营补助资金，多年来为赣州黄金机场改扩建工程和各类小安全工程安排了民航发展基金和运营

补贴。

（2）助推人才培养。证监会举办了多期资本市场等专题培训，进一步提高了南康领导干部对金融资本市场的认识，提升了金融人才的素质。民航局委托上海民航职业技术学院培养赣南机场人才；中国民航管理干部学院专门为赣州市安排了一期"物流和基础设施建设"专题干部培训班。

（3）助推民生发展。在证监会的积极倡导下，证监会系统内相关单位及市场主体积极援助南康基础设施项目和公益项目建设；民生证券分别与南康区人民政府和南康区隆木乡政府签订结对帮扶协议。在民航局、中国民航大学、中国民航飞行学院、广州民航职业技术学院、上海民航职业技术学院的支持下，东方航空、南方航空联手，专程赶赴赣州、南康，对赣南地区应届毕业生进行了飞行员、空乘、空保专业面试和体检。据不完全统计，共有来自赣州、吉安、新余、宜春等 10 地 300 余人参加了飞行专业面试，500 余人参加空乘、空保专业面试。不仅如此，中国民航飞行学院正式设立了南康中学"民航飞行技术专业高中预备生"基地班，进一步凸显了"学在南康"的优势。

（六）中宣部、国家统计局对口支援寻乌县的主要成效

2014 年以来，中宣部、国家统计局每年定期专题研究对口支援工作。

国家统计局下发办公电脑设备 50 台（套），下拨农业普查补助经费 50 万元，每年援助寻乌县统计业务经费 100 万元。[①] 中宣部宣布大力支持寻乌县"百县万村综合文化服务中心示范工程"建设；支持寻乌县"二馆一中心"项目建设及寻乌调查纪念馆提升工程。在中宣部大力推动下，2017 年，中央电视台"心连心"艺术团寻乌分队举办了以"强军战旗红"为主题的慰问演出。2015 年，国家相关部委还向寻乌县赠送一批物资（或资金），其中中宣部捐赠 200 台电脑和 30 套音响设备，价值 150 多万元；中宣部筹资定点帮扶寻乌县南桥镇南龙村和项山乡卢屋村脱贫攻坚。同时，中宣部还积极争取到广播电视"户户通"设备 20090 套，赠送图书、期刊及教辅资料 12 万余册，极大地丰富了群众的精神文化生活。[②]

不仅如此，中宣部、国家统计局还积极汇聚各方力量，为寻乌经济社会发展提供全方位支持，协调重大事项。例如，将寻乌太湖水库建设项目列入国家重大

---

① 资料来源：国家统计局助力寻乌振兴发展 ［EB/OL］．大江网（中国江西网），https：// jxgz. jxnews. com. cn/system/2015/07/14/014041852. shtml，2015-07-14.

② 资料来源：中宣部对口支援助寻乌跑出"加速度" ［EB/OL］．赣州市人民政府网，https：// www. ganzhou. gov. cn/gzszf/c100022/201506/d37b769fa1ae471c81ae2026b45f2149. shtml，2015-06-26.

项目资金安排计划，按照西南五省（自治区、直辖市）的补助标准，给予最大支持；寻乌至龙川高速公路项目得到了广东省政府批复同意；促成了"昌吉赣客运专线"项目开工建设；推动了瑞梅铁路、青龙岩风景区等项目的加快推进。寻乌城乡居民的安全饮用水得到中央项目资金支持，东江源区生态保护等一大批项目也得到中央项目资金支持。在中宣部的积极推动下，邀请了全国 10 多家中央的主流媒体共 30 多批次 400 多人，来到寻乌县专门对"转改"和"走转改"活动进行采访报道。其中，寻乌特色产业、旅游资源、客家文化等被中央各媒体大力宣传推介，如《人民日报》、中央电视台等，在很大程度上提高了寻乌县的知名度，帮助寻乌县在果品销售中引入电子商务理念，牵线阿里巴巴等知名电商企业与寻乌加强合作，举办寻乌"看橙团"和第一届寻乌脐橙网络销售会，帮助寻乌振兴发展。

（七）国务院国资委、工信部、公安部对口支援章贡区、赣州经济技术开发区的主要成效

在国家相关部委的对口支援下，赣州市章贡区在教育综合改革、养老服务、智慧社区等项目上进行了全面的试点，对口支援的国家相关部委还帮助章贡区与其他相关部委进行对接，一共争取到国家级、省级层面的试点项目 15 项，有效提升了章贡区的可持续发展动力。与此同时，工信部将赣州市列为全国产融合作试点城市，开启了"扶县促市"的新篇章。在工信部的支援下，章贡区成为全国首批信息消费试点城市中的一员。主推项目"智慧社区"不仅提升了章贡区对于居家老人服务的质量，而且也很好地实现了养老"温度"与"精度"的巧妙结合。同时，得益于公安部的支持，公安部援建的依托赣州第十一中学的章贡区心理健康教育实训基地建设取得了显著成效。

国务院国资委积极推动央企入赣。自 2013 年以来，国务院国资委先后推动国机汽车、凯马汽车、韶钢赣州产业基地等 7 个央企项目落户赣州经济技术开发区，项目总投资是历年中央企业投资总和的 11 倍。2015～2016 年，国务院国资委连续 2 年组织了 25 家中央企业赴赣州经济技术开发区与当地企业开展产业合作对接活动，多个合作项目顺利完成，为中央企业进入江西和中央地方合作打下坚实基础，有力地带动了项目的"大推进"、经济的"大发展"。①

不仅如此，在工信部的大力帮助下，赣州经济技术开发区进一步明确了工业

---

① 资料来源：赣州经开区 感恩奋进铸辉煌 ［N/OL］. 江西日报，https：//epaper. jxnews. com. cn/jxrb/html/2017-06-28/content_392751. html，2017-06-28.

发展方向和发展重点。澳克泰工具、睿宁新材料等项目列入了国家工业强基工程，山香药业、五环机械等项目列入了国家产业振兴和技术改造计划，得到了工信部的各类资金支持，极大提升了企业发展潜力，为产业转型升级提供了资金支持。

（八）审计署、原国家质检总局对口支援会昌县的主要成效

审计署充分发挥与部委联系广泛的优势，成功协调推动会永线、庄庄线、珠高线等总长 84.9 千米的 3 条县道升级改造工程；公安部推进 10 个水生态环境治理修复工程、农村一二三产业融合发展试点等一批重大项目纳入中央投资计划。除此之外，国开行总行落实会昌棚户区改造贷款项目。原国家质检总局指导会昌成功创建国家级出口米粉质量安全示范区、橘柚标准化示范区、油茶标准化示范区、毛竹标准化示范区、汉仙岩国家旅游服务业标准化试点。原国家质检总局还积极与有关部委协调，为会昌九二盐业有限公司 30 万吨离子膜烧碱项目取得工业产品生产许可证，一举破解了困扰会昌多年的发展难题。

（九）原环保部、国家体育总局对口支援崇义县的主要成效

（1）项目扶持。在原环保部的帮扶下，赣州市崇义县率先实现农村垃圾处理全覆盖。开展陡水湖水面整治工作，推进大江、小江、扬眉江流域水质专项整治，全面完成污染减排工作。一批"山、河、林、田、湖"等生态修复工程也在实施中。崇义县还因此被评为国家级生态示范区、全国国土绿化突出贡献县、全省首批生态文明先行示范县。在国家体育总局的帮助下，崇义县新建了江西首个拆装式游泳池，实施崇义县游泳馆、奥林匹克广场、章源休闲健身广场、竹乡体育馆等一大批体育项目的建设，实现县、乡、村三级农民体育健身工程全覆盖。

（2）政策扶持。体育总局制定并出台了《国家体育总局对口支援赣州崇义县振兴发展 2016 年重点工作方案及责任分工》，由体育总局 33 个司局和直属事业单位分别协助崇义县 16 个乡（镇），进一步明确责任分工。原环保部出台《环境保护部对口支援"十三五"工作实施方案》，在生态文明建设、生态产业发展、生态环境治理、强化环保能力基础建设等方面提出了具体的支持事项和帮扶措施。

（3）资金扶持。原环保部为崇义县争取了大量各类项目资金，包括重金属污染治理各类项目资金、农村环境集中连片整治资金。

（十）交通运输部、全国供销总社对口支援安远县的主要成效

（1）在政策扶持方面。对口支援工作开展后，交通运输部率先出台了《对

口支援安远县振兴发展工作方案》，明确了具体的政策措施。同时，还将安远县交通运输局列为其群众路线教育活动联系点，高位推动对口支持援助的工作。全国供销总社也出台了《中华全国供销合作总社对口支援安远县工作方案》等一系列文件，对支援安远振兴发展进行顶层设计、高位谋划。

（2）在资金扶持方面。交通运输部给予安远特殊的倾斜照顾，先后落实罗霄山片区扶贫规划的国道、省道、县道升级改造工作，农村客运网络化等项目补助资金，2014～2016年专项安排帮扶资金支持安远交通建设。全国供销总社在项目资金上给予安远高度倾斜扶持，安远获批全国供销总社社会化服务资金、新网工程专项资金、基层组织发展专项资金、农业综合开发项目等各类项目资金支持。

（3）在重大项目支持方面。2014～2016年，交通运输部支持安远县实施国道、省道改造98.4千米，县、乡、村道改造353.2千米，新建通25户以上自然村水泥路823.1千米。2015年4月，全国供销总社批准安远县供销合作社为全国供销系统电子商务示范单位。2015年11月18日，中国供销赣南脐橙交易中心项目落户安远，对进一步发挥安远县脐橙优势、促进农民增收、推动安远县振兴发展具有重大意义。2014年7月，江西省政府和江西省供销合作社将安远县列为江西省两个供销合作社综合改革试点县之一。

（十一）教育部对口支援上犹县的主要成效

（1）在资金帮扶方面。教育部先后下拨资金用于全县中小学建设及计算机、图书、仪器等教育装备购置。此外，教育部还下拨资金帮助发展特殊教育，开办偏远农村学校特殊教育班；开展学前教育行动计划帮助和支持上犹公办园、普惠性民办园建设。

（2）在人才对接培养方面。在教育部对口帮扶支援下，自2018年10月起，华中师范大学第一附属中学（以下简称"华中师大一附中"）与上犹中学结对。华中师范大学及华中师大一附中多次派出名师到上犹县开展帮扶活动，上犹县多次派出管理人员、骨干教师、优秀学生赴华中师大一附中跟岗培训和学习交流。同时，教育部充分发挥人力资源优势，在教师及教育管理干部培训、教育科研指导、优质学校结对等方面给予倾力支持。

（3）在政策扶持方面。上犹职业中等专业学校（以下简称"上犹中专"）作为上犹县唯一的普通中专，之前租用校舍办学，学生数不到400人，得益于教育部的对口帮扶，近年来发生了翻天覆地的变化。符合条件的学生可以在上犹中专享受国家免学费政策，而且还可得到每年2000元的国家助学金，雨露计划每年资助 3000 元。通过联合办学、扩大招生、产业帮扶、科研指导等，教育部充分发挥智力和人才资源优势开展帮扶工作。不仅如此，教育部职业教育与成人教育司还协调华夏基金会为上犹中专捐赠了价值 10 万美元的数控机床设备；促成南昌理工学院、江西建筑职业技术学院援建上犹中专建筑专业实训楼。

三、赣南苏区对口支援工作的发展趋势

近些年对口支援政策的实施使赣南发展迅猛，为赣南苏区振兴发展打下了坚实的基础。面对新情况、新形势，赣南苏区需要分析该政策在未来的走向。概言之，对口支援工作的发展趋势主要体现在以下四个方面：

（一）对口支援内容的多样化

一般来说，在对口支援的初期阶段，援助的目标都较为单一，重点就是关注受援地区的经济增长率。但仅关注经济增长率的提升，并不代表受援地区当地居民幸福生活指数的快速提升。因此，对口支援的最终目标应该是受援地经济得到发展、人民生活水平显著提高，让受援地居民可以通过各种形式的援建项目或援建内容提高人民的幸福生活指数。但随着受援地经济增长率的不断提升，经济发展水平的不断提高，援助的内容与方式就需要不断拓展和外延，随之而来的援助目标也就开始向多元化转型。援助目标应当是包含改善受援地的公共服务供给能力、增强受援地未来的可持续发展潜力、提高受援地整体的社会文明程度的一个递进式可持续性援助过程。

（1）改善受援地的公共服务供给能力。未来援助将侧重于提高受援地的基础设施建设和改善受援地的公共服务能力，这将成为下一步赣南苏区对口支援工作的重点。改善受援地的公共服务供给能力包括加大交通运输、技术教育、医疗卫生、养老等方面投入，提升受援地人民群众的综合幸福指数。

（2）增强受援地未来的可持续发展潜力。主要指的是在智力和产业等方面的援助使受援地未来发展潜力增加。高端人才、技术工人、管理干部、教育资源、医疗资源、现代化产业结构升级构成了受援地未来发展潜力和可持续发展的关键性因素。因此，未来应该注重这种智力援助及产业援助的深入和拓展，尤其是向教育领域、医疗卫生领域重点倾斜。

（3）提高受援地整体的社会文明程度。受援地的经济增长只是社会发展的一部分，而社会文明建设比经济发展更重要。社会的文明程度是一个地区社会进步的重要标志，文明程度的提升主要表现在该地区整体的社会风气、人民道德素质、文化、公益事业的发展上。因此，受援地的经济建设与精神文明建设其实并不矛盾，社会整体的文明建设对一个地区综合实力的提升、吸引外来人口都能够起到积极的作用。

（二）对口支援主体的多元化

由中央政府组织和主导对口支援工作，一直以来都是我国对口支援工作的主要特点。中央政府是人民利益的代表，有对全国所有地区社会公共事务管理的职能以及全国所有地区社会资源分配的职能。在对赣南苏区各地区这一轮的对口支援工作中，中央国家机关对赣南需要援助的地区提供有效的资源再分配，帮助赣南革命老区摆脱贫困。这种对口支援方式，可以充分发挥政府及各职能部门迅速、有力地组织与分配各种资源的能力，快速达到效果。但是，这种单一的援助方式，也有不利的方面，包括支援目标发生偏转的问题、受援地人民的诉求得不到有效满足的问题、某些方面支援效率不高的问题等。因此，未来赣南苏区各县（市、区）对口支援的主体有必要向多元化转型。除了国家政府机关继续作为援助的主力之外，还应该动员央企、国企、大型企业集团和经济发达地区成为援助的主力，这样可以在更加广泛的维度和更加宽广的角度开展对口支援工作，也可以缓解中央财政的压力。

（1）央企、国企、大型企业集团作为援助主体。央企、国企、大型企业集团的优势是市场广阔、资金充沛、管理运作相对灵活等，在对口支援中能够积极发挥自身优势帮助受援地的相关产业实现快速发展。但怎样依靠市场的力量而不是行政的手段来吸引央企、国企、大型企业集团对口支援赣南苏区，创造有吸引力的市场，实现互惠共赢，是未来对口支援双方都要思考的重要问题。

（2）经济发达地区作为援助主体。沿海等经济发达地区是改革开放政策的主要受益者之一。改革开放以来，这些地区成为赣南苏区等中西部原材料、优秀劳动力的主要流入地。可以说，正是得益于赣南苏区等革命老区各种低成本生产要素的大力支持，沿海发达地区才迅速成长起来。为了解决区域发展不平衡问题，沿海发达地区出资出力帮扶广大革命老区等欠发达地区。当然，这种帮扶不是无偿支持，而是建立在双方资源互补基础上的帮扶。

所以，未来赣南地区对口支援应积极拓宽支援主体，充分发挥各支援主体的优势与特点，深化支援效果，这也是未来赣南对口支援所面对的挑战之一。

（三）对口支援内容的复杂化

随着援助主体的多元化，援助内容也由单一的经济增长目标向多元化目标转变。由最初的基础设施援助、政策援助、财政援助，开始向医疗卫生服务援助、教育资源援助、产业援助、干部援助、技术人员援助、教育援助、企业间经济技术合作等多种形式发展，主要涉及民生、智力、产业三大领域。

（1）民生援助领域。该领域主要包含受援地的公共基础设施建设、医疗卫生服务、教育援助等。而公共基础设施建设又包括受援地的道路、交通、房屋、公共设备等；医疗卫生服务则包含对受援地的医疗援助和指导（包括远程服务）、医务人员的培训等；教育援助包括教育类人才的培养、教育各环节的指导、教育资源的共享、远程教育协助等。

（2）智力援助领域。主要指的是人才方面的援助，包括直接援助大批技术人才、管理干部（如国家相关部委的挂职干部）进入受援地，改善受援地人才结构层次，快速缓解受援地高层次人才短缺的矛盾。但智力援助不能只靠这种快速"输血"的方式，更重要的是帮助受援地建立人才的自我"造血"机制，通过选派受援地的相关技术人员、管理干部、企业高管等人才参加相关考察、交流、培训，形成人才自身的自我繁殖能力，促进人才在援助双方的双向流动，从情感上也拉近了援助双方的距离。

（3）产业援助领域。该领域主要包含帮助受援地企业进行产品推介，促进企业间的经济或技术类合作，帮助受援地政府建设工业园区及工业园区的规划，指导受援地对工业园区进行现代化的管理等。在此过程中，援助方的工作不仅是要将受援地的企业产品或项目推出去，还要通过相关资源引进其他企业与受援地企业开展深入的经济技术合作，使各企业能够在其中互惠互利，帮助受援方全面推进特色产业的发展，完善相关特色产业项目的规划。

（四）对口支援过程的长期化

在对口支援初期，援助的过程就是一个查找漏洞的过程，受援地缺少什么，就安排什么类型的援助，随着援助的深入与内容的拓展，这种查漏补缺式的援助模式从短期来看效果相当明显。帮助受援地实现区域经济的平衡发展是援助工作的根本目标，而实现全社会的共同繁荣、共同进入小康社会是援助工作的终极目标。因此，对口支援所取得的短期效果并不能代表已经实现最终目标，对口支援的过程必须由短期的经济增长转变为长期提升受援地人民群众的幸福满意度。

在不同的援助领域，援助工作都呈现出向长期化发展的趋势。例如，干部援助工作一般是一期 2 年，但对于教育、医疗卫生、产业等的援助一般都是 3~5 年或更长，长期的援助过程更有利于援助工作或项目的实施和开展，当然效果也会更显著。

对口支援过程的长期化还体现在援助项目实施前需要做大量的前期评估工作，在充分了解援助双方优劣势的情况下，制订严谨、完整、富有针对性的援助计划。在援助实施过程中需要对援助过程进行有效的管理和监督。在援助项目实施完成之后，还要对援助项目采取后期跟踪式管理，收集相关信息与数据，请相关专家对援助双方的援助成效进行评估，总结援助经验。

四、未来对口支援政策实施的相关建议

（一）继续提高对口支援精细度

赣南苏区出于各种原因，存在地方政府财政薄弱、高新技术企业数量少、人才流失问题严重等诸多问题，导致经济社会发展严重滞后，应继续加大对口支援的力度。提高对口支援的精细度，具体应坚持以下四个原则：

（1）持之以恒原则。对口支援工作要持续有效地走下去，当地政府需要正确理解对口支援对本地发展的巨大作用，珍惜这一良机，积极配合支援部门和挂职干部的工作，坚决抛开消极思想。

（2）明确职责原则。地方政府要有相应独立的机构对接对口支援工作，专心实施《若干意见》的相关政策，对于部门撤换，需要提前安排好相应的岗位，确保对口支援岗位人员的后路保障，调动其工作热情。同时，必须定期组织专家学者对援助项目进展情况做现场调查研究，这样可以更加深入地了解受援地的真实援助需求，提高对口援助工作或项目的准确性。

（3）加强沟通原则。接受对口支援的赣南苏区各县之间需要加强沟通，促进支援过程中县与县之间的项目合作，加强各大工程的建设力度，从赣南发展的整体出发，而不是局限于自己本县的发展。

（4）轮换支援原则。支援单位可每3~5年更换一次，以提高效率、发挥各支援单位优势，防止资源浪费现象发生。假如一个部委在援助地的所有援助项目都已经完成了，可以根据援助地的需要进行适当的调整，其他部委可以根据援助工作的进展情况进行及时更换调整。同时，地方政府也要积极对接相关部委的工作，充分发挥本地的优势，再结合对口部委的资源，发挥主观能动性。

（二）健全支援工作管理机制，注重后续管理

健全对口支援工作管理机制是保障对口支援工作高效开展的前提，主要有以下四点：

（1）明确目标。确保援助双方对政策有正确而清楚的认识，这样才能明确援助的目的和援助工作的重点与任务；对相关援助各方中少部分部门出现的责任

意识、责任归属等问题，主管部门应该明确各相关援助部门的分工，实行责任制，保证在援助过程中的每一个环节都有明确的相关责任人。

（2）强调过程管理。加强对口支援中各项援助工作的过程管理，如技术支援、产业支援、人才支援、资金支援等。同时，在援助项目竣工后，要加强对援助项目的验收和后续管理。坚守过程和结果并重的管理原则，保证援助工作的可持续发展和有效性。

（3）强调人事管理。建立行之有效的人员变动管理机制，确保项目的顺利实施，保证人员变动时保障工作的稳定性和效率。

（4）强化监管控制，即项目工程竣工后的监督管理。随时监督检查项目实施情况，坚持对检查抓重点、攻难点，重点加大各地、各部门推动对口支援事项落实考核力度，推动部委、省厅、高校及科研院所关于对口支援政策、项目、资金事项的落实，尤其需要重视对公共产品及基础设施项目的后期修缮和维护等。

（三）建立企业间协作和激励机制，适时引央企入赣

构建"政府搭台，企业唱戏"的协作与激励机制。援助必须以实现优势互补、互惠互利、共同发展为原则，强调激励合作机制在促进对口支援中的重要作用。在机制的建立过程中，政府应发挥主导作用，加强企业之间的交流合作，共同建立"政府搭台，企业唱戏"的平台，要从政策上落实跨区域企业的协作与激励机制，为跨区域企业之间的合作构筑良好的制度基础。

在互惠互利的原则下，适时引央企入赣。国家相关部委可以本着互惠互利的原则，积极推进央企与受援地之间的区域合作。在充分考虑受援地自身发展状况的前提下，力争使中央企业对口帮扶活动有更大突破。央地双方建立合作体系，促进区域要素与资源的互补，实现中央企业与地方企业生产要素的跨区域整合、扩张和流动。

（四）加强政府支援平台建设，促进交流、沟通与合作

构建各部委与受援地之间的对接平台。构建政策"直通车"平台建设，如此，挂职干部不必到受援地长期挂职，而更高级别的部委领导则可担任挂职干部，更加有效地促进资源对接，加大对口支援工作的力度和提升效率，直接在更高层次上推动对口支援工作的进行。同时，在平台内也可以适当增加挂职干部的人数，将对口支援工作在平台内进行具体细分，推动支援工作的高效进行。当然，也避免了挂职干部长期与家人分居的问题，提高了工作效率。

构建受援地之间的合作交流平台。建立挂职干部定期活动交流制度，继续坚

持每季度分片分区域开展挂职干部内部之间的交流活动，为挂职干部构建一个沟通交流、探讨问题、推进工作的平台，解决各县（市、区）之间交流渠道单一的问题。当然，各支援地区之间的交流与沟通不应该仅局限于挂职干部之间，应该多加强各方面的交流与合作，这样才能促进赣州各县（市、区）之间乃至与吉安、抚州等原中央苏区各县（市、区）之间的良性互动，共同推动赣南等原中央苏区经济社会全面发展。

第二节 《若干意见》出台后赣南苏区社会建设取得的成就

《若干意见》出台并实施以来，在党中央、国务院和国家相关部委的大力支持下，在江西省委、省政府的强力推动下，赣州市抢抓机遇，主动对接，争取《若干意见》各项扶持政策得到较好的落实，推动政策优势加快转化为发展优势，为保障振兴发展提供了强大的政策支持。2019 年赣州市主要经济指标增幅与全国、江西省对比情况如表 1-1 所示。

表 1-1　2019 年赣州市主要经济指标增幅与全国、江西省对比情况

指标名称	单位	赣州				江西省		全国	
		指标值	增速（%）	增速在江西省排名		指标值	增速（%）	指标值	增速（%）
				本期	上年同期				
生产总值	亿元	3474.34	8.5	1	1	24757.50	8.0	990865	6.1
财政总收入	亿元	485.52	5.7	7	1	4001.49	5.4	190382	3.8
一般公共预算收入	亿元	280.37	5.7	4	2	2486.51	4.8	101077	3.2
规模以上工业增加值	亿元		8.7	3			8.5	—	5.7
固定资产投资	亿元	—	10.5	1	1	—	9.2	551478	5.4
社会消费品零售总额	亿元	1005.87	11.6	3	4	8421.64	11.3	411649	8.0
限额以上消费品零售额	亿元	375.19	11.0	5	4	3097.10	10.8	148010	3.9
实际利用外资	亿美元	20.12	9.1	1	1	135.79	8.0	1381	2.4
进出口总额	亿元	399.38	14.0	3	4	3511.90	11.1	315505	3.4

续表

指标名称	单位	赣州				江西省		全国	
		指标值	增速（%）	增速在江西省排名		指标值	增速（%）	指标值	增速（%）
				本期	上年同期				
出口总额	亿元	339.53	18.6	2	4	2496.50	12.3	172342	5.0
城镇居民人均可支配收入	元	34826	8.3	2	1	36546	8.1	42359	7.9
农村居民人均可支配收入	元	11941	10.8	1	1	15796	9.2	16021	9.6

资料来源：赣州统计年鉴 2019 ［EB/OL］. 赣州市统计局，https://www.ganzhou.gov.cn/zfxxgk/c100093n1/ 202006/3a1969224f2142788f27ce3714b4313f.shtml，2020-06-02.

表 1-2 是 2019 年全国革命老区的基本指标对比情况，包括江西省的赣州市和吉安市、山东省的临沂市、陕西省的榆林市和延安市、湖北省的黄冈市、湖南省的岳阳市和郴州市、贵州省的遵义市、四川省的绵阳市、福建省的龙岩市和三明市、广东省的梅州市、广西壮族自治区的百色市，共 14 个城市。在土地面积指标上，赣州市、吉安市的土地面积分别为 3.94 万平方千米和 2.53 万平方千米，分别在全国革命老区中排名第 2 和第 6，其中，排名第 1 的是陕西的榆林市，土地面积为 4.36 万平方千米；在户籍人口指标上，赣州市和吉安市分别排名第 2 和第 6，人口数量分别为 983.07 万人和 540.46 万人，其中，排名第 1 的是土地面积排名第 12 的山东省临沂市，户籍人口总数达到 1190.10 万人；在常住人口指标上，赣州市和吉安市还是分别排名第 2 和第 6，人口数量分别为 870.80 万人和 495.97 万人，其中，排名第 1 的仍是土地面积排名第 12 的山东省临沂市，常住人口总数达到 1066.71 万人；在城镇化率指标上，赣州市和吉安市分别排名第 10 和第 9，在全国 14 个革命老区中排名靠后，城镇化率分别为 51.85% 和 52.52%，吉安市城镇化率略高于赣州市，其中，排名第 1 的是陕西省延安市，城镇化率达到 64.07%，赣州市和吉安市与之相比差距比较明显，仍有较大提升空间。

表 1-2 2019 年全国革命老区的基本指标对比情况

老区市	所在省份	土地面积		户籍人口		常住人口		城镇化率	
		指标值（万平方千米）	排位	指标值（万人）	排位	指标值（万人）	排位	指标值（%）	排位
赣州市	江西	3.94	2	983.07	2	870.80	2	51.85	10

续表

老区市	所在省份	土地面积		户籍人口		常住人口		城镇化率	
		指标值（万平方千米）	排位	指标值（万人）	排位	指标值（万人）	排位	指标值（%）	排位
吉安市	江西	2.53	6	540.46	6	495.97	6	52.52	9
临沂市	山东	1.72	12	1190.10	1	1066.71	1	52.75	8
榆林市	陕西	4.36	1	386.00	10	342.42	11	59.54	3
延安市	陕西	3.70	3	233.66	13	225.57	14	64.07	1
黄冈市	湖北	1.75	11	737.81	4	633.30	3	48.02	12
岳阳市	湖南	1.51	14	—		577.13	5	59.20	4
郴州市	湖南	1.94	9	533.70	7	475.50	8	56.00	6
遵义市	贵州	3.08	5	819.00	3	630.20	4	—	—
绵阳市	四川	2.03	8	531.29	8	487.70	7	54.13	7
龙岩市	福建	1.90	10	318.24	11	264.00	12	58.00	5
三明市	福建	2.30	7	288.54	12	259.00	13	60.90	2
梅州市	广东	1.59	13	545.85	5	438.30	9	51.49	11
百色市	广西	3.63	4	422.68	9	368.74	10	37.52	13

资料来源：赣州统计年鉴 2019 ［EB/OL］. 赣州市统计局，https：//www.ganzhou.gov.cn/zfxxgk/c100093n1/202006/3a1969224f2142788f27ce3714b4313f.shtml，2020-06-02.

表 1-3 为 2019 年全国革命老区主要经济指标对比情况，在 GDP 指标上，赣州市和吉安市排名分别是第 5 和第 11，总量为 3474.34 亿元和 2085.41 亿元，GDP 增速为 8.5% 和 8.1%，位列全国革命老区 GDP 增速排名的第 3 和第 4，总体情况较好。其中 GDP 总量排名第 1 的是山东省的临沂市，指标总量为 4600.25 亿元，比赣州市和吉安市高 1125.91 亿元和 2514.84 亿元。增速排名第 1 的是贵州省的遵义市，高出赣州市和吉安市 1.2 个和 1.6 个百分点，GDP 增速为 9.7%。在一般公共预算收入指标上，赣州市和吉安市排名第 4 和第 7，总量为 280.37 亿元和 177.92 亿元，一般公共预算收入增速均为 5.7%，赣州市和吉安市排名并列第 3，一般公共预算收入增速总体情况较好。其中总量排名第 1 的是陕西省的榆林市，在革命老区一般公共预算收入总量最高，指标总量为 405.63

亿元，分别比赣州市和吉安市高 125.26 亿元和 227.71 亿元。广西壮族自治区的百色市增速排名第 1，一般公共预算收入增速为 11%，高出赣州市和吉安市 5.3 个百分点。在社会消费品零售总额指标上，赣州市和吉安市分别排名第 6 和第 11，总量分别为 1005.87 亿元和 576.48 亿元，与全国其他革命老区相比差距较显著，但分别以 11.6% 和 12.1% 的增速在全国革命老区社会消费品零售总额增速排名第 2 位和第 1 位，增速指标情况较好。其中社会消费品零售总额排名第 1 的是山东省的临沂市，指标总量为 2569.00 亿元，比赣州市和吉安市分别高 1563.13 亿元和 1992.52 亿元。江西省吉安市增速排名第一，社会消费品零售总额增速为 12.1%，高出赣州市 0.5 个百分点。

表 1-3　2019 年全国革命老区主要经济指标对比情况（一）

老区市	所在省份	GDP				一般公共预算收入				社会消费品零售总额			
		指标值（亿元）	排位	增速（%）	排位	指标值（亿元）	排位	增速（%）	排位	指标值（亿元）	排位	增速（%）	排位
赣州市	江西	3474.34	5	8.5	3	280.37	4	5.7	3	1005.87	6	11.6	2
吉安市	江西	2085.41	11	8.1	4	177.92	7	5.7	3	576.48	11	12.1	1
临沂市	山东	4600.25	1	3.0	14	330.00	3	5.8	4	2569.00	1	3.5	13
榆林市	陕西	4136.28	2	7.1	9	405.63	1	4.1	7	555.29	12	8.0	8
延安市	陕西	1663.89	12	6.7	12	155.93	8	5.1	6	340.33	13	8.0	8
黄冈市	湖北	2322.73	10	6.8	11	141.40	10	1.6	10	1332.78	3	10.6	4
岳阳市	湖南	3780.41	3	8.0	6	338.64	2	-0.2	13	1456.77	2	10.4	5
郴州市	湖南	2410.90	9	7.8	8	223.20	6	2.5	9	1143.97	5	10.3	6
遵义市	贵州	3483.22	4	9.7	1	254.45	5	0.9	11	723.54	9	3.4	14
绵阳市	四川	2856.00	6	8.1	4	131.15	11	5.3	5	1276.53	4	11.1	3
龙岩市	福建	2678.96	7	7.1	9	155.62	9	2.9	8	977.90	7	7.7	11
三明市	福建	2601.56	8	8.0	6	107.76	12	0.1	12	649.22	10	10.2	7
梅州市	广东	1187.06	14	3.4	13	91.58	14	-5.7	14	775.14	8	6.7	12
百色市	广西	1257.78	13	9.0	2	94.01	13	11.00	1	320.41	14	7.8	10

资料来源：赣州统计年鉴 2019 ［EB/OL］．赣州市统计局，https://www.ganzhou.gov.cn/zfxxgk/c100093n1/202006/3a1969224f2142788f27ce3714b4313f.shtml，2020-06-02.

一、赣州市《若干意见》扶持政策执行与落实的总体情况

针对原中央苏区尤其是赣南老区经济社会发展存在的特殊困难和问题，《若干意见》从九个方面给予了特别的政策支持，分别是西部大开发政策、财税政策、投资政策、金融政策、产业政策、国土资源政策、生态补偿政策、人才政策、对口支援政策。赣州市在具体落实过程中，细化成 29 项具体工作任务。从各项工作任务的实施情况和成效来看，绝大部分扶持政策的实施非常有效或比较有效，对赣南苏区振兴发展产生了重大的影响。

（1）在西部大开发政策方面。赣州市通过全面执行西部大开发各项政策，构筑了区域发展的"政策洼地"，对产业升级、财力补助、减税降负、投资提标、人才交流、民生保障等方面起到了重大促进作用。

（2）在财税政策方面。通过实施西部大开发转移支付政策，中央财政加大了在教育、医疗、社会保障等方面对赣州的专项转移支付力度，在专项彩票公益金和债券额度上给予赣州倾斜支持，切实减轻了地方财政资金压力。通过执行西部大开发税收政策，吸引了大批企业落户赣州，大大减轻了企业负担，对加快赣州产业转型升级、增强自身"造血"功能有重要促进作用。

（3）在投资政策方面。通过实施西部大开发转移支付政策，赣州市全面实施中央在赣州安排的公益性建设项目，国家取消县级及以下扶持政策，将市级资金集中到连片特殊困难地区，执行机场、高速公路和普通国省道等重大项目补助标准提高政策，极大地缓解了基础设施建设投入压力，有力促进了一批重大项目的开工、建成。

（4）在金融政策方面。通过引进各类金融机构，赣州初步形成了保险、银行、证券、期货等多种金融机构并存，国家、地区、地方机构协调发展的多元化金融组织体系，政策性银行及各商业银行加大信贷支持，有效改善了金融供给机制，较好适应了中低层资金需求，有力支持了地方实体经济发展。

（5）在产业政策方面。国家对重点企业产业化项目的专项资金支持，以及在产业项目规划布局上的倾斜支持，促进了赣州市特色优势产业加快发展。

（6）在国土资源政策方面。赣州市通过获批专项用地计划政策的支持，以支持实施城乡建设用地增减挂钩、工矿废弃地复垦和开展低丘缓坡荒滩等未利用地开发利用试点的形式，缓解了建设用地供需的矛盾，较好地保障了一大批民生工程项目、重大基础设施项目、重大产业项目的用地需求。

（7）在生态补偿政策方面。通过实施东江流域上下游横向生态补偿机制，

赣州市基本享受了国家重点生态功能区转移支付等生态补偿政策，大大加强了生态建设和环境保护，进一步筑牢了南方地区重要的生态屏障。

（8）在人才政策方面。赣州市通过落实"上派下挂"政策和国家在重大人才工程上给予的倾斜支持，引入人才逐年增加，为赣南苏区振兴发展提供了人才支撑。

（9）在对口支援政策方面。赣州市通过部委对口支援政策的实施，架起了从首都北京到赣南老区的"连心桥"，开启了对口支援赣南老区的"直通车"，促使一项项支持赣南苏区振兴发展的政策措施落地生根，解决了一批突出的发展困难及问题。

二、《若干意见》各项扶持政策具体执行落实情况

（一）赣州市执行西部大开发政策方面

据梳理汇总，《若干意见》中包括金融、财税、投资、人才、国土资源、生态补偿、产业等领域的西部大开发各类政策 170 项。

赣州市西部大开发政策落实情况如下：海关总署、财政部、国家税务总局明确自 2012 年 1 月 1 日起，赣州市实施西部大开发税收政策，对赣州市鼓励类产业的内资企业和外商投资企业按减 15% 的税率征收企业所得税，2012~2018 年累计为 2288 户（次）企业减免企业所得税共 39.01 亿元，企事业单位关税 1.9 亿元。[①] 赣州综合保税区被纳入企业增值税一般纳税人资格试点范围。同时，在产业升级、财力补助、投资提标、人才交流、民生保障等方面均执行了西部大开发各项政策。

（二）赣州市落实财税政策方面

《若干意见》包括"加大中央财政均衡性转移支付力度""统筹研究将赣州列为中国服务外包示范城市并享受税收等相关优惠政策""中央代地方政府发行的债券向原中央苏区倾斜""加大中央专项彩票公益金对赣州社会公益事业的支持力度""支持化解赣州市县乡村公益性债务"5 项财税政策。

赣州市财税政策落实情况如下：《若干意见》明确的财税政策在赣州得到了较好落实，2012~2018 年，中央、江西省财政累计下达赣州各类补助资金共2998.7 亿元，年均增长 17.2%，是赣州财政总收入的 2 倍，占财政总支出的

---

① 资料来源：大揭秘：赣州是如何再获国家重磅政策支持的？［EB/OL］. 客家新闻网，https://baijiahao. baidu. com/s? id=1665315989841037738&wfr=spider&for=pc，2020-04-29.

68.21%，有效缓解了赣州的财政压力，促进了社会事业发展。一是均衡性转移支付及财力补助。赣州18个县（市、区）全部纳入均衡性转移支付补助范围，2012~2018年，中央财政累计下达均衡性转移支付196.98亿元，累计下达赣州市赣南等原中央苏区转移支付资金48亿元。二是加大中央专项彩票公益金的支持。"十二五"和"十三五"期间，财政部安排中央彩票专项公益金支持赣州市社会公益事业发展。七年来，中央专项彩票公益金累计发放20.16亿元，启动实施项目187个。三是化解赣州市县乡村公益性债务。截至2018年8月，赣州符合政策要求的存量债务已全部置换完成，累计化解市县乡村公益性债务342.03亿元。四是中央代替地方政府发行的债券向原中央苏区倾斜。2012~2018年，中央、省级财政累计对赣州市新增地方下达政府债券转贷资金255.68亿元。[①] 五是创建中国服务外包示范城市并享受相关的优惠政策。2018年4月，江西省认定赣州市为江西省服务外包示范城市。2019年4月，赣州市参加了商务部召开的中国服务外包示范城市综合评价会并进行相关发言。

（三）赣州市落实投资政策方面

《若干意见》包括"国家有关专项建设资金在安排赣州市公路、铁路、民航、水利等项目时，提高投资补助标准或资本金注入比例""加大中央预算内投资和专项建设资金投入，在重大项目规划布局、审批核准、资金安排等方面对赣南等原中央苏区给予倾斜""加大扶贫资金投入""中央在赣州安排的公益性建设项目，取消县及县以下和集中连片特殊困难地区市级资金配套"4项投资政策。

赣州市投资政策落实情况如下：《若干意见》明确的投资政策在赣州得到了较好落实。国家、省在铁路、公路、能源、水利等重大项目建设审批核准、资金保障上给予赣州倾斜支持。一是重大项目规划布局等对赣州倾斜。国家发展改革委于2012年出台文件，明确要求有关司局在重大项目规划布局、资金安排、审批核准等方面，对赣州市执行西部大开发政策，安排给赣州的中央预算内投资项目按照"就高不就低"的原则予以投资补助支持。二是取消县及县以下市级资金配套。国家发展改革委、财政部已按《若干意见》要求，对中央在赣州安排的公益性建设项目，取消县及县以下和集中连片特殊困难地区市级资金的配套。三是加大对赣州扶贫资金的投入。四是在政策方面提高投资补助标准

---

① 资料来源：近7年赣州市累计减免企业税收40.91亿元［EB/OL］. 客家新闻网，https://baijia-hao. baidu. com/s? id=1644066802110307216&wfr=spider&for=pc，2019-09-08.

或资本金注入比例。公路、水利、民航等项目投资补助标准均按西部大开发政策标准执行。

（四）赣州市落实金融政策方面

《若干意见》包括"支持符合条件的企业发行企业（公司）债券、中期票据、短期融资券、中小企业集合票据和上市融资""鼓励政策性银行在国家许可的业务范围内，加大对赣南等原中央苏区的信贷支持力度""支持开展保险资金投资基础设施和重点产业项目建设，开展民间资本管理服务公司试点""深化融资担保和再担保公司、小额贷款公司创新试点""鼓励各商业银行参与赣南等原中央苏区振兴发展"5 项金融政策。

赣州市金融政策落实情况如下：《若干意见》明确的金融政策在赣州得到了较好落实。一批金融政策措施在赣州市见效，使赣州成为江西省、广东省、福建省、湖南省四省周边九市中金融机构最多、种类最齐全的设区市。

（1）在银行机构信贷支持方面。截至 2018 年底，赣州贷款余额共 4047.19 亿元，是 2011 年的 3.91 倍，年均增长 21.50%，高于江西省水平 2.97 个百分点。农发行、国开行、进出口银行 3 家政策性银行贷款余额达 686.7 亿元。①

（2）在险资入赣方面。中国人民保险集团股份有限公司（以下简称"中国人保"）在全国首创推出"中国人保支农支小项目资产支持计划（赣州小贷）"。太平洋资产管理有限责任公司投入保险资金 10 亿元支持赣州市棚户区改造项目。

（3）在地方金融机构体系建设方面。赣州金融组织体系更加完善，初步形成了证券期货、保险、银行、金融等金融机构并存的局面，形成了国家、地区、地方机构协调发展的多元化金融组织体系。

（4）在农村金融服务方面。普惠金融机构体系建设进一步完善，12 家银行成立了普惠金融事业部，累计建成农村普惠金融服务站 1062 个。截至 2018 年底，"两权"及"产业扶贫信贷通"累计发放 9.11 亿元"两权"抵押贷款，惠及农户 5951 户。瑞金光大村镇银行开业，赣州市村镇银行达到 4 家。②

（五）赣州市落实产业政策方面

《若干意见》中包括"支持赣州创建国家印刷包装产业基地""加大企业技术改造和产业结构调整专项对特色产业发展的支持力度""实行差别化产业政

①② 资料来源：年均增长 20.48%！一起来看看 7 年赣州金融成绩单［EB/OL］. 澎湃政务网，https://www.thepaper.cn/newsDetail_forward_4304712，2019-08-31.

策""对符合条件的产业项目优先规划布局"4项产业政策。

（六）赣州市落实国土资源政策方面

《若干意见》包括"在符合矿产资源规划和不突破开采总量指标的前提下，支持对稀土、钨残矿、尾矿和重点建设项目压覆稀土资源进行回收利用""支持赣州开展低丘缓坡荒滩等未利用地开发利用试点和工矿废弃地复垦利用试点，相关指标单列管理""支持开展农村土地综合整治工作，研究探索对损毁的建设用地和未利用地开发整理成园地的，经认定可视同补充耕地，验收后用于占补平衡""支持开展稀土采矿临时用地改革试点""对因资源枯竭而注销的稀土、钨采矿权，允许通过探矿权转采矿权或安排其他资源地实行接续""对稀土、钨矿等优势矿产资源在国家下达新增开采、生产总量控制指标时给予倾斜，积极支持绿色矿山建设""在安排土地利用年度计划、城乡建设用地增减挂钩周转指标等方面，加大对赣南等原中央苏区的倾斜"7项国土资源政策。

赣州市国土资源政策落实情况如下：《若干意见》明确的国土资源政策在赣州得到了较好落实，多年来赣州用地计划得到持续保障，土地集约利用水平稳步提高，矿产资源开展利用有序推进，为经济社会发展、环境保护等提供了有力保障。一是建设用地保障方面。中华人民共和国自然资源部（以下简称"自然资源部"）支持赣州开展土地利用总体规划定期评估与适时修改，优化调整用地14.46万亩；增加赣州市"十三五"期间42.98万亩规划建设用地规模，保障了赣州重点项目规划布局。① 赣州农村危房、毛坯房改造项目用地纳入国家保障性安居工程，应尽可能保障实施。二是土地利用改革创新方面。支持赣州同时开展城乡建设用地低丘坡土、增减挂钩和工矿废弃地"三项试点"。低丘缓坡荒滩等未利用地试点规模共4.12万亩，先后形成了宁都县门业产业园、南康家具产业园等10余个产业园区；工矿废弃地复垦利用试点规模1.43万亩，验收面积1.08万亩。三是矿产资源开发方面。原国土资源部批准并同意对公路、铁路、工业园区等各类重点工程进行建设，涉及国家规划矿区的，由省级国土资源部门审核同意，发现稀土资源的，应组织回收利用或储备，并纳入开采总量控制指标管理。原江西省国土资源厅将规划矿区内重点工程项目等压覆稀土资源回收权限下放至赣州市人民政府。四是稀土、钨资源的接续方面。《江西省赣州市钨矿矿业权设置方案》《赣州市稀土枯竭矿山资源接续实施方案》和《江西省赣州市稀土矿产

---

① 资料来源：自然资源部32年帮扶 赣州专享"独一无二"政策10余项 ［EB/OL］. 赣州新闻网，http：//www.jxgztv.com/gzxwzx/334037.jhtml，2019-08-13.

国家规划矿区矿业权设置方案》获原国土资源部批复。五是绿色矿山建设方面。赣州全面开展绿色矿山建设，建成多个绿色矿山试点，其中，国家级 11 个，省级 6 个。2018 年 12 月，江西省自然资源厅委托第三方评估机构对大余、崇义等县（市、区）共 25 个创建矿山企业开展了现场评估核查。①

（七）赣州市落实生态补偿政策方面

《若干意见》包括"加大对国家公益林生态补偿投入力度""国家加大对废弃矿山植被恢复和生态治理工程的资金支持""将东江源、赣江源、抚河源、闽江源列为国家生态补偿试点""将贡江、抚河源头纳入国家重点生态功能区范围" 4 项生态补偿政策。

赣州市生态补偿政策落实情况如下：《若干意见》明确的生态补偿政策在赣州得到了较好落实，上级下达赣州的生态补偿资金屡创新高，历史遗留的环境问题基本得到解决，环境保护和生态建设工作取得了明显成效。

（1）将东江源、赣江源纳入国家生态补偿试点。国务院将东江开展跨地区生态保护补偿试点列入了《关于健全生态保护补偿机制的意见》，江西省、广东省政府一同签署了《东江流域上下游横向生态补偿协议》。

（2）将贡江源头纳入国家重点生态功能区的范围。国务院批复赣州市南康、石城、瑞金、于都、兴国等 9 个县（市、区）纳入国家重点生态功能区转移支付范围，并进入中央财政补助的基数。2012 年以来，上级累计下达赣州国家重点生态功能区转移支付资金共 65.97 亿元，赣州包括贡江源头区域在内的全境基本上纳入国家重点生态功能区转移的范围。

（3）加大对生态治理工程和废弃矿山植被恢复的资金支持。2012 年以来，上级累计下达赣州国家补助资金 8.5 亿元。2017 年，赣州市成为全国首批山川林田湖草生态保护与恢复四个试点地区之一，获得中央基础奖补资金 20 亿元，其中 3.5 亿元用于废弃稀土矿山环境治理，治理废弃稀土矿山 91.27 平方千米，历史遗留的废弃稀土矿山环境问题得到基本解决。

（4）加大对公益林生态补偿投入。公益林补偿标准由 2011 年的 15.5 元/亩，提高到 2018 年的 21.5 元/亩。2012 ~ 2018 年，赣州共实施省级以上公益林面积 1505.96 万亩，其中国家级公益林面积 1155.38 万亩，省级公益林面积 350.58 万

---

① 资料来源：赣州市人民政府办公室关于印发赣州市绿色矿业发展示范区建设方案（2021-2025）的通知［EB/OL］．赣州市人民政府网，https://www.ganzhou.gov.cn/gzszf/c102790vpcnh/202109/413646ff4c084ca29cf7413747b2c3f1.shtml，2021-08-10.

亩，累计获得国家和省级公益林补偿资金 19.63 亿元。①

（八）赣州市落实人才政策方面

《若干意见》包括"加大东部地区、中央国家机关和中央企事业单位与赣南等原中央苏区干部交流工作的力度""国家重大人才工程和引智项目向原中央苏区倾斜，鼓励高层次人才投资创业，支持符合条件的单位申报建立院士工作站和博士后科研工作站""鼓励中央国家机关在瑞金设立干部教育培训基地"3 项人才政策。

赣州市人才政策落实情况：《若干意见》明确的人才政策在赣州得到了较好落实。赣州建立了与中央国家机关、企事业单位以及沿海发达地区的干部学习交流锻炼机制，拓宽了赣南苏区干部的视野，推动解决了赣南苏区振兴发展的一批痛点难点问题。国家重大人才工程向赣南苏区倾斜，为赣南苏区振兴发展提供了人才支撑。

（1）在干部交流方面。2013 年以来，由中组部、国家发展改革委牵头，中央国家机关及有关单位派选了 3 批共 121 名干部到江西省赣州市挂职锻炼；赣州选派了 78 名干部到中央国家机关、央企及上海、广州自贸区跟班学习，选派了 5 批次共 92 名干部到深圳、广州、厦门等沿海发达地区跟班学习，2019 年初选派 2 名干部到中国科学院跟班学习。②

（2）中央在瑞金建立干部教育培训基地。瑞金干部学院于 2016 年 9 月建成并交付使用，目前正在推进瑞金红色教育培训基地（瑞金干部学院二期）项目建设。

（3）国家重大人才工程和引智项目向前中央苏区倾斜。按照西部地区的标准，中组部等累计选派 19 名博士服务团成员到赣州挂职。国家脐橙工程技术研究中心等 8 个"国字号"科研平台相继在赣州落户，先后建立了 27 家院士工作站，10 家博士后科研工作站。③

（九）赣州市落实对口支援政策方面

《若干意见》包括"建立中央国家机关对口支援赣州市 18 个县（市、区）机制""鼓励和支持中央企业在赣州发展"2 项对口支援政策。

---

① 资料来源：赣州市实现森林资源网格化管理全覆盖［EB/OL］. 赣州澎湃政务网，https://m. thepaper. cn/baijiahao_4530936，2019-09-26.

② 资料来源：中央国家机关对口支援赣南等原中央苏区成效显著［EB/OL］. 国家发展改革委，https://baijiahao. baidu. com/s? id=1661650300822344075&wfr=spider&for=pc，2020-03-20.

③ 资料来源：对口支援架起"连心桥"［EB/OL］. 客家新闻网，https://baijiahao. baidu. com/s? id=1620392238289334578&wfr=spider&for=pc，2018-12-21.

赣州市对口支援政策落实情况如下：2013 年 8 月，国务院办公厅发布《中央国家机关及有关单位对口支援赣南等原中央苏区实施方案》，明确由国家发展改革委、中组部牵头支持赣州市 18 个县（市、区）和赣州经济技术开发区，包括中央国家机关和有关单位 39 家，2018 年又增加中国科学院、中国工程院、中国农业大学 3 所科研机构及院校对口帮扶。多年来，《若干意见》明确的对口支援政策在赣州得到了较好落实，中央国家机关对口支持援助赣州市，架起了从首都北京到赣南老区的连心桥，开启了对口支援赣南老区的"直通车"，对口支援单位在政策、项目、资金、人才等方面给予赣州一系列特殊帮扶和支持，为赣南苏区振兴发展提供了强有力的支持。

第三节 《若干意见》出台后赣南苏区社会建设面临的挑战

一、《若干意见》出台后赣南苏区取得的巨大发展

《若干意见》出台后赣南苏区取得了巨大发展，赣南等原中央苏区走上了一条振兴发展之路。2020 年，江西省赣州市地区生产总值（GDP）超过 3645.2 亿元，入选全国百强市。但赣南苏区与全国其他革命老区相比在一些指标上仍存在差距，仍有巨大的进步空间。如表 1-4 所示，在人均 GDP 指标上，虽然 2019 年赣州 GDP 指标在全国革命老区中排名第 3，但由于赣州人口数量多，人均 GDP 指标滑落至第 11，吉安市人均 GDP 指标排名仅第 10，赣州和吉安人均 GDP 分别为 39968 元和 42060 元，而革命老区中排名第一的则是陕西省榆林市，人均 GDP 达到 120908 元，分别高出赣州市和吉安市 80940 元和 78848 元，具有较为显著的差异。在城镇居民人均可支配收入指标上，赣州市和吉安市分别排名第 10 和第 4，城镇居民人均可支配收入为 34826 元和 37543 元，城镇居民人均可支配收入增速为 8.3% 和 8.2%，位列全国革命老区城镇居民人均可支配收入增速排名的第 7 和第 11。其中，革命老区中城镇居民人均可支配收入排名第 1 的是福建省龙岩市，城镇居民人均可支配收入为 38815 元，比赣州市、吉安市分别高 3989 元和 1272 元。湖北省黄冈市城镇居民人均可支配收入增速居首位，增速分别比赣州市、吉安市高出 1.4 个百分点和 1.5 个百分点。在农村居民人均可支配收入指

标上，赣州市、吉安市农村居民人均可支配收入总额分别为 11941 元、15227 元，排名分别为第 13 和第 7，收入增速分别为 10.8% 和 10.2%，排名分别为第 1 和第 4，说明《若干意见》出台后农村居民收入的改善情况显著，幸福感提升明显，但农村居民人均可支配收入总量上仍有较大进步空间。其中，革命老区中农村居民人均可支配收入排名第 1 的是福建省龙岩市，农村居民人均可支配收入为 18859 元，比赣州市和吉安市分别高 6918 元和 3632 元。在工业增加值指标上，赣州市和吉安市分别排名第 5 和第 10，总量分别为 1138.61 亿元和 832.58 亿元，其中，革命老区中工业增加值排名第 1 的是陕西省榆林市，指标总量为 2569.69 亿元，比赣州市和吉安市分别高 1431.08 亿元和 1737.11 亿元。在工业化率指标上，赣州市和吉安市分别排名第 9 和第 5，工业化率分别为 32% 和 39%，其中革命老区中工业化率排名第一的是陕西省榆林市，工业化率为 62%，比赣州市和吉安市分别高出 30 个和 23 个百分点，说明赣州市和吉安市未来仍有较大提升空间。

表 1-4 2019 年全国革命老区主要经济指标对比情况（二）

老区市	所在省份	人均 GDP		城镇居民人均可支配收入				农村居民人均可支配收入				工业增加值		工业化率	
		指标值（元）	排位	指标值（元）	排位	增速（%）	排位	指标值（元）	排位	增速（%）	排位	指标值（亿元）	排位	增速（%）	排位
赣州市	江西	39968	11	34826	10	8.3	7	11941	13	10.8	1	1138.61	5	32	9
吉安市	江西	42060	10	37543	4	8.2	11	15227	7	10.2	4	832.58	10	39	5
临沂市	山东	43301	9	37912	3	6.1	14	14979	8	9.9	10	1429.50	2	31	11
榆林市	陕西	120908	1	33904	11	8.3	7	13226	11	9.9	8	2569.69	1	62	1
延安市	陕西	73703	4	34888	9	8.3	7	11876	14	10.1	5	942.01	7	56	2
黄冈市	湖北	36685	12	31812	13	9.7	1	14490	9	9.45	11	703.12	12	30	13
岳阳市	湖南	65357	5	35116	7	8.8	2	16878	4	8.8	12	1286.88	4	34	6
郴州市	湖南	50760	8	35160	6	8.5	5	16339	6	8.8	12	790.54	11	32	8
遵义市	贵州	55411	7	35352	5	9.4	3	13565	10	10.6	3	1417.48	3	40	3
绵阳市	四川	58685	6	37454	5	8.5	5	17735	3	10.1	5	864.32	8	3	12
龙岩市	福建	101476	2	38815	1	8.5	5	18859	1	9.5	6	838.39	9	31	10
三明市	福建	100641	3	37942	2	8.8	4	18312	2	10.3	2	1044.37	6	40	4
梅州市	广东	27096	14	29235	14	6.8	13	16447	5	8.4	14	273.03	14	23	14
百色市	广西	34194	13	32784	12	7.1	12	12195	12	10.0	7	417.39	13	33	7

资料来源：赣州统计年鉴 2019 [EB/OL]. 赣州市统计局，https：//www.ganzhou.gov.cn/zfxxgk/c100093n1/202006/3a1969224f2142788f27ce3714b4313f.shtml，2020-06-02.

如表 1-5 所示，在服务业增加值占 GDP 比重指标上，赣州市和吉安市排名分别是第 4 和第 8，服务业增加值占 GDP 比重分别为 49.8% 和 44.4%。其中，革命老区中服务业增加值占 GDP 比重排名第 1 的是山东省临沂市，服务业增加值占 GDP 比重为 53.2%，比赣州市和吉安市分别高出 3.4 个和 8.8 个百分点。在出口总额指标上，赣州市和吉安市排名分别为第 3 和第 2，总量分别为 339.5 亿元和 353.8 亿元，出口总额增速分别为 18.6% 和 15.0%，位列全国革命老区出口总额增速排名的第 7 和第 9，出口总体情况较好。其中，革命老区中出口总额排名第 1 的是山东省临沂市，出口总额为 681.2 亿元，比赣州市和吉安市分别高 341.7 亿元和 327.4 亿元，说明出口方面赣南苏区仍有较大提升空间。出口总额增速排名第 1 的是湖南省岳阳市，出口总额增速为 89.7%，高出赣州市和吉安市 71.1 个和 74.7 个百分点。在出口总额占 GDP 比重指标上，赣州市和吉安市排名第 4 和第 2，出口总额占 GDP 比重分别为 9.7% 和 16.9%，其中革命老区中出口总额占 GDP 比重排名第 1 的是广西壮族自治区的百色市，出口总额占 GDP 比重为 18.4%，比赣州市和吉安市分别高出 8.7 个和 1.5 个百分点。在实际利用外资指标上，赣州市和吉安市分别排名第 2 和第 3，实际利用外资总量分别为 20.10 亿美元和 12.60 亿美元，实际利用外资增速分别为 9.1% 和 8.0%，位列全国革命老区实际利用外资增速排名的第 8 名和第 9 名，说明《若干意见》出台后国家对赣南苏区的扶持力度加大，社会建设进一步加强，营商环境进一步优化，吸引外资的能力显著增强，但相比其他革命老区实际利用外资增速还有待增强。其中，革命老区中实际利用外资排名第 1 的是湖南省郴州市，实际利用外资为 21.20 亿美元，比赣州市和吉安市分别高 1.1 亿美元和 8.6 亿美元，且实际利用外资增速也分别高出赣州市和吉安市 1.9 个和 3.0 个百分点。

表 1-5　2019 年全国革命老区主要经济指标对比情况（三）

老区市	所在省份	服务业增加值占 GDP 比重		出口总额				出口总额占 GDP 比重		实际利用外资			
		指标值（%）	排位	指标值（亿元）	排位	增速（%）	排位	指标值（%）	排位	指标值（亿美元）	排位	增速（%）	排位
赣州市	江西	49.8	4	339.5	3	18.6	7	9.7	4	20.10	2	9.1	8
吉安市	江西	44.4	8	353.8	2	15.0	9	16.9	2	12.60	3	8.0	9
临沂市	山东	53.2	1	681.2	1	26.4	4	14.8	3	3.87	5	585.7	2

老区市	所在省份	服务业增加值占GDP比重		出口总额				出口总额占GDP比重		实际利用外资			
		指标值（％）	排位	指标值（亿元）	排位	增速（％）	排位	指标值（％）	排位	指标值（亿美元）	排位	增速（％）	排位
榆林市	陕西	28.9	14	57.3	12	31.0	3	1.3	12	—	—	—	—
延安市	陕西	30.9	13	—	—	—	—	—	—	—	—	—	—
黄冈市	湖北	44.9	7	65.9	11	17.0	8	2.8	10	0.58	7	9.5	7
岳阳市	湖南	49.6	5	191.6	6	89.7	1	5.1	9	6.39	4	14.3	5
郴州市	湖南	51.8	2	208.6	5	23.9	5	8.6	5	21.20	1	11.0	6
遵义市	贵州	41.9	10	27.9	13	19.1	6	0.8	13	0.52	8	585.4	3
绵阳市	四川	49.1	6	70.4	10	7.5	10	2.4	11	1.80	6	-60.1	11
龙岩市	福建	43.8	9	179.8	7	-7.2	12	6.7	8	0.48	10	6.7	10
三明市	福建	34.4	12	176.6	8	7.5	10	6.8	7	0.19	12	52.0	4
梅州市	广东	50.3	3	100.7	9	-15.0	13	8.5	6	0.34	11	—	—
百色市	广西	40.1	11	231.4	4	31.4	2	18.4	1	0.52	9	3436.0	1

资料来源：赣州统计年鉴 2019 ［EB/OL］．赣州市统计局，https：//www.ganzhou.gov.cn/zfxxgk/c100093n1/202006/3a1969224f2142788f27ce3714b4313f.shtml，2020-06-02.

二、《若干意见》出台后赣南苏区面临的挑战

赣州市在落实《若干意见》中西部大开发政策方面没有完全执行到位，例如，提高赣州铁路、公路、防洪工程和应急备用水源工程投资补助标准未完全执行到位；部分公益性建设项目补助资金标准仍未按西部政策标准执行，地方仍需承担一定的配套资金，财政支出压力较大。

近年来，中央、省级财政在转移支付方面给予了赣州较大支持，但由于赣州底子薄、基础差、后发展、欠发达的市情仍未根本改变，赣州市人均财政支出水平仍然较低，中央、省级财政在转移支付及新增债券额度上对赣州的支持力度仍需加大。

赣州市金融总量规模小，存贷款余额、保费收入总量等指标人均值低于江西省平均水平，金融业增加值、贷款余额占GDP比重仍然低于全国平均水平，中

央、省级财政在金融政策方面对赣州的支持力度仍需加大。

赣州市在落实《若干意见》中生态补偿政策方面没有完全执行到位，例如，赣江源生态补偿试点工作有待推进，建立资源型企业可持续发展准备金制度有待落实，需推动第二轮东江流域上下游横向生态补偿尽快达成协议。

第二章　赣南苏区社会服务篇

第一节　赣南苏区教育发展经验与对策

　　为深入贯彻习近平总书记在江西赣州的重要讲话精神，全方位落实江西省委、省政府关于推进省域中心城市建设的重大战略部署，2020年，江西省委教育工委、省教育厅制定了《关于支持赣州市建设区域性教育中心城市的若干政策措施》，推动赣州市教育质量发展。江西省提出了提高基础教育综合水平、加快现代职业教育建设、促进高等教育高质量发展、加强教师素质建设、推进教育改革发展试点五项政策措施。

　　（1）在基础教育方面，要推进赣州市公办幼儿园建设，提高公办幼儿园入园比例，实现普惠性幼儿园覆盖率进一步提高。支持赣州市县域教育均衡发展，加强内涵建设，树立红色育人品牌效应。支持赣州市高中教育普及率提高和高中教育资源扩容工程。支持赣州市在有条件的基础上开展高考综合改革，加大支持力度，加强赣州市高考综合改革条件建设。

　　（2）在职业教育方面，统筹实现省内优质高职院校对口支援赣州中等职业学校，努力提升赣州中等职业教育质量。加大产学研复合人才和现代学徒制人才的培养力度，推动赣州市职业教育集团建设。

　　（3）在高等教育方面，进一步推进江西理工大学加强钨和稀土世界一流学科建设，促进赣南高等教育提升。大力推进赣州市高等教育发展能力的创新型建设。发挥赣州市粤港澳大湾区"桥头堡"作用。支持赣州市提升高等教育国际化水平，积极融入国家对外开放战略，进行国际化交流与合作，进一步提升赣州市高等教育开放水平。

（4）在教师队伍建设方面，推进基础教育阶段教师"县管校聘"管理体制改革，促进义务教育阶段学校教师和校长的轮流换岗。纵深加大对赣州"特岗计划""国培计划""省培计划"的政策支持力度。

（5）在教育领域综合改革方面，为实现赣州革命根据地教育优质发展示范区建设目标，省厅进一步鼓励赣州教育改革发展试验区建设。通过推进教育信息化2.0行动计划，支持建设赣州互联网+教育示范区。

一、赣南苏区教育发展现状与成效

赣州是一个教育人口大市，也是教育部和省政府共建的教育改革发展试验区。其师生总人数超过江西省师生总人数的20%，甚至超过赣州市人口总数的20%。2019～2020学年，赣州市共有7079所中学、小学和幼儿园等，其中，小学教学点1521个，学生人数200.35万人，专任教师11.69万人；幼儿园3430所，在园幼儿34.89万人，专任教师2.13万人；小学3090所（含教学点1521个），学生85.63万人，专任教师4.97万人；初中410所，学生48.29万人，专任教师2.86万人；普通高中70所，学生22.42万人，专任教师1.34万人；特教学校17所，学生2426人，专任教师379人；工读学校1所，学生302人，专任教师42人；中职学校43所，学生8.85万人，专任教师3160人；进修学校18所，专任教师412人。另有市属、驻市高校11所，在校生14.89万人，专任教师5923人。①

近年来，在赣州市委、市政府的高度重视下，赣州市取得教育项目资金达140多亿元，极大地改善了学校教师的育人环境和学生的学习环境。各种办学硬件设施得到了极大的提升，使教育更加公平，有利于促进学生全方位的发展。各大资助体系得到完善，形成了"全覆盖、全过程"帮扶体系框架，每年有近50万困难学子得到帮助，改善了困难学生的学习条件。持续稳步贯彻落实教育教学改革，创新"零择校、强带弱"等办学模式，形成集团化、校长教师轮岗制度，率先试行教师编制控制数改革办法，促进学生德智体美全面发展，激发教育发展活力，积极探索择校热、大班额、发展不均衡新路径，彻底解决一系列实际问题。

---

① 资料来源：砥砺奋进逐梦行——赣州市"十三五"教育发展回眸［EB/OL］.江西教育网，ht-tp：//jyt.jiangxi.gov.cn/art/2021/2/19/art_25537_3194822.html，2021-02-19.

特别是 2018 年以来，赣州市委、市政府始终贯彻优先发展教育的原则，牢固树立"再穷也不能穷教育"的理念。赣州市委、市政府主要领导同志多次听取汇报并且研究战略部署，着力解决教育工作中存在的问题，提高教育工作水平。赣州市各级党政部门把教育工作摆到前所未有的高度，教育优先发展的氛围空前浓厚。教育部门抓住发展机遇，突出问题，坚定决心，扎实决策，狠抓重点、难点落实，取得了新突破。2018 年，赣州市提前两年实现义务教育基本均衡发展，实施了城乡学校建设、普及学前教育、全面提高高中阶段办学质量等四项攻坚工程，并优化了职业教育结构，取得显著成效。教育行业不正之风专项治理和学校安全管理等五个"专项行动"深入开展，学生安全事故大幅下降，风清气正的教育生态和安全稳定的发展环境逐步形成。2018 年以来，赣州市有 10 多项教育单项工作在江西省政府和江西省教育厅召开的教育工作会上做经验介绍或承办省级现场会，分管市领导参加了 2019 年江西省"两会"教育专场访谈节目，赣州市作为江西省唯一地市代表在江西省教育大会作交流发言。仅 2019 年内，赣州市在全省教育相关会议上交流发言就有 6 次，包括市政府在江西省教育大会上交流发言，赣州市在江西省政府召开的江西省儿童青少年近视综合防控工作领导小组（扩大）会议上作经验发言。赣州市三个典型材料作为江西省唯一的"两类学校"建设典型案例报教育部。

二、赣南苏区教育发展的亮点和特色

（一）高位推动、分类施策、扩容提质，推进小区配套幼儿园专项治理

作为一项群众性基础工程，小区配套幼儿园专项治理事关党中央的重大决策部署和人民群众的殷切期盼。作为赣州市为民办实事的"一号工程"的社区配套幼儿园专项实践，努力克服治理工作中的困难，治理工作取得了显著成效。2019 年，赣州市召开全省幼儿园管理现场推进会。

1. 坚持高位推进，做到"一把手抓、抓一把手"

（1）领导带头。赣州市委、市政府主要领导亲自进行社区配套幼儿园管理，多次就分配工作进程问题召开调度会，并深入基层发现问题和解决问题。市委常委、市政府常委会仔细研究小区配套幼儿园专项治理情况工作汇报，形成了"一把手抓、抓一把手"的强势推进、聚力攻坚的新格局。

（2）部门联动。在赣州市委、市政府主要领导的示范带动下，县（市、区）和市住建、自然资源等部门主要负责人积极认领工作任务，通过与开发商定期协商，积极开辟专项治理新渠道。

（3）推进考核。实施考核奖惩机制，定期公布工作进展进度，对完成治理任务较好的市政府给予表彰，对治理滞后的要追究责任，从而推进治理任务的进一步落实。

2. 突出问题导向，做到"一园一策、分类实施"

（1）需要摸清全覆盖情况。对赣州幼儿园的发展规划、建设、使用和转移进行了全面摸查。赣州市现有配套幼儿园221所，119所幼儿园在建和待建并且建成后将移交教育部门，其余102所已投入使用。截至2019年10月，91所已经移交教育部门，其中除18所委托举办普惠性民办幼儿园，剩余73所幼儿园已经全部转为公办。①

（2）要推进差别化治理。小区配套幼儿园专项治理工作具有复杂性和特殊性，赣州市坚持"一园一策"，通过政策的精准执行来解决问题。对具有国有产权的幼儿园，在一定期限内全部吸收为公办幼儿园，新增学位6500个；通过收回一批具有商业产权性质的幼儿园，来扩大公办幼儿园的招生规模，增加学位6900个；开发盘活闲置房产，改（扩）建成一批公办幼儿园，增加3600个学位。截至2019年10月，所有项目全部施工，有117个项目已完工并投入使用，新增公立幼儿园学位16000个。②

（3）落实政策激励。对于所回收的幼儿园均退回其全部开发单位建设资金并给予相应补偿，赣州市政府返还的建设资金高达2亿元。此外，赣州市政府建立学前教育专项资金，拨款1300万元投入其中。③

3. 提高办学水平，达到"开办一所、达标一所"的标准

（1）积极推进集团化新模式探索。要创新和深化幼儿园的集团发展模式，以市级幼儿园、区级幼儿园等省级示范幼儿园为龙头，采取"1+N"模式建立新园，并确保社区幼儿园"开办一所、达标一所"。

（2）加强师资队伍建设。市委编制部门及其相关人员对赣州市幼儿园深入开展调查发现，公办幼儿园存在明显师资编制短缺、师生比例不合理问题。通过机构改革，增加公办幼儿园教师编制，加大公办幼儿园师资队伍建设，加强幼儿教师培训。

（二）坚持基础教育先行，打造基础教育高地

不动摇教育优先发展的政策，使基础教育得以快速高质量发展，从而完成

---

①②③ 资料来源：点赞！小区配套幼儿园专项治理"赣州模式"亮相全国！［EB/OL］．赣州澎湃新闻网，https：//m.thepaper.cn/baijiahao_4664166，2019-10-13.

"有学上"到"上好学"的历史性转变。主要做法是：

1. 坚持"三个优先"，确保基础教育先行

（1）在发展规划上优先谋划。坚持高起点谋划布局，从江西省政府明确赣州"六个中心"的高度定位进行教育工作，把区域性教育中心建设作为赣州省域副中心城市建设的一项重大战略任务，并制订出台相关实施方案。

（2）在资金投入上优先保障。牢固树立"再穷不能穷教育"的理念，增加赣州市公共财政教育支出。

（3）在政策配套上优先支持。教育部和江西省政府签署了《关于共建赣州市教育改革发展试验区的意见》，印发了基础教育三项计划等多项政策文件，推动基础教育改革发展。加强教师等人才住房保障，5年启动建设人才住房10万套，将新进教师纳入人才住房建设统筹安排。

2. 实施"三大行动"，补齐基础教育短板

（1）实施"全面改薄"攻坚行动。从2014年起，新（改、扩）建学校3566所，新（改、扩）建校舍面积达482万平方米，资金投入达94.53亿元，学校办学环境得到全面优化，实现了"最好的房子在学校，最美的环境在校园"。①

（2）实施城乡学校建设攻坚行动。从2018年起，三年计划筹资169亿元，建设241所学校，新增36万个学位。2019年，有139所新学校开工建设，其中53所已投入使用，新增学位7万多个。仅在中心城区，就有19所学校一次性启动建设，超过了前5年的总和，大班额、大校额问题有力化解。②

（3）实施学前教育普惠攻坚行动。赣州市在江西省最先实现每个乡镇有一所公办幼儿园的发展目标。针对城镇仍然存在"入园难、入园贵"现象，《赣州市城镇住宅小区配套幼儿园规划建设及管理使用办法》明确要求，安置小区及保障性住房的配套幼儿园必须是公立幼儿园，在商品住宅小区设立普惠性幼儿园，进而有效缓解此现象。

3. 聚力"三项改革"，打造基础教育高地

（1）创新红色德育工程。巧抓区域特色优势，充分利用赣州市的红色教育资源，推动红色德育工程实施，保障"苏区精神进校园"活动、"苏区好少年"

---

① 资料来源：全省教育大会 | 让群众享有更多教育获得感［EB/OL］. 江西教育在线，http：//www.know.edu.cn/wechat/website/newspage.htm？id＝5ec8aae6-d05d-4a5e-88c7-a3b12cde990b，2019-03-06.

② 资料来源：赣州近三年将新（改、扩）建241所学校！［EB/OL］. 江西教育在线，https：//www.sohu.com/a/224661043_99956713，2018-03-01.

评选、红色教育基地创建、红色实践和红色诵读等工作常态化，编写《红色基因代代传》等红色教材，以及成立"红娃讲解团"，率先在江西省内建立"红色班"，使革命先烈后代入学，每生补助1万元，平川中学的"快乐志愿多彩体验"实践活动被《新闻联播》报道，在江西省德育工作大会上赣州市曾作为典型代表发言。

（2）创新中小学聘用教师数量管理办法。赣州市在江西省率先出台《中小学教师聘用人数管理办法》，缓解了教师编制紧缺问题，江西省教育体制改革简报专题刊登并推荐为全国教育改革典型案例。

（3）创新学校品质提升工程。加强内涵建设，抓实硬件建设，进一步加强校园管理和校园文化建设，在省定办学标准基础上，坚持运动有空间、文化有品位、校园有景观等"六有"标准，在赣州市创建"智慧校园""运动校园""文化校园""绿色校园"等，赣州市基本形成了"一校一特、一校一品、百花齐放"的格局，涌现了一批小而美、小而优的农村学校，并成为教育部全国三个"加强义务教育学校标准化建设提升学校办学品质"试点地区之一，得到群众一致好评。

三、赣南苏区教育发展过程中的主要问题分析

近年来，在高校入学率上我国城乡学生之间的差距越来越明显，主要体现在城乡师资差异、城乡软硬件教学条件差异和城乡学生家庭背景及对教育的重视程度差异三个方面。

（一）赣南苏区城乡教育师资差距仍旧显著

赣南苏区城乡教育最主要的差异还是优质教师资源方面的差异，中国教育追踪调查数据显示，2013~2014年，农村教师无论在学历方面还是数量方面，都明显与城市存在较大差距，教师队伍中本科学历和研究生学历的人数较少，农村教师与城市教师学历分布总体上是不均衡的。现在教师的入职门槛越来越高，学历要求也在逐步提高，但不可否认的是，农村教师的学历仍然普遍低于城市教师。造成这种差异的原因主要包括以下方面，而其根本原因还是留不住优秀人才。

（1）农村"空心校"的问题。农村学校特别是小规模学校的教师还面临着生活条件低下、交际渠道不畅、发展机会不多等问题，从而导致部分教师"不下去、留不住"等问题。同时，农村教师队伍普遍存在"老龄化"现象，随着时间流逝，这批老教师终将老去，农村师资不足将成为农村教育面临的一大难题。尽管许多已经退休的老教师重返工作岗位，继续在原学校任教，但依然存在年轻

教师不足、青年教师留不住的问题，很多年轻教师工作几年后不是调往城市，就是想着调往城市，很难真正留住青年教师的"心"。

（2）关于"活得好"的问题。虽然多年来国家对乡村教育给予倾斜性投入，实现脱贫攻坚任务，进一步提出乡村振兴战略以及学校标准化建设，许多地方乡村教师的工作环境和薪资收入得到了大幅提高，甚至和城市教师基本相等，但骨干教师依然很难留在农村地区。究其根源，并不是他们不热爱农村教育或者不具备高尚的师德和社会责任感，而是生活条件艰难，乡村地区难以使他们"留得下""活得好"。

（3）学生家长观念上的问题。国家义务教育阶段的教育实际仍存在"乡村弱"和"城镇挤"的现实问题。一些农村地区的乡村学校尤其缺乏师资力量，导致教学质量低下与资源不足，但在中国父母"望子成龙""望女成凤"传统思维的作用下，许多父母会选择将孩子送往城镇或私立学校上学。如此一来，乡村院校生源不足，优质师资更加缺乏、更难留住，进而形成恶性循环。

（二）赣南苏区城乡教育软硬件条件差距依旧明显

城乡软硬件教育条件的差距不仅体现在农村的义务教育方面，在老年教育方面，这种城乡软硬件教育条件的差距更加明显。

（1）义务教育方面农村基础软环境差距较大。大多数农村学校还没有或者刚刚开始智慧学校的建设，没有智慧化校园的支撑，那么优质资源跨地域间共享就是空谈。同时，优质教学资源的共享意味着需要更多的监管与自觉学习的氛围，而这些都是农村学校相比城市学校最欠缺的软环境。

（2）"大班额"现象仍存在。根据实际调查研究，当前江西苏区义务教育阶段"大班额"的问题仍然存在。虽然赣州市政府在"大班额"问题上做了大量的努力，但问题仍存在，"大额班"不仅会加重教师工作负担，影响教学效果，并且会损害教育公平性，甚至影响学生身心健康。"大班额"形成的原因归根结底还是我国的教育资源分配失衡所造成的，当然具体原因也有很多，包括城镇化发展加速导致的学校地理布局问题，农村实行"撤点并校"等。另外，由于许多乡村的学生前往城镇上学，城镇学校学生增多，教师队伍不足，出现一师难求的现象，因此，在班级编排上，为保证课程正常运行，便增加班级人数。但是，义务教育阶段学生的主要年龄处于7~16岁，本身的自律能力并不强，班级人数增多，不利于保证学生听课的高效性，且不利于教师管理。

（3）老年教育在农村底子薄。老年教育作为我国终身教育体系的重要一环，随着中国国民教育体系的完善而不断完善，但老年教育在农村发展任务依然艰巨。从 20 世纪初开始，我国老年教育呈现逐年上升态势，在城镇化率加快的背景下，青壮年人群不断向城市流动，老年人成为农村常住人口的主体。庞大的老年群体表明，农村老年教育基础设施总量存在不足，导致我国城乡老年教育失衡。我国老年教育的基础设施建设特别是在西部地区和部分相对贫困地区存在很大的欠缺，实现统筹城乡终身教育体系的建设目标任务依然相对繁重。

（三）赣南苏区城乡学生家庭背景及对教育的重视程度仍存在差异

20 世纪 80 年代，无论是大专还是普通的大学都是本地学生。绝大多数农村学生通过高考改变命运，并留在城市工作和生活。但随着时间的流逝，这种局面在不断地改变，城乡学生教育获得的差距在不断扩大。尽管我国的高等教育受教育程度在不断提升，国家的政策也在加持，但是城市学生与农村学生之间还有一定的差距，而且这个差距在不断扩大。有数据显示，无论是高职高专、普通本科还是重点高校等，随着我国高校层级一层一层地上升，来自农村的学生比例越来越小，而来自城市的学生比例越来越大。

1. 在教育支出方面

从城乡学生家庭背景来看，家庭的收入水平和对教育的重视程度直接影响着城乡家庭的家庭教育，直接揭示了支出的差距。2016 年《中国统计年鉴》数据显示，无论绝对支出额度或占总消费支出的百分比如何，城市教育和文化都比农村教育和文化高得多。

2. 在学习氛围方面

部分农村学校学习氛围显著低于城市学校。不良学习氛围可能会影响学生们的人生观、价值观、世界观，使学生对学习漠不关心，产生厌学情绪，结果会导致学习成绩下降，尽管这些影响不一定由学校引起，但需要家长和学校一起去处理。

3. 在教育期望方面

城乡之间家庭背景的差异以及对教育的重视程度也反映在教育期望的差距上。孩子对父母的教育期望会直接影响他们的教育背景和自我意识。农村学校的学生多数来自父母教育水平和收入水平较低的家庭。中国教育跟踪调查报告指出，有一半农村家长希望自己孩子的受教育程度在高中以上，有将近 1/4 的家长希望自己孩子的学历在高中（包括普通高中、职业高中、技校）以下，而农村学生对自己的受教育程度的期望在高中以下的仅占两成，期望自己上大学的只有 1/2，从比例上来看，比城市孩子低了近 1/5。因此，农村父母对孩子的教育期望的下降间接导致对孩子的教育期望的降低。①

四、未来赣南苏区教育发展的相关建议

（一）"四个自信"必须融入赣南教育体系构建的全过程

"四个自信"即中国特色社会主义道路自信、理论自信、制度自信、文化自信，它是人们自信力量的源泉。众所周知，自信为人们提供了奋斗的方向。一个自信的人总是充满活力的，他可以冷静地处理所有事情，而不会感到困惑、恐惧或迷茫，只有充满信心的国家才能在实现中华民族伟大复兴的道路上砥砺前行。因此，加强"四个自信"，将使全体中国人民通过教育对中国特色社会主义制度和中国特色社会主义道路的正确性有更深的理解，进一步增强信心，维护决心，成为中国特色社会主义制度和道路的忠实信奉者和拥护者。因此，必须将"四个自信"教育纳入为所有城乡居民建立的终身学习体系，这是其核心含义的重要体现。

赣州苏区必须坚定不移地推动"四个自信"的教育全面融入构建统筹城乡服务全民的终身学习教育系统的整体过程之中。要全方位贯彻落实党的教育方针，完善立德树人的教育机制。要加强爱国主义教育，加强对党史、国史等的教育。"四个自信"教育必须融入赣南苏区教育体系构建的全过程，坚定受教育者的自信心与使命感，朝着一个更大规模的教育体系建设目标而努力。

（二）构建赣南苏区城乡教育资源均衡配置长效机制

2019年5月，中共中央、国务院印发《关于建立健全城乡融合发展体制机制和政策体系的意见》。该意见指出，我国要实现城乡教育发展和教育资源分配的均衡机制，就需要把农村教育的发展摆在尤为突出的位置，建立以城市带动农村、城乡一体综合发展的战略。那么，我国目前城乡一体综合发展在教育领域进程中存在着哪些难题呢？如何平衡配置城市与乡村教师资源是当前均衡城市与乡村发展教育资源所面临的难题。"统筹城乡教育，实现均衡发展"这句老话虽然说了很多年，从中央到地方都在为这项工作努力，但实现效果与人民所期望的尚存差距，城乡之间、学校之间的均衡发展尚存短板，这种短板不仅体现在城乡教育发展的硬环境与条件上，更体现在教育资源与师资力量这种软环境与条件上，软硬环境与条件的不均衡导致了循环效应的产生，进而产生了城乡

---

① 资料来源：农村孩子最大的痛，是城乡教育差异［EB/OL］．澎湃新闻网，https：//baijiahao. baidu. com/s？id=1599974383815366281&wfr=spider&for=pc，2018－05－09.

教育差异。

因此，在城乡教育发展不均衡的问题上，软硬环境是阻碍实现教育均衡的原因，其中软环境又是阻碍均衡的关键，而师资差异又是软环境中的核心问题。众所周知，优秀师资会影响优质生源流向，优质生源流向又会影响办学经费流向，办学经费流向反过来又会影响办学条件和优秀师资流向。因此，优秀师资仍是教育均衡发展的核心与重中之重，构建统筹城乡、服务全民的终身教育学习体系，关键在统筹规划城乡教育资源的均衡配置，核心在于通过制定引导政策，激励优质师资力量向农村地区流动，形成模式规范、形式固定、措施得当的平衡发展流动体系。首先，通过建立城乡一体化的教师编制统筹调整机制，实行对城乡范围内教师编制的动态管理，用编制调整机制激励教师资源的动态调整，发挥动态监管作用；其次，进一步促进教师领域的"县管校聘"改革，查清楚现有地区即城乡范围内的师资资源配置情况，完善师资的招聘机制，落实在编师资的绩效改革，实行优胜劣汰制度；再次，统筹推动城乡教师互动交流，统筹在编城乡师资的管理制度，大力提高城乡范围内教师资源的交流频率，规范城乡教师的动态轮岗制度；最后，统筹规划、合理设置城乡学校教师职称岗位比例，通过政策让职称评定向乡村中小学教师倾斜，同时确保乡村学校教师职称评定过程中的公平性与规范性，加大优秀教师向乡村学校流动的力度。

综上所述，师资的差异性仍是导致城乡教育差距的重要因素，而如何缩小这种差距是构建统筹城乡服务全民终身教育体系所要解决的核心问题。赣州市已经就此问题做出了积极的努力，如何配置高效的赣南苏区师资力量合理分配机制，对于教育公平这一目标的实现至关重要。基于此，提出以下三点建议：

（1）"软硬"兼施，完善制度。第一，制定相应制度，强调属地原则，让学生就近上学，从而减少生源流失，加强乡村学校基础设施建设。例如，江西省人民政府办公厅出台的《关于全面加强乡村小规模学校和乡镇寄宿制学校建设的实施意见》，提出要加强各县级人民政府对农村建设义务教育学校的布局规划。该文件指出，要进一步规范网点撤并程序，推动各地科学调整乡村学校网点布局；制定出台基本办学条件标准、寄宿制学校工勤人员配备标准、教育教学有关指导意见等规范性文件，完善乡村学校管理制度。第二，加大资金投入，在提升基础设施的同时，加强软件的建设，并完善相应教师管理制度。当前农村义务教育学校最大的问题就是留不住人才，导致部分教师出现"不下去，留不住"的问题。因此，在乡村教师的管理制度方面，应当在完善保障制度的基础上，增加相应的激励机制，改进对教师编制的管理。同时，对一线基层的乡村教育工作者，应多在生活上给予补贴和精神上的关爱，在职称、评奖等环节上给予政策倾斜；加大对教师教学的管理力度，鼓励教学创新；提升教师的忧患意识、竞争与合作意识，有压力才有动力，真正做到为学生着想。建立教师管理动态化模式，在本地区内，增强师资队伍的流动性。对偏远地区学校，加强师资建设，鼓励教师下乡教学，提高农村教育工作者的待遇，并颁布相应的奖励措施。对于城镇教师，可以通过制订针对城镇教师的乡村服务计划，选拔优秀的城镇教师去乡村任教，并作为教师未来评奖和职称晋升的重要加分标准。

（2）利用互联网技术，开展“线上+线下”教学新模式。发挥网络化及人工智能教育优势，创新学习方式与教育方法，加快千人千面的人工智能 AI 教育体系工程建设，建设学习型社会。在乡村学校，由于教师队伍不足，往往一个教师任多门课程。除了主课之外，一些副课往往得不到重视。所以农村地区的学生德智体美劳往往不能全面发展，未来在讲授副课时，老师可以利用现代化多媒体远程技术，播放相应的网络课程，给同学们科普相应知识，保证同学们能够全面发展。相比于传统的教学方式，线上教学可丰富同学们其他方面的知识，而不仅局限于书本知识。在教学过程中，相比于城市，农村地区师资依然缺乏，这一点到目前为止依旧不能百分百解决。因此，在教学过程中，可多将现代化远程网络多媒体技术与传统课程相结合，达到均衡城乡教育资源的目的。

（3）加强师资队伍建设。开展师范类大学生支教志愿服务试点工作，同时鼓励非师范类大学生参与乡村支教活动，并带动城乡教师队伍建设。2018 年江西省在聚焦乡村学校网点布局不优、教师队伍不强等问题时，开展了农村教学网点调整改革试点、组织师范类大学生赴边远乡村小学进行支教试点探索活动，并以点带面、逐步铺开，带动解决城乡教育存在的突出问题。通过这一系列的举措，江西省义务教育中小学校园的分布更加合理，办学设施得到了一定程度上的提升，农村和城市学校的差距慢慢缩小，乡镇学校拥挤、乡村设施不足的问题在一定程度上得到化解。因此，应继续开展并加入更多的科目，以保证同学们能够接触到更多之前没有接触到的东西，提高学生见识，让学生实现全面发展。再者，与师范类院校进行合作，不仅可以为师范生提供良好的实习岗位，同时对培养优质教师有着较大益处，推动师风师德的建设进程。

（三）发挥科技创新在统筹赣南苏区城乡教育资源中的积极作用

（1）搭建统一的线上慕课模式教育平台。百年大计，教育为本。当前中国的教育资源和体系等各层面都有必要巩固、加强，仍有一些人在教育方面存在困难。党的十九届四中全会提出构建服务全民终身学习的教育体系的要求。根据这一要求，教育领域仍要不断完善发展，从教育实际存在的问题出发，构建以德树人的教育体制，增强教师职业道德的意识，树立为人师表的典范，全面深入教育现代化改革，为我国培育德智体美劳全面发展的社会主义接班人奠定基础，以促进我国教育事业的全面长远发展。那么，赣南苏区如何构建基于"线上+线下"方式的完整教育体系，如何搭建统一规范的线上教学平台是当前亟须思考的首要问题。以"学习强国"为首的几大教育学习类APP日活跃用户在上线优质免费课程和免费直播课后有了明显的上升。但同时我们可以很明显地看到，"学习强国"APP稳居日活跃用户数第一，作为一个上市时间并不长的APP，为何能达到这种效果呢？知识储备量非常丰富、符合国人网络学习特点的APP"学习强国"上线，这款采用先进技术平台、特色鲜明、内容一应俱全、蕴含海量知识信息、文化与思想并重的聚集型学习平台上线后便好评如潮。目前，从"学习强国"软件后台的使用频率及情况来看，"学习强国"已经成为所有共产党员甚至普通群众每日必学的最受欢迎的学习平台，在很大程度上提高了党员整体的政治素养。另外，应进一步提高智能化网络教学设备的普及率。据调查，在相对落后的地区电视的普及率相对电脑和其他智能设备较高。因此，将网络APP与电视频道相结合，同步按预先安排的课表进行课程播放，使那些欠发达地区的学生也可以凭借视听设备和发达地区的学生一样享受名师资源也是统筹城乡教育资源的很好举措。

（2）线下、线上教育应各有侧重，构建互补型教育体系。线上教育分两种：一种是完全线上教育，另一种是线上、线下结合式教育。完全的线上教育存在上文提到的多种难以解决的问题，如果处理不好，培养的质量就会大打折扣。而线上、线下结合发展是科技和教育的高效融合发展。教育是本质，科技是方法，科技可以使教育培训机构在教育上提升效率，而线上、线下教育的结合是解决很多地区优质教师资源少的关键，这种方式可能成为未来教育行业的主流趋势。因此要打造线上、线下结合的教育发展模式，突破传统教育行业的瓶颈，纾解传统教育行业之困。有数据显示，和传统教育模式相比，46%的现代家长更偏向于线上、线下相结合的教育模式，以弥补线上教育的不足，最大限度发挥优势。由此可见，"线上+线下"模式将会成为传统教育行业的长期可持续发展的最优模式。

（3）线上教育应利用优势资源，构建平衡型教育体系。雷励华（2019）采用文献计量分析法得到，在城乡教育均衡发展的过程中，"互联网+教育"的作用不断凸显，地位逐渐提高。因此，他提出建议，希望可以采用"互联网+教育"科学规划新型模式，找到城市与乡村师资教育资源的一个平衡点，从而缩短城乡差距促进发展。具体建议包括以下内容：首先，加强基础信息化建设，对于乡村地区，政府应加大网上教育硬件的投入，通过对学校布局的调整，提供多媒体、计算机机房等基础设施，健全"智慧教育"，促进办学条件城乡一体化，优秀的师资和办学资源可以利用统一的平台进行共享。其次，提高教师的素质，扩大教师队伍，资金多向公费师范生领域倾斜，提高乡村教师的生活补贴，通过职称评定等多种方式的政策倾斜为乡村地区引进教育人才，缩短城乡师资力量的差距。最后，利用统筹规范化的线上教育平台，开设部分在线课程，使优质教育资源能够下沉到乡村，同时，创新教学模式，促进整体教学质量的显著提升。例如，课前，信丰县第九小学青年教师运用"赣教云·教学通 2.0"精心备课，通过资源库，云中精准关联资源，在线设计，同步课件，云中海量资源随手取；课中，电子备课，电子白板、课堂情景互动工具、学科工具、学科应用纷纷登场，学生看了啧啧称奇；课后，教师通过智慧作业功能通知后台反馈精准定位，AI 算法为学生定制了错题集，通过精细推送功能，学生可以借助家里的电视机进行二次视频辅导。

第二节　赣南苏区公共文化事业发展成效与经验

2017 年 3 月 1 日，《中华人民共和国公共文化服务保障法》（以下简称《公共文化服务保障法》）正式实施。赣州市作为首批国家公共文化服务体系示范城市之一，全面推动《公共文化服务保障法》实施，不断提升公共文化设施建设，完善公共文化服务体系，以政府为主导，提高公共文化服务效率，以深化公共文化示范区建设，推进公共文化服务规范化、均等化，取得了很大的成绩。

一、赣南苏区公共文化事业取得的成效与发展经验

（一）学习、宣传是赣南苏区公共文化事业发展的前提条件

（1）抓好党政领导干部和文化等相关部门的学习。赣州市要求将《公共文化服务保障法》列入政府的学习计划和赣州市普法学习内容，并要求各地党政领导干部带头学习。通过学习中心组学习、集中研讨和专家授课等方式，学习《公共文化服务保障法》，认真听取专家解读，理解领会精神实质，熟练掌握主要

内容。

（2）重点抓好集中培训。赣州市、县两级分层次、有计划地组织了本地学习培训，培训工作覆盖地方党政领导和城乡基层干部。积极组织县级文广新局局长、基层图书馆长、博物馆长、文化馆长、乡镇（街道）综合文化站长及文化志愿服务骨干学习贯彻《公共文化服务保障法》，并积极推选参加上级部门有关培训。同时，邀请上级相关专家及赣州本市专家进行宣讲培训。

（3）推动全媒体宣传普及。赣州市各地开展了各类面向社会的有特色的《公共文化服务保障法》宣传活动。利用电视台和报纸等传统媒体与网络、微博、移动终端等新媒体开展多方位集中宣传和跟进报道；充分展示各类公共文化设施的阵地作用，安排赣州市文化馆、纪念馆和科技馆等摆放相关图书和宣传手册，建设乡镇文化综合站、村综合文化服务中心、农家书屋制作普法专栏，充分利用"文化、科技、法律"下乡、农村文化"三项活动"等惠民活动向群众面对面宣讲，让依法建设现代公共文化服务体系的理念深入人心。

（4）全面加强组织保障。赣州市委、市政府始终把文化建设放在心上、抓在手中，纳入市委、市政府年度重点工作。在 2020 年赣州市民生实事项目安排中，赣州市"六馆一书城"等四大公共文化类项目列入其中。强化顶层设计，出台《关于加快文化强市建设实施意见》，在文件中明确赣州市推进城市文化建设的指导思想及发展目标，在公共文化服务方面，提出打造主城区和中心镇 15 分钟、一般村镇 20 分钟公共文化服务圈。完善政策配套，全面落实《公共文化服务保障法》，出台实施《赣州市中心城区公共服务设施提升三年行动计划（2019—2021 年）》，明确提出到 2021 年每万人拥有文化设施面积达到 1000 平方米，公共图书馆人均藏书量达到 1 本，人均体育场地面积达到 1.8 平方米。制定标准规范，对标细化国家公共文化机构服务标准和服务规范，对赣州市公共文化设施体系化建设开展系列研究，完善各类文化设施管理办法，建立健全各项考评机制并纳入赣州市高质量发展考核体系，不断推进建设公共文化服务规范化、制度化。

（二）设施建设是赣南苏区公共文化事业发展的根本任务

（1）赣州市已基本建成一个结构合理、行之有效的覆盖市、县、乡镇、村的四级公共文化设施网络。截至 2018 年 12 月，赣州市已建立 20 个公共图书馆、18 个博物馆（纪念馆）、20 个文化中心和 4 个美术馆。赣州有 283 个镇，设有综合文化站，也称为综合文化服务中心。建立了所有行政村（社区），达标率达 90%以上，拥有农舍 3515 间。赣州地区每万人公共文化服务设施的面积从 2016

年的 753.2 平方米增加到 2018 年的 1057.1 平方米，增长 40.3%。设有市美术馆，建有符合国家标准的文化馆、图书馆和博物馆，其中，市文化馆和市图书馆均为国家一级馆；市博物馆新馆于 2016 年元旦正式开馆，经江西省文物局评估达到国家二级馆标准。18 个县（市、区）分别建有符合标准的文化馆（一级馆 8 个、二级馆 6 个、三级馆 4 个）、图书馆（一级、二级、三级馆各 6 个）、17 个博物馆（纪念馆）、4 个民间博物馆、4 个美术馆。赣州市乡镇和行政村有线电视光缆网络覆盖率分别达到 100%、70.98%，网内共有 110 万有线电视用户，其中，广播电视人口更是超过了 98% 的综合覆盖率。①

（2）赣州市不断加强对市级重点公共文化设施的完善。同时，落实市县两级"三馆合一"及文化艺术中心的建设，近三年来，赣州市新建改建"三馆一中心"等 75 个，赣州市综合文化艺术馆（文化艺术中心）项目总建筑面积 84000 多平方米，包括新建市级图书馆、文化馆和大剧场，可为广大市民提供更多高质量的公共文化服务。加快推进市美术馆、市科技馆、新华书城新建项目，已完成选址工作。

（3）赣州市重点提高基层公共文化设施管理绩效。推进市基本公共服务朝着标准化、均等化建设方向发展，但同时也要保证基层文化单位标准化试点建设的完成，以及认真落实贫困地区村综合文化服务中心示范工程。赣州市 704 个村级综合文化站示范点完成建设，在建设过程中严格按照中宣部"七个一"标准进行。赣州在江西省率先开展公共文化设施建设管理绩效年活动，同步进行的还有《赣州市推进基层综合文化服务中心建设实施方案》的制定，该方案在江西省推广。在调查摸底及总结推广寻乌、瑞金等地先进经验做法的基础上，获得了"三统一"（即资产统一管理、资金统筹使用、管理人员统一考核）的基层公共文化设施实施绩效管理经验，取得了较好的成效，对于赣州市已建成的村级综合文化服务中心，达标率稳步提升。重点抓好村级文化设施建设中的形式主义、官僚主义，突出问题立行立改工作，对于赣州市村级综合文化服务中心建设使用突出问题派出调研组进行现场调研指导及督促整改。

（三）服务提质增效是赣南苏区公共文化事业发展的根本要求

（1）在江西省推广"农家书屋+电商"建设的赣州经验。赣州市创新思路，不断探索，充分挖掘新时期各个领域能够推动脱贫攻坚的新路径，扎实推进赣州

---

① 资料来源：赣州：建设公共文化　打造国家工程［EB/OL］. 中国文明网，http://www.wenming.cn/dfcz/jx/201812/t20181205_4923948.shtml，2018-12-05.

市"农家书屋+电商"建设，赣州市的"农家书屋+电商"服务点正慢慢成为人民群众加强精神文明建设的"新家园"，同时也是人民群众脱贫致富奔小康的"新道路"。2017年8月，中共江西省委宣传部在赣州市安远县召开"农家书屋+电商"现场会，推广这项"赣州经验"供全省学习借鉴，《人民日报》、中央电视台等主流媒体连续报道。

（2）积极开展赣州市文化馆联盟共建活动。开展了"树乡风文明""文化和自然遗产日"赣州市文化馆联盟成员单位文艺专场演出，受到群众好评。

（3）推进赣州图书馆、文化馆总分馆制建设。确定大余、上犹和会昌为国家试点县，建设图书馆的普通图书馆和分支图书馆系统。包括安远在内的五个县和地区同时试点，将会昌和寻乌列为文化中心总系统和分支系统试点单位。先后调研督导了6个试点县的工作进展情况，选择了15个农家书屋作为流动图书服务点，由市出资增配图书，助力总分馆制建设试点。

（4）深入实施赣州市文化惠民利民工程。为了不断按计划加快数字文化中心建设，建立以赣州文化中心为主题的数字信息服务平台，需要不断加强赣州公共文化服务数字网络的建设。此外，应通过免费开放图书馆、文化中心、乡镇文化中心和当地书店，不断提高文化公益项目的服务水平。

（5）提升免费开放的服务质量。市文化馆、图书馆及12个县级文化馆、图书馆实行了夜间免费开放，更好地满足了群众对文化方面的需求。其中较为重要的一点是，对于现役军人、低收入人群，以及老弱残等特殊人群参观文物建筑及遗址类博物馆给予门票减免优惠，另有文化日和自然遗产日免费参观的利民政策。

（四）群众文化获得感是赣南苏区公共文化事业发展的最终目的

（1）文化惠民精品共享。近年来，各级文化部门深入挖掘丰厚文化资源，赣州市连续五年举办"文化惠民周"活动，涌现出"幸福赣州"广场文化活动、"人民的舞台，让我们走到一起"、赣南采茶歌舞剧等文化品牌，为市民送上了精彩纷呈的文化盛宴。节日和纪念日期间，赣州市图书馆、博物馆、纪念馆、美术馆、文化馆免费开放，开展众多群众文化活动，使基层群众享受到文化发展新成果。2017年以来，赣州的国有剧团、民营剧团、基层文化宣传队和农民业余表演团常年送戏下乡、巡演，每年开展100余次各种形式的读书活动。各县（市、区）形成了以"永远的红土情""客家神韵"为主线，"一县一品"为基础的特色群众文化活动品牌。如今，赣南苏区公共文化事业"群众演戏、演群众戏、群众看戏"已成为一大特色。

案例：池江镇新时代文明实践所"送戏下乡"

为了深入开展基层群众文明实践活动，提升文化服务水平，丰富精神文化生活，2020年10月30日，由池江镇新时代文明实践所主办，新欣艺术团承办的"决胜脱贫攻坚歌颂美好生活"群众文艺演出在池江镇杨村举行。展示革命年代一心跟党走坚定决心的红色歌曲，群众喜闻乐见的赣南特色采茶戏、舞蹈、快板、红色家书朗诵等节目获得人民群众的一致好评。

送戏下乡进千家万户，文化惠民温暖众人心。据了解，为促进新时代文明实践的有效实施，营造快乐积极向上的生活氛围，池江镇党委政府结合脱贫攻坚、移风易俗等工作，精心策划组织文化惠民活动，后续还将陆续走进其他村、社区。"走村送文化"将文化产品带到群众家，共享文化发展成果，充满获得感和幸福感。

（2）丰富文化供给。繁荣文艺精品创作，为群众提供更多优质文化产品。设立文艺创作专项扶持基金，重点扶持创作了赣南采茶歌舞剧《八子参军》《永远的歌谣》等一批精品力作，且《八子参军》《永远的歌谣》获中宣部"五个一工程"奖。在创作生产的同时，积极推动文艺精品走入群众，惠民共享。赣南采茶歌舞剧《八子参军》演出达185场次，2019年赴大中专院校巡演16场，惠及学生2万余人。此外，引进天津评剧院的《红高粱》、国家话剧院的《三湾，那一夜》等10余部具有全国一流水准的精品剧目走入赣州，为群众带来艺术享受。结合赣州实际，建立适应群众文化需求的公共文化产品弹性供给机制，汇聚赣州市图书馆开展网上文化活动，为群众提供活动及场馆预订、网上参与、服务评价等文化服务。注重文化服务向基层倾斜，组织文艺人才深入基层、贴近群众，帮助建设农村文化活动室、文化广场、文化超市，把公共文化服务送到百姓家里。赣州市图书馆为农民工服务成为我国40个农民工示范工程之一，开创了公共文化服务的"赣州模式"。

（3）推进赣南采茶戏人才培养，开展传承与创新工程，举办赣南采茶戏编剧、导演研修班。赣州市政府通过《赣州市定向培养赣南采茶戏表演专业学生实施办法》，由市县财政支付，每年培养多名赣南采茶戏表演专业学生。政府采购是赣南苏区公共文化事业发展的有力保障，主要体现在以下三个方面：一是赣州市加强政府为购置公共文化产品提供服务的保证体系建设。赣州市人民政府办公厅已经出台《政府向社会力量购买服务办法》及《政府向社会力量购买服务指导目录》，并有 10 项公共文化项目被政府部门列入《政府向社会力量购买服务指导目录》。赣州市人民政府逐渐完善了政府将其公共艺术资源转移到社会力量支持购买的公共艺术产品和服务等制度性保障。赣州市认真贯彻落实《政府向社会力量购买服务办法》及《政府向社会力量购买服务指导目录》。政府积极推进公共文化服务的采购活动，形成了由政府向全体社会力量提供公共文化服务的常态性机制。二是赣州市完善政府购买公共文化服务经费保障。赣州市县政府的财政部门设立了文化项目发展专项资金、文化体育活动专项资金和非物质文化遗产保护专项资金，政府根据财政情况，每年对购买公共文化服务经费总额做出预估，将计算进当年的财政预算，并逐年增加，进而保证政府购买公共文化服务事业的正常有序发展。三是赣州市政府积极推动购买公共文化服务的行动。购买赣州公共文化服务的方式主要有两种：项目购买和岗位购买。在项目采购方面，在赣州市一些大型文化设施、大型文化活动场所或文化品牌项目建设中，政府以委托生产或者购买服务的方式，吸引大量来自民间的资本和众多社会力量一同参与到公共文化服务建设领域，进而再引导或采取鼓励措施，完善市内的文化建设。

例如，赣州市综合文化艺术馆（文化艺术中心）建设项目以政府购买服务的形式实施，市文广新局作为该项目的政府购买服务主体，积极开展了项目前期工作。赣州市重点文化旅游项目赣南民俗音画《客家儿郎》以政府购买服务方式实施，由国内一流创作团队进行创排，2018 年多次赴外巡演。连续 5 年开展的文化惠民周等品牌活动均以政府购买服务方式实施。例如，"我们的节日，我们的家乡""人民大舞台，让我们一起来"等一系列大型文化活动，都采用政府采购服务、机关企事业单位合作举办的方式，取得良好效果。多年来开展的农村文化三项活动通过政府购买演出、电影放映等方式惠及农村群众。

与此同时，各县（市、区）政府在购买公共文化服务项目方面进行了很多积极的尝试与探索。在岗位购买方面，政府的行动主要落实在购买各类公益性文化事业单位管理人员、专业技术人员、辅导人员岗位上，包括政府购买公益性文化事业单位保安、保洁、专业辅导员、文化志愿者、村（社区）文化室及农家书屋管理员等众多岗位，通过岗位购买，引导社会力量积极参与到公益性文化事业单位管理和服务当中，不仅降低了管理难度，还减轻了财政压力，可见是一举两得。

二、赣南苏区公共文化建设的特色与亮点

以赣州市章贡区为例，章贡区创新开展城市书屋建设，构建 15 分钟城市阅读圈。2018 年以来，以章贡区为龙头，共同探索公共文化服务供给侧结构性改革，着力推进城市书屋等文化建设，为市民提供便利、共享的公共阅读服务，服务于群众个性化的阅读需求，从而更好地充实群众精神文化生活，提高群众的生活质量。主要做法如下：

（一）打通群众阅读"最后一公里"

随着时代的发展和人类文明的不断进步，老百姓对知识的渴求和对文化的需求不断提高。但回顾以往的图书馆，不仅数量少、藏书有限，书屋内服务也比较单一，无法很好地满足市民们对阅读的需求。由此，构建 15 分钟阅读圈的计划因势而出，该计划由章贡区提出，希望以此向打通图书馆与市民之间"最后一公里"的目标迈进，提升大众的文化修养，从而提升一个城市的文化涵养。

（1）突出便利性。在布局和选择场所时，必须考虑人口密度高、交通便利和市民需求高的区域。可以观察到，大多数城市书店都位于购物中心、社区、广场、公园中，其中大部分都位于底楼，步行 15 分钟即可轻松享受阅读服务。此举避免了过去线下图书馆"一家独大"的弊端，形成了一个嵌入式网络公共文化服务系统，使图书馆可以由人自行管理，给大众提供了极大的便利。

（2）突出均等性。在学校、社区、企业、政府机构等实现城市书屋全覆盖，争取让城市书屋无处不在。同时，在人口稠密的地区（如广场、购物中心和火车站）安装电子阅读器和小型借阅室，实现阅读自由。章贡区计划在未来三年内建立 120 个城市书店（包括 24 小时自助书架），以覆盖所有主要地区。

（3）突出公益性。所有城市书店免费向读者开放，并采取实名制，公民凭身份证件申请借书卡。当阅读时，可以拿出借书卡免费浏览书架上的所有书籍。为了更好地满足市民的电子阅读需求，章贡区的所有城市书屋都配备了可实时更新其阅读资源的电子终端，可提供约 10 万本书的资源。并推广了博看期刊 APP，该应用程序可以让公民搜索到自己喜欢的书籍，免费将其下载到手机中，享受"带回家"的快乐。

（二）为群众提供高质量的阅读体验

（1）营造惬意的阅读环境。首先，重中之重是要注意相关创作理念及思路。所以在建设之前，团队需要就整体的空间布局和色彩协调搭配以及外观的创作设计进行商酌讨论，集思广益，将灵感与优点汇聚在一起，做出精心的设计。经过研讨，确定将书屋内饰装修成稳心素雅的风格，给人以恬静温馨的感受，色调也大都选择使用暖色系来搭配光影效果。与此同时，室内家具摆放包括阅读式桌椅、布艺沙发、榻榻米和绿色植物等，争取给广大读者舒适放松的体验感和获得感，从而营造出温馨、舒适、惬意和无拘无束的良好阅读环境。其次，通过挖掘地域特色，将当地传统文化与书屋设计建设相结合，给读者们带来亲切之感。可以通过充分利用宋城的建筑风格、赣江水等地域特色鲜明的元素，与书屋品牌建设相联系，使之与书屋品牌相融合，彰显出赣州宋城的文化特色。最后，在服务读者方面，为书屋配备先进的科技设备。书屋有着成熟的自助借还系统，给读者带来了极大的便利性与良好的体验性。此外，空调、手机充电站、免费无线网、自助水吧等自助服务更是一应俱全。同时，针对现代读者"书+咖啡"的阅读习惯，书屋规划中设有专门提供给读者的茶吧，其中咖啡、奶茶应有尽有，在需求上完美迎合了读者们的个性需求。

（2）创建智能的阅读空间。厚德路的建筑梦想书屋和飞龙岛好人主题公园城市书屋都配备了 VR（虚拟现实）眼镜、3D 打印机、3D 全息投影机器人、报纸阅读器和 AR（增强现实）阅读器等技术设备，旨在为市民提供知识。这些智能设备的增加不仅丰富了居民的阅读选择，还基于传统的纸质媒体阅读，为居民提供了更生动有趣的体验。此外，读者可以戴上 VR 眼镜观察海洋世界中的海洋生物，或设计自己的模型，使用 3D 打印创建高度个性化的对象。与此同时，可以与 Alpha 智能机器人进行交流，以丰富读者的体验并使之更加直观。这些设计不仅可以将城市书店变成一个阅读空间，同时还打造了一个有趣而又先进的科学、技术和文化体验馆，从而吸引更多的父母，并使他们的孩子可以近距离地体验技术，享受学习的乐趣。

（三）满足群众多元化阅读需求

（1）城市书屋实现全面开放的模式。在初期，城市书屋先投入了 100 多万元用于建设全天自助城市书屋，旨在打造不打烊的全面开放阅览空间。"不打烊"的借阅制度对于爱好晚间阅读的人群极具吸引力，他们大白天都忙于工作和生活，没有办法阅读过长的时间，"不打烊"制度则给他们这种特殊的群体创造和提供了晚上阅读书籍的机会。

（2）城市书屋需要突出"小而精"的特点。城市书屋的建筑面积一般在 50~120 平方米，区图书馆都会按照建筑面积大小，依据市民阅读喜好以及市民借阅书籍的流通情况调配书籍，以便市民借阅。不仅如此，所有城市书屋都要求每 6 个月更新一半以上的图书馆藏书，以确保公民借阅的图书和资料的更新水平。同时，大部分城市书屋还设有纸质阅览区、电子阅览区、儿童体验区和个人体验区四个区域，旨在更好地贴近市民的阅读需求。考虑到目前增加的儿童阅读需求情况，超过 1/3 书店都将配备儿童读物作为书店的要求之一。

（3）城市书屋需开展多元化的活动。城市书屋结合自身特点和优势，与社会大众相融合，举办各类文化活动。自城市书屋正式开放以来，赣江街道、长征路社区先后举办了各式各样的公益主题活动，如经典诵读、书法课堂、宋城文化知识讲座等，举办此类活动旨在满足人们多样化的精神需求，推动赣南优秀传统文化的弘扬，让人们进一步感受中华文化魅力；而每月飞龙岛好人主题公园城市书屋都会举办 4 场以上的公益活动，以此来宣扬公益正能量；周一至周五，当地城市书屋为小学生开展"四点半课堂"活动，以激发学生的慈善公益心。通过以上例子可以看出，对于大众而言，赣州城市书屋不仅是丰富市民精神世界的心灵驿站，更是促进市民知识交流传播的重要途径，展示学习能力和才华的创意平台。

（四）引导社会力量参与建设和管理

由于城市公共书屋分布区域范围广、数量多、建设前期运营难和成本高等诸多问题，章贡区通过积极聚集当地社会各界力量广泛参与大型城市公共书屋项目建设和运营管理，比较理想地缓解了建设城市公共书屋时的压力，形成了一个政府部门主导、社会力量参与的产业多元化新发展格局。

（1）投入共建多元化。建设智慧城市书屋由区政府图书馆、当地社区、企业、社会公益组织等多方共同协作、联手出资。主要形式有地方政府委托主办、政府引进第三方购买文化服务和文化企业注册认领三种文化建设服务模式。城市公共书屋由政府单独专门负责规划建设，对于政府引进第三方机构购买图书服务机构建设的城市公共书屋，由专门的民间企业法人负责组织、设计、施工、装修，提供相关图书及配套设备等相关工作，而政府除提供正在建设中的用地之外，只需要提供水电费、物业费、宽带费等。

（2）多方协力共管。首先，需要发挥社会上的力量在管理运营上的作用，政府在技术上给予一定的支持和改进。例如，政府可以引进购买第三方城市书屋的服务建设，由负责该项目的相关企业跟踪并全权负责日常的运营和管理，并推进对城市书屋运行情况的年底绩效考核，规定相关绩效考核标准；在项目考核合格后，通过以奖金代补助的形式对企业给予适当鼓励。其次，在图书馆主体方面，区图书馆为提高图书馆管理工作效率，对每个城市书屋的图书馆借阅系统与图书馆管理之间进行有效的信息整合，有效地完成了扩大图书馆基础管理的工作。同时，区图书馆为该地区的每间书屋提供大量免费书籍编辑，目的是加强对市立书店借书系统的技术支持，并提供免费的业务指导。最后，广大市民和读者也需要加强对自身的监督和管理，积极配合城市书屋的清洁工作，并力所能及地参与图书整理的环节，在最大条件下进行图书馆的秩序维护等管理维修工作。这不仅有利于减少政府管理成本，还能够加强市民之间的协调与合作，并营造积极的阅读文化氛围，实现与城市文明的良性互动和协调发展。

案例：会昌264家"农家书屋"成为留守儿童的"精神乐园"

位于会昌县19个乡镇264个村庄的"农家书屋"为儿童提供一个共享的阅读空间。

近年来，会昌县在响应国家号召的前提下将公共文化的基础设施建设作为该县的重点关注项目，旨在解决村民有关读书的问题，该县还通过推进实施"农家书屋"工程，在全县搭建了264个农家书屋，实现了"一村一屋"的建设模式，为广大群众提供了一个阅览空间，共享丰富的图书资源。在"一村一屋"的建设模式下，为丰富留守儿童的精神生活，在"农家书屋"中设置了儿童类书籍报刊专区，且专区提供了丰富多样的图书种类，包括儿童爱看的各类漫画、童话等读物，同时也涵盖了经典名著、中华优秀传统文化系列图书等书目。值得一提的是，书屋还提供了地方风俗文化图片集、少年励志成才传记、青少年体能训练以及电子竞技等适合少年儿童阅读的相关书籍。

经过政府的相关建设工作，留守儿童的暑假生活在一定程度上得以丰富。然而，为了完善农家书屋的建设并满足更多人的阅读需求，该县的每个"农家书屋"都提高了对农村留守儿童的服务能力。留守儿童可免费阅览所有书籍，并且雇用了相关的工作人员指导儿童学习和阅读，帮助他们解决阅读问题。同时，书屋还拥有相关的基本设备，为儿童创造了良好的阅读环境。

第三章 赣南苏区社会治理篇

第一节 赣南苏区整体营商环境改善显著

2020 年 12 月，北京举行"2020 中国经济高峰论坛"和颁奖典礼，会上赣州经济技术开发区成为江西省唯一被评选为"2020 中国经济营商环境十大创新示范区"的县（市、区）。之所以能获得这一荣誉，来源于赣州市推动开放型经济发展的不懈努力。

一、第一产业投资经营环境转变显著

自 2012 年以来，赣州市持续改善农业企业经营环境，引导农业企业产业结构升级，向现代农业企业转变。"赣南脐橙"品牌凭借其多年来显著的影响力，在北京举行的 2019 品牌农业影响力年度盛典上被推选为"最具影响力中国农产品区域公用品牌"。为了进一步提高菜农收入，把赣州的蔬菜产业打造成农业支柱产业，抓好"菜篮子"，打造蔬菜产业新格局，提升蔬菜产业核心竞争力，赣州市政府颁布和实施"赣南蔬菜"品牌标准，"赣南蔬菜"品牌标准成为继"赣南脐橙"后的第二个农产品品牌地方标准，为了成为江南地区重要的蔬菜集散地，保持蔬菜产业发展势头，自 2019 年以来，赣南市规模蔬菜基地和钢架大棚不断扩大。"赣南茶油"是赣州市的特产之一，通过多年的发展，"赣南茶油"品牌的影响力显著提升，成为中国区域品牌榜 50 强，高产油茶林种植面积不断扩大，并在 2020 年列入中欧地理标志第二批保护名单。"赣南高山茶"首次通过国家集体商标注册审核，可以更好地以茶为媒，向全国乃至世界展示赣南高山茶

丰富的品种和精湛的手艺。粮食生产循序渐进，实现稳定新发展。农业产业环境的改善体现在以下五个方面：

（一）农业产业结构得到优化

稳定发展粮食生产，保持粮食产量高增长，发挥农产品品牌优势，做强做优做大重点产业（脐橙、蔬菜和油茶），提高重点产业核心竞争力，合理开发利用农业资源，做到既能保护农业资源又能使农业资源利用最优化，区域特色产业发展速度提升，特色农产品的发展得到进一步推动。

脐橙产业转型升级优化。赣州积极制订并实施脐橙产业行动发展计划，加强对柑橘黄龙病等病虫害的监测、防范及治理，健全良种繁育体系，保障优良的赣南脐橙不受影响。对比国内外柑橘产业发展，赣南脐橙品种结构优化加快，建成符合科学先进、可持续发展等要求的标准柑橘果园，提高脐橙早熟品种、晚熟品种的比重，起到引领和示范作用，并在全市全面推广。建立健全赣南脐橙产业标准化体系，提高赣南脐橙产业凝聚力，组建赣南脐橙产业联盟，更好地促进赣南脐橙产业转型升级优化，建设优质脐橙产业基地，占据市场主导地位和提升国际影响力。

大力支持蔬菜产业发展。不断扩大蔬菜种植面积，经相关农业部门指导，全面调整和优化蔬菜品种，蔬菜质量和安全水平得到有效保障，沿 105 国道、323 国道构建蔬菜产业带，建成跨省面向东南沿海地区和港澳地区蔬菜供应基地。扩大中心城区蔬菜供应基地，推动蔬菜生产和销售衔接，新建和改造市级农产品批发市场和中心城区农贸市场，解决买菜远、买菜难的问题，建设一批社区蔬菜便利店，让"菜篮子"可以不离开社区，形成蔬菜供给"1+3"模式，即生产基地加上批发市场、农贸市场和蔬菜超市。

（二）新型农业经营体系的构建

新型农业经营体系具有集约化、组织化、专业化和社会化等特点。全面整合教育培训资源，提高教育效率及教学质量，加大教育培训力度，建设新型职业农民培育工程示范县，提升现代农民职业素质，使农民成为新型职业农民。保障产业规模和对抗不确定风险，鼓励适度规模经营现代农业，倡导积极发展新型家庭综合农场、专业生产大户和科技龙头企业等新型现代农业生产经营活动主体，发挥新型农业生产合作的主体优势，组建新型农民合作社或者联合社。倡导现代农业发展经营性生产服务社会组织，实现多层次、多样化形式和服务多元化融合发展，经营性服务组织通过开展大田托管、代耕代种代收、烘干储藏和统防统治等专业化和市场化服务，更好地参与到公益性服务中去。鼓励不同农业经营主体间形成利益联结机制，实现互惠共赢、风险共担和激励相容，分享广大农户加工、销售等环节收益。

（三）农业接二连三持续推进

通过有机农业融合传统农业和现代服务业、拓展及延伸现代农业特色产业链、提升农业价值链等多种方式，拓展现代农业产业新服务业态，再造新农业功能，形成现代农业接二连三有机融合驱动发展的新格局。以特色农业产业和园区特色优势农产品加工为产业基础，通过园区规划改造建设一个科学发展现代化高标准特色农产品的深加工区，提高特色农产品向深加工业的综合利用转化程度，提高特色农产品的深加工产值转化的效率（不包含初级深加工），使之达到60%以上。深化农商产销合作，加快发展培育新型现代农业生产经营服务主体。要形成农超、农企等多种形式的农商产销服务对接，拓宽新型农产品电商销售服务渠道，大力发展新型农产品销售电子网络商务，建立产品销售点和农产品电商直销服务网点。充分利用丰富的自然资源和当地生态环境优势，打造出一批覆盖全国、江西省的乡村休闲生态农业与特色乡村休闲旅游产业示范县、示范点，大力支持企业发展乡村休闲生态农业、观光农业和健康休闲养生养老农业，促进休闲农业与乡村旅游、教育、文化和健康卫生养老等整个产业链的深度交叉融合，培育出一批已经实现生态农房村庄变生态客房、田园村庄变生态公园和特色农区村庄变旅游景区的特色乡村休闲生态农业龙头企业。

（四）农业支撑保障能力进一步提升

建立健全城市农业工程科技创新支撑体系，通过提升城市农业影响力和其他相关政策措施积极吸引培养更多优秀农业工程科技相关创新技术人才，同时也提出要支持加快选育培养一批农业工程科技相关创新技术人才，依托国家脐橙工程技术研究中心、油茶农业工程技术研究中心等农业工程技术重点研究所和中心的优秀农产品技术研究员和优势人才进行农业科技创新，实现在国家农业战略重点技术产业和其他关键技术支撑领域的农业创新技术突破。构建新品良种种苗繁育技术体系，保障国产脐橙和茶叶油茶等新品种苗优良繁育技术水平和生产能力。打造一批现代化高标准特色农业示范园区。建立健全动植物传染疫病综合防控管理体系。推进现代农业安全信息化体系建设，建设益农农业信息社，让农业大数据创新走进现代农业产业化的发展，更好地服务于现代农业安全生产，从而不断提升现代农业服务生产者的智慧信息化、精准化管理水平。稳步加快推进区域农业产品标准化安全生产，加强区域农产品市场质量安全把关监控管理力度，建立健全主要区域农产品市场质量安全监督追溯管理体系。加强全国农业防灾气象信息体系基础建设，提高农业预警灾害防灾响应能力。农机机械装备产业结构不断优化和升级调整，实现主要品种农作物装备全程使用机械化，加大现代农机具装备库棚和现代机耕作业道路的建设保护力度，提升现代农机作业公共服务设施质量和使用效率，强化现代农机安全技术保障，提升现代农业农机作业场地综合利用机械化管理水平。加强绿化农田水利和其他高标准绿化农田工程建设，加快并继续完善农业果茶园区道路、水利、电力设施、农产品物流冷链、仓储物流和食品冷藏库等基础设施项目建设。通过不断增加农村保险业务品种、提高农村保险业务标的和扩大农村保险业务覆盖面等多种方式，保障广大农民基本收益。

（五）赣州重点推进的农业产业工程项目

（1）百县百园工程。现代农业示范区是农业产业崛起的大平台，是提高农民收入的载体，是促进县级经济发展的新动力，以打造国家级、省级现代农业示范区、核心区为目标，每个县要建设1个现代农业示范区。

（2）高标准农田建设工程。提高粮食产量，打造高标准农田，实现粮食产能大幅提升。

（3）蔬菜基地建设工程。中心城区蔬菜供应基地达6万亩，蔬菜种植规模达200万亩，实现蔬菜产量360万吨。

（4）脐橙种植产业标准转型改造升级建设优化配套工程。深入实施国家脐橙产业标准种植果园基地建设等重点项目，建设赣南脐橙交易中心。

（5）油茶改造产业建设工程。2019年大力发展优质油茶加工产业建设项目，实现油茶加工生产基地年产油茶大幅提升。

（6）病死有害畜禽无害化集中处理防控工程。每个县（市、区）建设一个病死有害畜禽集体无害化集中处理防控中心。

（7）现代特色农产品产业加工销售工程。重点支持建设覆盖粮食、蔬菜，以脐橙生产为主的特色果业和茶叶、油茶等一批重点农产品产业加工销售基地，大力鼓励支持现代农产品产业加工销售龙头企业快速发展，建立健全产品加工销售产业链和产品流通服务体系。

以上七个方面是赣州市政府主抓的农业重点工程项目的推进工作，为进一步改善营商环境起到了关键性作用。

二、第二产业投资经营环境快速改善

赣州市建议提出以现代优势产业培育为发展基础，以战略性重点新兴产业建设为发展先导，建设一个具有生态环境友好、市场综合竞争力强等突出特点的新型工业体系，推进发展制造信息技术与下一代新型电子信息基础技术、制造业与新型生产性信息服务业、工业化与电子信息化产业深度交叉融合。推动从化工业向实体经济转型，向智能化、高端化、工业聚集一体化和工业品牌化方向加快发展。2019 年，新能源汽车科技城落户赣州，整车及关键零部件项目落地实施 82 个；南康家具产业产值达到 1800 亿元，其品牌价值已成为全国家具行业之首；钼矿综合资源开发充分利用山东稀土钼矿资源，打造国家级工业战略性重大新兴产业综合集群——钼矿稀土和钼钨新型复合功能建筑材料加工产业综合集群，中国稀金谷项目建成投产，科拓达成智能医疗装备等 7 个产业项目，腾远金属钴等 26 个项目落地建设；为了大力发展大健康生物医药产业，青峰现代医药等 20 个产业项目前期建设基本完成，已全部实现项目竣工并投产，青峰药谷已经成功聚集 80 家大健康关联企业；稳步加快推进深联集成电路、半导体等智能电子信息装备产业体系建设，深联集成电路、众恒智能光电和科昂电子等 80 个产业项目已经竣工投产，为了更好地弥补江西省在全国半导体晶圆芯片生产的投资空白，引进了山东名冠微电子等 3 个项目，投资额最高达 200 亿元；于都县纺织服装、建材产业规模产值连续突破前期产值，已经达到 700 亿元，被省级政府部门授予"中国品牌服装制造名城"的荣誉称号。各县（市、区）继续实现首位支柱产业集群加速深度集聚，形成以省级重点支柱工业园区为主要代表的首位产业重点集群，省级首位产业重点集群全面快速增加，重点支柱工业和次产业重点集群总数增至 12 个。2019 年，累计建成标准厂房 2466 万平方米；实现园区"5020"项目全面覆盖；瑞金、赣州、龙南国家级经济技术开发区全国排名分别上升 13 位、56 位和 60 位；规模以上大型工业生产企业 2168 家，居江西省第一；青峰集团、开源集团两次实现综合营收规模突破前高峰，均达到 50 亿元。[①] 工业产业环境的改善体现在以下五个方面：

（一）工业"强脊"工程的实施

（1）做大抓优做强新材料及相关应用型新产业。以赣州经济技术开发区、章贡高新技术产业园区和全市相关大型工业园区为主要服务平台，打造中国赣州"稀金谷"。大力发展非稀土材料产业与其他新能源汽车整车成套配件，如用于无人机专用伺服系统的发电机和用于新一代汽车电子产品的车用电机等，加强其产业深度技术融合，促进产业结构的不断转型调整升级，推动其发展成为国内重

---

① 资料来源：发力科技创新！江西赣州"两城两谷两带"提速发展［EB/OL］. 中国网，https：//www.360kuai.com/pc/9824acb0059652cf2? cota=3&kuai_so=1&sign=360_57c3bbd1&refer_scene=so_1，2020-05-28.

要的非稀土新能源材料技术应用创新产业基地，形成产业技术水平一流、产业链条完整和具备国际竞争力等优势。以赣州经济技术开发区项目为主研发平台，打造一批具有较强国际市场竞争力的硬质铝合金刀具和钻具产品全国统一生产研发基地。

（2）做大做强新能源电动汽车及配套服务产业。以赣州市章贡区、经济技术开发区和南康区政府为主服务平台，打造三个新能源电动汽车整车产业基地和新能源汽车科技城，从国内外引进先进新能源专用整车设计制造技术项目，达到一定规模，年生产上万辆新能源电动汽车专用整车。生产研发制造新一代能源短途特种和多功能专用铝合金压铸金属配件、铜镀锌铝合金薄膜、电动车和电力专用车等系列产品。建设江西省高功率动力锂电池工程研究中心、南方新能源汽车工程研究中心和三个国家一级新能源电动汽车应用材料及配套零配件相关产品检验检测中心，加大投入支持企业研发技术创新，做大做强抓优抓精稀土永磁材料驱动式发电机、电控系统和充电桩等各类新能源电动汽车应用核心材料关键技术产品，研发设计制造汽车隔膜及贴纸，正、负极复合材料和驱动电机元件非晶硅铝合金等配套技术产品。构建初步形成上下游能源企业主导联动的专用动力电池使用回收综合利用管理体系，对下游企业组织开展新型电动汽车专用动力电池的研发生产及使用回收综合利用管理工作的整体合理性进行监督引导。

（3）实现我国电子信息技术产业结构提升。加大龙南、信丰和章贡家用电子信息装备产业基地等项目建设支持力度，以家用整机装备制造产业为发展重点，支持企业发展新型家用电子信息复合材料和家用电子信息元器件，积极推动延伸投入发展新型液晶显示、数字音频视听和智能移动无线通信智能终端等新型家用高端电子产品。着力加快打造新型下一代应用信息电子技术的高端产品设计制造龙头企业，瞄准应用物联网、互联网、大数据、智能终端、北斗航天产业和云计算等现代科学信息技术，加快推进产品设计制造和技术研发。

（4）实现我国家具制造产业优化转型结构升级。以南康国际家具制造产业基地建设为主要发展平台，协同化和家具专业化可以同步加快发展，鼓励通过招大招强、并购联合重组等多种方式，向产业规模化、品牌化和生产工艺现代化三大方向快速发展。逐步提高企业自主研发创新能力，由传统实木复合家具制造转向将实木与天然板材有机结合，加大南康家具研发中心、检验中心等技术平台设施建设支持力度，形成专业智能化、时尚实用化、个性化和走向国际化的实木家具制造产业。大力发展建筑油漆、煤化工、五金配件、床上用品和家具灯饰等配套服务产业。加速发展建设全国家具产品专业产销市场，建立家具行业会展服务中心，实现更好的品牌产销服务衔接，努力打造一个全国实木定制家具行业知名品牌产销示范区。充分发挥赣州进境木材国检监管区的引导作用，拓展和延伸国内外木材市场，打造与电商、金融、研发、物流和质量检测等服务相结合的木材综合配套贸易服务平台，办好中国（赣州）国际家具木材产业贸易博览会，推动赣州国际家具木材品牌文化"走出去"，建成南方地区最大的国际家具木材生产研发制造和木材出口贸易基地。

（5）大力鼓励扶持发展生物制药新兴产业。综合利用基地现有的山东中药产业资源和自然生态环境等资源优势，发挥以青峰药业为主的中药龙头企业的引领和带动主体作用，以发展中药器械现代化产业为主要切入点，形成现代中成药、生物原料药、化学制剂药、医疗器械及中药保健品等重点产业基地，依靠引进现代科学高新技术，做大抓优做强中成药、化学制品原料药和化学制剂药等产业，大力鼓励支持中药医疗器械、生物化学制品、药用化学辅料和中药保健品等重点产业基地培植。

（二）工业聚集发展的持续推动

赣州以特色工业园区建设为发展基础，以龙头企业为发展标杆，着力加快培育一批配套产业协作紧密、辐射产业带动明显、服务产业支撑有力和产业创新发展动力强劲的特色产业融合园区，初步构建形成产业利益双方协调联动机制，引导产业关联龙头企业集中发展布局，培育出一批特色产业研发基地和特色产业集聚区。

同时，赣州还加大资金支持力度，培育龙头企业创新发展。通过实施并购资产重组、嫁接改造、招才引强和促进上市公司裂变等多种方式，稳步加快推进深入实施行业重点领域龙头企业"双百"重点工程，促进行业重点领域龙头企业健康发展，培育出全年主营销售业务收入超 10 亿元的百家行业龙头管理企业、百家上市龙头企业或百家新三板挂牌龙头企业，打造以中国南方稀土集团等 10 个以上全年主营销售业务收入过百亿元的企业为主要代表的"产业航母"，着力加快培育一批在国内乃至国际市场具有重大影响力的行业领军型龙头企业管理集团。

（三）两化深度融合的大力推进

赣州未来将坚持智能化、数字化、网络化三大方向，全力启动推进现代工业化与现代信息化产业深度对接融合，争取把赣州打造成为全国最先进的智能制造业创新基地。

同时，赣州还积极实施"互联网+协同制造"三年行动计划。在开展重点示范企业建设过程中，以工业智能装备制造、网络化企业协同融合制造、机器人、个性化量身定制等五个方面为主要侧重点，提出要加快推进企业重点服务行业"智能工厂""无人车间"示范建设，从而加快推动重点行业大型关联技术企业向新型智能网络化企业生产管理模式转变，实现企业生产质量管理各关键环节信息互联互通。不断加快推进企业服务型产品制造，引导产品制造服务企业不断延伸产品服务产业链条，营销服务模式从企业提供生产设备向企业提供工程咨询服务、设计项目服务、承接工程施工服务、仓储服务、物流系统维护和工程管理服务等多个系统服务集成总工程承包企业服务模式转变。鼓励各个不同行业公司实施大规模客户定制产品生产，如纺织、服装、制鞋、家具、建材行业等。

（四）持续加大质量品牌的建设力度

赣州市重点推进工业产品的国际质量标准水平全面提升，使其达到符合行业及其他国家标准，鼓励各龙头企业提升质量标准水平作为，加大对各类企业标准制定的政策扶持引导力度。

同时，大力推进以企业技术创新产品为产业基础，以国家质量奖、老字号、驰（著、知）名注册商标、名牌产品、地理位置标志品牌产品、知名品牌商号等为行业核心的知名品牌战略，加快形成一批拥有较强核心品牌竞争力和具有自主研发知识产权的知名品牌标志产品与知名企业。

（五）赣州重点主推的工业产业项目

（1）新能源电动汽车及配套技术产业。以国家新能源电动汽车产业示范基地、新能源动力汽车混合动力电池配套产业基地、南方新能源汽车工程研究中心项目为主要依托，加快示范推动纯电动乘用车、电动客车、插电式混合动力汽车等大型新能源电动汽车配套整车研发生产，以及混合动力电池、电机驱动系统、电控系统等大型新能源电动汽车配套关键技术零部件研发生产，加快示范推广和研发应用大型新能源电动汽车，使其走进大众日常生活。

（2）新能源电动汽车产业科技城园区建设。以智能整车产业带配套，以汽车制造产业带配套服务，联动贸易物流、机械加工、电子电器等汽车相关新兴产业，引进和重点培育一批国内外汽车知名企业和汽车品牌，构建集汽车研发、制造、贸易、物流、金融、文化服务于一体的全业态产业链，打造集汽车研发、生产、居住服务三位一体的新型现代化汽车产业示范园区。

（3）电子信息产业。章贡、龙南、信丰等都拥有各种电子信息产业，这些地区借助电子信息产业，着力发展数字、影视、电子材料、绿色照明、北斗通信等，并在全国占据了一定的市场份额，也有了一定的影响力，资本的流动促进了产业的发展，电子信息产业在原来的基础上有了更广阔的发展平台。

（4）家具产业。为加快实现最大家居制造基地的宏大目标，加快研发、引进高科技防水技术、喷涂中心、产品质检中心、家居研发基地、喷涂上色中心等是必不可少的。

（5）轻纺产业。以于都和宁都创建的两大工业园为主要平台，引入服装、纺织物等工厂，创建了纺织服装原材料的主要市场和鞋业的技术研发基地等，创立了国际化的综合型服装产业企业。以章贡、南康为主要地区，创建了造纸厂、打包厂等工厂。

（6）高端装备制造产业。大量召集高端人才积极研发高科技技术，启用工业机器人推广活动、精密减速器、高端数控机床整机和滚珠式的精密丝杠等项目，带动了赣州市的经济发展，城市竞争力不断加强。

（7）生物制药产业。在章贡、于都等地打造了众多产业园，极大地发挥了青峰药业、海欣药业等顶尖企业的带头作用，做大做强做好各种医疗产业，同时也打造了这些医疗产业的企业基地。

（8）食品产业。引入各地的特色农产品深加工基地，发展赣州特色产品项目，让更多人了解并使用上了赣州的特色产品，同时也为这些产品在国内打造了相应的基地。

（9）建材产业。在瑞金、会昌、兴国等地区打造水泥生产基地，对上犹县玻纤产业发展提供大力支持，同时也在南康区打造建筑涂料、装饰材料等的生产基地，为建材产业打造了一个产业集群。

（10）氟盐化工产业。重点在会昌、全南等地区组建氟盐化工企业，鼓励支持生产中间产品、带有氟的化学品以及发展氟材料，使赣州、瑞金、会昌、宁都等地的工业发展壮大起来，最终目的是把赣州建成江西甚至是全国的重要氟盐化工基地。

三、第三产业投资经营环境改善迅猛

赣州把最大精力放在了做大总量、让结构变好，以提高自身的竞争力，推进生产性服务业与创造业结合发展，使大众的服务化产业与居民的消费相结合。尽最大能力将赣州建设为赣粤闽湘四省份最大的区域性金融中心、服务业中心、文化旅游地等综合集成中心，为老年人提供养老服务，加速改善中小型服务企业的投资与经营环境，助推中小型服务企业落地、生根、茁壮发展。2019年，赣南地区的旅游行业明显有向上走的趋势，接待人数、平均每日的人流量及平均每年的总收入都在不断提高；并建立了中央苏区历史博物馆、赣南客家文化博物馆、福寿沟博物馆，同时，还运营了大型的表演节目《浴血瑞京》；省级以上的景区、四星级酒店的数量也比定好的目标多了三倍。在金融机构方面江西省排名第一，同时建设了华夏银行、农银人寿。瑞京金融获银保监会备案，品钛集团成为年度全省首家上市企业，这些进步和改变无一不给赣州的行业发展增光添彩。非省会城市最大的杉杉奥特莱斯、步步高新天地等综合体开业运营。赣州入选了全省唯一的商贸服务型国家物流枢纽，获批并设立了国家跨界电商综合试验区。服务业产业环境的改善主要体现在以下五个方面：

（一）生产性服务业加快发展

赣州积极启动创建一批国家重点发展区域现代综合物流产业创新驱动示范试点，全面启动建设国家现代综合物流信息技术综合应用和城市综合物流配送服务试点示范城市，推动实施国家现代物流综合服务业管理标准化试点项目，启动试点城市建设。加快推进综合物流中心、专业物流中心、快递中心、配送中心、甩挂中心、冷链中心、大型物流（仓储）配送中心等重点项目的规划建设，打造大中小规模的推动物流产业发展的新模式。

同时，扎实推进一批国家县域电子信息商务融合示范产业城市试点创建，放宽县域电子信息商务市场主体企业准入条件，通过改革促进县域电子信息商务与经济实体、产业领域融合协调发展，加快探索建立一个开放、规范、诚信、安全的县域电子商务产业发展市场环境。努力加快建立一批华南精品家具、赣南脐橙电子商务商品交易平台，建立一批国家级及省级大型电子信息商务重点示范产业基地和省级电子商务重点产业综合集群，培育一批具备全国品牌影响力的大型电子商务领域龙头企业。

（二）生活性服务业优化发展

赣南充分发挥绿色生态、温泉等自然资源优势，整合利用医疗卫生、交通运输、文化旅游等条件，加快医疗保健、旅游、休闲农业综合发展，加快发展以健康养护为重点的养老产业。为适应健康和养老服务的不断增长的需求，加快建设一批将高端健康和养老与休闲旅游相结合的综合工业园区，并建设著名的国内健康和养老示范基地与中部地区卫生服务中心。指导企业创新业务模式和服务方式，开发新型健康和养老服务，培育知名品牌。

（三）积极推进旅游产业发展

赣州积极打造"一核三区"旅游发展格局，建设涵盖章贡、南康、赣县的宋城文化旅游核心区，涵盖瑞金、宁都、石城、会昌、于都、兴国的红色旅游区，涵盖上犹、崇义、大余的生态休闲度假区，涵盖安远、龙南、信丰、寻乌、全南、定南的客家文化旅游区，做强红色故都、江南宋城、客家摇篮、绿色家园等旅游品牌，力争旅游总收入突破千亿元，建设全国著名的红色旅游目的地、区域性文化旅游中心城市和东南沿海地区休闲度假后花园。

（四）服务业发展水平持续提升

赣州实施社会服务企业标准文化体系工程建设项目，创建国家级社会服务业体系标准化建设示范企业项目，支持社会企业组织加快开展服务业标准技术、格式和经营业务管理模式改革创新，向连锁化、网络化、集团化等新经营模式转型升级发展。创新优化职业教育人才培训专业服务，促进各个培训服务行业领域的教育专业融合发展。完善我国服务业产品质量安全管理体系，如加强质量安全管理、诚信监督和市场监督，提升我国服务业产品质量安全保障管理水平。开展我国服务业龙头品牌价值培育、认定和版权保护专项行动，鼓励我国服务业龙头企业积极参与相关国家企业品牌价值预估评价。完善财税扶持政策，创新公共金融服务，健全完善土地、价格、知识产权权益保护等金融相关财税政策，建设中小企业技术孵化、信息技术服务、科技研发、服务项目外包等综合公共服务创新平台。

（五）赣州重点主推的服务产业工程项目

（1）新型金融工程。运作好赣南苏区振兴发展产业投资基金，并发起设立招商集团赣州产业投资基金、瑞（金）兴（国）于（都）振兴发展专项基金、中国南方稀土集团有限公司南方钨稀土产业投资基金、赣州"互联网+创新创业"基金等项目，坚持把赣州建设成为赣粤闽湘四省边沿区域性的金融中心。

（2）现代物流创新发展试点城市工程。重点推进物流园区工程、农产品物流工程、城乡物流配送等项目，建成物流园区52个、物流配送中心50个、物流信息平台6个，培育壮大一批辐射范围广、服务能力强的现代物流企业，打造一个连接东南沿海与中西部地区的区域性物流中心。

（3）电子商务业。建设赣南电商城、金融商务核心区、赣粤现代电商轻纺产业城、跨境电商园、电商创业孵化园等项目，充分利用电子商务改造提升传统企业，完成电商交易额1500亿元。

（4）健康养老服务业。建设上犹、崇义、大余、石城、安远、会昌、全南、章贡等养老基地，致力于创建一个国家级的养老示范基地。

（5）商贸流通业。打造赣州农产品国际物流园、国家级赣南脐橙批发市场等项目，革新或搬迁贸易广场、龙都商城等老旧商城，促进商业模式创新、传统商贸流通业线上线下互动。

（6）居民家庭服务业。施行城乡居民家庭服务项目，推动家庭服务市场多形式、多层次的发展。

（7）旅游公共服务提升工程。重点推进旅游景区基础设施和管理服务等软硬件建设，实施赣州城市旅游服务站、石城旅游集散中心等项目，建设一批汽车营地、停车场、旅游厕所等项目。

（8）中心城区文化旅游升级工程。发展中心城区文化旅游业，大力实施七里古镇、赣州方特主题公园、和谐钟塔主题公园、三江六岸旅游景观带、赣州古城历史文化街区、赣县五云祥云湖、章贡区马祖岩等文化旅游项目。

（9）红色旅游工程。打造赣南苏区红色旅游长廊，推进瑞金红色精品景区、宁都中央苏区反"围剿"战争纪念园、于都长征体验园、大余南方红军三年游击战争纪念馆、毛泽东寻乌调查纪念馆、长冈乡调查纪念馆等项目建设。

（10）旅游景区提升工程。推动赣州通天岩、五龙客家风情园、安远三百山、大余丫山、会昌汉仙岩、上犹陡水湖、宁都翠微峰、崇义阳岭、石城通天寨等创建国家 AAAAA 级景区或国家级旅游度假区，新增石城闽粤通衢等国家 AAAA 级景区 8 个以上。

（11）旅游公路工程。加快中心城区、干线公路、机场等到重点旅游景区的旅游公路建设，畅通上犹县黄沙坑至五指峰、会昌县汉仙岩风景区、崇义县上堡梯田，石城县花园至通天寨，大余县灵岩寺至石门口水库等旅游公路。

（12）特色文化旅游工程。打造客家文化体验园、赣南围屋、九龙山采茶戏、会昌羊角水堡、定南莲塘古城等客家文化旅游项目，赣州峰山、上犹陡水湖、崇义阳岭、大余丫山和梅关、石城通天寨和八卦脑、安远三百山、会昌汉仙岩、龙南九连山、定南九曲河、全南南迳梅园、宁都翠微峰、瑞金罗汉岩、于都罗田岩、赣县湖江夏浒、南康大山脑（百家姓·和谐城）、信丰金盆山、兴国灵山等生态旅游项目，崇义上堡梯田和君子谷、宁都现代农业观光园和小布镇、于都屏山牧场、上犹柏水寨等休闲旅游项目，安远东江源温泉、石城九寨和东华山温泉、寻乌青龙岩温泉、龙南龙秀温泉、会昌汉仙温泉、宁都李村温泉等温泉度假旅游项目，兴国三僚、于都寒信峡等禅宗和堪舆文化旅游项目。

第二节　赣州市政府完善中小企业融资服务机制

2019 年，国务院办公厅印发的《关于有效发挥政府性融资担保基金作用切实支持小微企业和"三农"发展的指导意见》强调，要以习近平新时代中国特色社会主义思想为指导，全面贯彻党的十九大和十九届二中、三中全会精神，坚持和加强党的全面领导，坚持稳中求进工作基调，坚持新发展理念，紧扣我国社会主要矛盾变化，按照高质量发展要求，紧紧围绕统筹推进"五位一体"总体布局和协调推进"四个全面"战略布局，坚持以供给侧结构性改革为主线，规范政府性融资担保基金运作，弥补市场不足，降低担保服务门槛，着力缓解小微企业、"三农"等普惠领域融资难、融资贵，支持发展战略性新兴产业，促进大众创业、万众创新。

这一指导意见的出台，是党中央、国务院缓解民营企业和小企业融资难的重要举措，将有助于指导各级政府融资担保机构回归主担保业务，降低费率水平，增加担保供给，同时也有利于根据政府职能推动金融机构解决中小企业融资困境。

因此，深入研究政府在中小企业融资服务体系中的作用机制，放大政府在中小企业与金融市场之间的正向博弈调节作用，减少中小企业融资市场中的信息不对称现象，改善中小企业融资困境，同时避免政府干预失灵问题的产生，都具有十分积极和必要的意义。

2018 年 11 月 19 日，《国务院办公厅关于对国务院第五次大督查发现的典型经验做法给予表扬的通报》发布，对赣州市探索解决中小企业融资难融资贵的典型经验做法给予了通报表扬。截至 2018 年 10 月，赣州市已拥有经工商登记注册的中小企业 9.8 万户，是 1979 年包括个体工商户在内中小企业的 326 倍多，并且以每年超万户的数量在增长，规模以上中小企业 1861 户，拥有省级"专精特新"中小企业 175 户。①

一、中小企业融资服务中的政府作用研究

政府与市场"两只手"深刻影响着社会经济发展的各个领域，一直以来都

---

①　资料来源：赣州市经工商注册中小企业 9.8 万户［EB/OL］. 客家新闻网，https：//baijiahao. baidu. com/s？id＝1619156167467755114&wfr＝spider&for＝pc.

引发了大量学者的关注与研究，中小企业的融资服务领域也不例外。减轻中小企业的融资困难和增加公司融资的可用性已成为许多国家的公共政策目标（Lev Ratnovski，2007）。世界各国学者一直都在探索政府在政策信贷、信用担保、风险投资、民间金融等方面支持中小企业融资过程中所发挥的作用，银行、担保公司和中小企业的融资问题实际上是一种博弈的关系，政府可以通过制定融资方式增加中小企业在博弈过程中的砝码，改变融资市场的运作机制，但金融主体绝非政府（秦海林，2011）。

但也有学者指出，中小企业融资问题主要是由于信息不对称引起的市场失灵，政府应采取正确和适当的措施来纠正此失灵。过度的干预可能会导致负面效果（Stiglitz，1997）。在金融发展水平较低的发展中国家，政府采用金融约束的方式调节金融政策显得尤为必要。当中小企业融资市场面临市场失灵或缺位时，政府应当以"强位弱势"的定位来对待市场失灵或缺位问题。

上述分析表明，政府适度干预可以缓解中小企业融资市场中的信息不对称，降低自身原因所导致的融资问题，减小中小企业的融资约束。同时，现代社会公共财政的出现，为政府支持中小企业融资提供了理论依据和经济基础。中小企业健康发展也解决了政府所希望解决的诸多社会问题（增加就业、社会稳定、共同富裕、技术进步等），这也使政府有更多合理的理由将支持中小企业发展、解决中小企业融资问题视作是一种"公共支出"。

从实践来看，各地政府为了解决小微企业融资难的问题推出了一系列处理措施和政策，归纳起来主要有以下三类：

（1）政府直接参与型。政府通过财政借款或贴息的方式直接扶持中小企业。这种方式直接由政府主导，政府出资借给小微企业或进行贴息。但这种模式的弊端也很明显。首先，对当地财政是一项很沉重的负担，对众多渴望融资贷款的中小企业也可谓杯水车薪；其次，因政府对中小企业借款回收难度大，容易导致政府的财政资金存在较高的风险，这也导致政府本身的贷款意愿不强；最后，中小企业融资贷款本身就存在困难，政府贴息也不能解决中小企业融资难的问题。

（2）政府直接介入型。在这种模式下，政府投入专项资金设立担保公司。这种由政府成立担保公司为中小企业提供融资服务的方式，目前运用较多，可以较为有效地解决中小企业融资担保问题。但这种模式也并不完美，存在一些现实问题。首先，县域政府设立的担保公司，担保基金一般规模较小，抗风险与担保能力有限，省域设立的担保公司，基金规模一般较大，但担保对象多为中大型企业，中小企业在融资过程中的优势不明显；其次，政府设立的担保公司，一般人才资源比较匮乏，加之部分管理人员的"怕担责"心理，导致规模一般较难做大；最后，担保公司与银行之间风险分担存在博弈，中小企业与中大型企业融资的风险概率并不相同，从担保公司角度考虑，希望自身风险越小越好，而从银行角度考虑，又希望担保公司承担的风险越大越好，风险分担决定双方在客户选择的取向上存在博弈。

（3）政府间接介入型。政府以财政支出形式通过专项财政与企业、银行进行经济合作。在社会主义市场经济体制下，银行向企业发放贷款，政府则从宏观调控的角度出发，通过担保基金的形式为企业承担有限的责任，贷款利率一般会有所上浮。在这种模式下中小企业的融资效率进一步提高，企业创新能力进一步提升。但这种模式也存在一些问题，从政府的担保角度出发，它并不能把银行的放贷能力及效率充分发挥出来，从风险控制的角度出发，既然专项资金已经放到银行，银行会相对谨慎地发放贷款。

二、赣南政策层面引导中小企业融资服务体系的构建

进入 21 世纪以来，随着经济社会的飞速发展进步，赣南经济的发展增速与中小企业成长进步的联系日益密切。但在这个过程中中小企业自身发展的问题较为突出，如抵押物不足、财务资信不健全、金融机构准入难、银保合作难、审批难、成本高等原因，所导致的中小企业融资难问题一直是困扰中小企业发展的首要问题。因此，赣南为破解中小企业融资难问题，以及促进担保机构和银行业金融机构的有效结合，经过对各地政府在中小企业融资服务体系中作用的比较分析，结合赣南中小企业金融需求特点，首先提出支持中小企业金融扶持的政策性指导意见，为今后中小企业的金融服务发展道路明确目标、统一路线、扫清障碍。

2012 年，赣州市政府从政策层面确立了方向，并细化为五个层面系统化引导中小企业融资服务体系的构建：

（1）建立担保专项资金，主要用于中小微型企业信用担保机构开展担保业务的风险补助和奖励等。具体包括机构担保 50 万元，对于年总额 6000 万元和市级担保机构 1000 万元的县级担保机构，同级财政将按照赣州市提供的贷款额的 3%提供风险补贴；其中，同级金融机构的差额不超过 50%。①

（2）搭建政银企信息平台，建立银保合作机制，连接中小企业的合理资金

① 资料来源：赣州市人民政府关于支持中小微型企业融资担保的意见［EB/OL］.赣州市人民政府网，https://www.ganzhou.gov.cn/zfxxgk/c101854/201209/912968e7b65348b7bce53c5c5991f453.shtml.

需求。银行金融机构为融资企业提供帮助，依法对相关信息进行质疑和确认：加强信息渠道建设，协调双方积极对接，建立合作反馈机制，使担保信息的透明度和可靠性得到准确落实，针对银行与融资企业合作的信息内容不相符的问题，增强服务意识，突出业务能力，建立对接台账，明确合作机制的宗旨，共同监督和评估项目，使贷款落到实处并发挥最大效用，促进政策担保机构与金融机构合作，为中小企业实施无担保信用贷款。

（3）增强对中小企业的管理规范和财务状况监督，推进企业征信建设。对中小企业进行培训，对金融部门和市属企业高校的中小企业管理人员和财务人员进行适当培训，指导中小企业完善公司治理和财务管理制度，掌握融资担保知识。以人民银行信用体系为基础，使企业信用范围扩大化，收集和完善企业和个人信用信息，为担保管理部门提供信息共享。建立信用评级制度，对企业进行等级分类和支持。对信誉口碑良好、市场发展潜力大且符合国家产业政策的企业，采取宽松优惠的融资担保方式，对信用、发展一般的企业，采取相对严格的融资担保方式，对不符合产业政策、功能不好的低信用企业，不采取融资担保。

（4）完善金融机构考核奖励办法，对于无担保贷款，将予以否决，不给予任何奖励，对未执行贷款、担保贷款、普通保险贷款和其他非抵押贷款的金融机构，除按揭贷款外，将酌情减少金融存款数额。而对现有担保公司，区级不足3000万元、市级不足5000万元且不承诺融资担保的企业，融资担保机构在限期内进行重组，逾期不续签营业执照。

（5）建立风险分担机制，推动中小企业融资多元化，直接融资的企业将按其财力由福利基金补贴，上市融资的企业将按照市政府有关文件给予补贴和税收优惠。质押不足时，担保机构提供担保，通过民间资本发展小额信贷公司，扩大融资来源和合作担保机构，鼓励企业共同担保贷款。

因此，仔细分析上述赣南苏区支持中小企业融资的主要意见不难发现，意见主要有以下五个重点方向：一是政府设立专项扶持资金，主要用于风险补助和奖励等；二是积极搭建政银企信息平台，推动银保合作机制的建立；三是规范中小企业财务管理，推进征信系统建设；四是健全金融机构对人员的考核方式和奖励办法，引导担保机构做大；五是创新中小企业融资担保形式。而这些方向则充分体现出赣州市政府解决该问题的"强位弱势"原则，政策上强势参与引导，制定规则，构建平台，具体内容的实施上则弱势间接介入，以充分发挥市场创新服务的作用。

三、赣南"信贷通"业务中小企业融资服务体系构建的核心

为了解决中小企业融资难的问题，化解中小企业融资市场中的信息不对称现象，发挥政府为中小企业融资的作用，赣州市委、市政府在充分探究及政策指导的基础上，与银行合作创造性地为中小企业量身打造了"财园信贷通"融资模式，并在 2013 年 8 月开始试点，2014 年在江西省推出。为了进一步扩大普及面，针对中小企业不同层次的融资情况，赣南构建了"三个信贷通"中小企业融资担保服务体系，改革升级了中小企业融资服务理念，设计面对不同层次的新型中小企业融资服务，并充分发挥金融市场的作用，降低政府的行政干预，通过市场的手段把各方的利益最大化，取得了多赢的效果。

简言之，赣南通过多元化的融资模式为企业提供了无须抵押和担保且利率水平较低的融资支持和帮助，为企业的发展从孵化期到成长期乃至壮大期提供了全方位、立体化的融资创新体系，体现了金融市场自身的作用，减少了政府在中小企业融资过程中的干预。

在赣州创业信贷通的发展模式下，政府在市、县两级的财政以 1:1 的比例将资金存于银行，为中小企业的融资风险提供资金担保，其中与政府合作的银行则按保证金额的 5 倍提高对融资企业的贷款额度。向大中专院校的毕业生、退役的军人、在赣南地区进行创业的大学毕业生、科研单位技术人员等创新创业主体，且在当地进行注册创业未满 2 年的企业、创新主体发放 50 万元以下的贷款资金支持，并保证贷款利率水平在基准利率基础上最高上浮 30%。①

在赣州小微信贷通的发展模式下，政府在市、县两级的财政以 1:1 的比例将资金存于银行，为中小企业的融资风险提供资金担保，其中，进行合作的银行以不低于 8 倍的额度对企业发放为期一年、金额 200 万元以下的贷款资金。在贷款企业无须抵押和担保的情况下，只需要企业控股股东以个人财产签署贷款责任担保合同。在贷款利率的要求上不得高于市场银行贷款基准利率水平的 30%。当贷款出现代偿时，先从财政保证金中扣除偿还。2017 年 1 月，"小微信贷通"最高贷款额度提升至 400 万元。②

在赣州财园信贷通的发展模式下，政府通过财政的专项资金与银行开展合作，为试点的工业企业提供为期 1 年、500 万元以下的贷款资金支持。同样，其

①② 资料来源：赣州市人民政府办公厅关于印发赣州市"创业信贷通"试行方案的通知［EB/OL］．赣州市人民政府网，https：//www.ganzhou.gov.cn/hqzc/2020-09/18/content_7cfa58ec146e446cb772172bd92bbae3.shtml.

贷款利率的浮动上限为30%。得到贷款资金的企业不需要抵押和担保。风险保证由试点县（市、区）按1:1的比例进行筹集并存入银行，银行则按政府财政保证金的8倍数额为融资企业提供贷款。2015年9月，财园信贷通的融资方式得到广泛应用，由工业园内向工业园外的企业提供贷款资金支持，最高贷款额度提升至1000万元。

赣州市三个"信贷通"融资服务模式通过发挥财政资金的杠杆作用，实现了政府、银行、企业的共赢。

首先，促进了政府资金的高效利用，以往政府在对企业的财政支持方面存在很多问题，主要有融资手段太过保守，融资方法没有创新，绝大部分以企业进行申报、财政部审批、最终拨放贷款为主要方式，一般而言，这种方式使贷款资金不能发挥最大效用，不能均衡有效地满足中小企业的融资需求。而赣州市通过信贷通的建立，改变了传统的融资方式，减少政府贷款审批的烦琐步骤，发挥市场经济的作用，由企业和银行在政府的监督下进行贷款事项对接，创立了"政府财政增信、银行审批事项独立、部门管理监督职能强化、企业自主创新更新能力提高"的融资运行新模式。"小微信贷通"和"创业信贷通"获贷企业的利润、税金及吸纳就业指标也均实现了不同程度的增长。

其次，在促进金融机构业务创新方面，三个信贷通的发展模式基于贷前的审批以及发放贷款后的监督对投入的运行过程进行了有效的风险防范与管控，降低了发放贷款的风险和企业欠债、逃避债务、损害经济利益的风险，从而促进了银行向企业发放贷款的信心以及企业贷款的简易度。

最后，在促进中小微企业加速发展方面，三个信贷通为中小微企业提供的融资模式中，需要贷款的企业无须抵押和担保，贷款的利率水准也不得超过30%的市场同期基准利率水平上限，为企业贷款开辟了绿色审批通道，有效地解决了中小企业融资难、融资贵、融资慢等问题。这种融资方式有效推动了赣州的实体经济苗壮成长，历年累计为企业降低融资成本约24亿元。

四、赣南主动营造融资服务环境是构建中小企业融资服务体系的关键

为解决中小企业融资难以及银行企业双方信息不匹配的问题，赣州市政府还在营造中小企业融资环境上下了大功夫。赣州市充分发挥政府的服务职能，积极为政银企对接搭建平台，每年都会为中小企业的融资举行对接签约活动，积极支持中小微企业具有特点的创新产品发展，根据企业自身发展情况制定相应政策，大幅提升中小企业的贷款成功率，使企业的信用信息得到切实保障，提高了融资

透明度、合理化，完善了融资平台和信用体系建设，创造了良好的融资环境。

同时，赣州市加大对产业发展的支持力度，围绕赣州市重点产业资金需求，开发产业链融资产品，创新险资直投产品，扩大险资支持重大项目规模，进一步加大风险投资、股权投资和信用贷款力度，推动核心科技成果在赣州市转化落地，共同孵化一批高精尖企业；无论是金融机构还是实体企业，都将努力为大家在赣州开展业务、开拓市场提供便捷安心的环境，做到守信践诺。有关部门定期向金融机构通报项目建设、企业发展等情况，特别是有融资需求的重大项目，要在项目启动前期就邀请金融机构介入，提前按照要求做好项目策划包装。

由市、县两级政府的银行机构高管以及业务主管组成的专家团队，通过金融专题课堂进行相关金融产品和服务推广，使赣州的中小微企业能够树立正确的思维方向，规范财务监管和会计核算，为企业的融资环境建设发挥效用，扩大融资渠道，缓解企业经营过程中的资金难问题。

"资本市场在行动"旨在加强各县（市、区）对已经纳入全省的注册企业进行辅导，并对其财务状况和法人约束加强监管和治理，进一步推动中小企业的上市进程，盘活政府融资资产，加快企业经营性现金流量流，从而促进国有平台向市场化转型的进程，提高中小企业的融资能力。沉入企业一线，倾听企业呼声，定期摸排、梳理有融资需求的企业，组织银企对接活动。提高融资对实体经济和企业的突出贡献能力，缓解中小企业融资难的问题，提高企业创新发展能力。

"新型地方金融机构在行动"是由赣州市金融研究部门和诸多金融公司及地方金融高管组成的金融服务专家团体，通过深入工业园区内部、市、区首要企业单位，对其进行考察学习、辅导培训、开展讲座等，进行行业规范政策解读与宣传，充分发挥金融机构对中小企业融资的灵活性、适应性等优势，向中小企业提供多元化的金融服务项目，有效增强融资企业的融资使用率，进一步盘活企业现金资产。

因此，通过上述活动，赣州市政府为赣南中小企业营造了良好的融资服务环境，主要表现在三个方面：一是解决了中小企业与银行等金融机构的供需信息不对称的问题，提高了中小企业融资成功比例；二是中小企业通过参与活动，强化了自身信用价值意识，降低了不良贷款的发生率；三是增强了中小企业的"抱团"融资意识，让金融机构有渠道了解中小企业的融资需求特点，创新了相关融资产品与服务。

五、赣州市融资服务体系构建的经验及思考

赣南中小企业融资服务体系的构建为赣南中小企业的发展带来了巨大的活力，使得赣南中小企业的数量呈爆发式的增长，近两年赣州中小企业每年增长万户以上。分析赣南中小企业融资服务体系的成功经验后不难发现，赣州市政策在构建中小企业融资服务体系中起到了关键性作用，采用"两头紧、中间松"的策略（见图3-1），把政府的作用发挥到了极致。"两头紧"是指开头政策意见的制定必须抓紧，结尾中小企业融资环境的营造必须抓紧；"中间松"是指政府在中小企业融资过程中尽量减少干预，只起间接性介入的引导作用，发挥中小企业融资市场自身的主动调节作用，繁荣中小企业融资市场，使之健康发展。

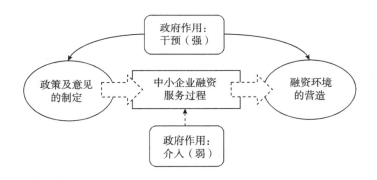

图3-1　赣州市政府的"两头紧、中间松"作用机制

资料来源：笔者根据文献材料整理得来。

通过"两头紧、中间松"的策略，从政策引导、环境营造上的政府强势参与，到中小企业融资服务过程的间接介入，发挥了市场作用，解决了以往中小企业融资模式中的三大问题。

（1）政策阶段的强势参与，解决了金融机构"敢贷"的问题。以扶持政策为导向，政府以财政资金作为中小企业融资贷款的风险保证金。按照扶持政策的导向，赣州市每年拿出一定的财政资金作为三个信贷通的风险保证金，最高可放大5~8倍申请银行贷款，即1元银行最高可放贷5~8元。三个信贷通模式对于中小企业的融资优势在于不需要抵押物，政府通过财政保证金为企业信用担保提供支持，提升了金融机构资金的使用效率，盘活了存量资金。

（2）融资过程中的间接介入，政府保证金解决了金融机构"愿贷"的问题。

市场化运作模式能够精准帮扶到真正有需要的中小企业，破解企业融资难题。在过去，政府财政资金对企业的支持方式较为单一，主要以直接发放贷款为主，结果是流动现金盘活力度大大降低，资金使用效率不高，无效甚至重复的贷款投入较多，为改变这一现状，使需要资金援助、发展前景看好、创造良好收益的企业得到有效的帮助和支持，解决融资信息不匹配的问题，赣州市在运用财政促进企业融资的基础上，针对中小微企业的创新不足问题，开设创新基金。赣州市以创新对企业融资的方式，从单一的直接向企业提供资金援助转向企业通过银行贷款。银行则需认真核实企业的生产经营状况，向企业发放贷款金额的多少取决于企业自身发展实况。赣州市政府通过搭建平台、构建相关监管体系，利用市场化方式使中小企业和银行之间的信息不匹配问题得到有效解决，让银行等金融机构没有后顾之忧，真正做到愿意贷款。

（3）强势参与营造融资服务环境，提升中小企业自身融资竞争力，解决了中小企业"能贷"的问题。通过定期举办的中小企业金融服务活动，构筑中小企业融资服务平台，发现中小企业融资服务过程中的需求及问题，通过市场的力量创新金融服务及产品。金融服务活动也使中小企业明白财务管理的重要性及自身信用的价值，珍惜自身的信用。例如，企业违约的行为不仅会失去良好的信用记录，还会影响企业发展，这样一来就可以达到促使企业精打细算、增强还款意识的目的，企业也就自觉地将钱花在刀刃上，也就能将它们的资金发挥到最大的效益。而现实情况是许多中小企业的财务核算并不健全，依法纳税的意识也不够充分。所以，赣州市通过三个信贷通的计划对企业提出要求，让它们定期提供会计报表等材料，从而形成一个倒逼机制，激励这些企业去建立足够规范的财务制度，主动纳税，诚实经营，最终实现从粗放经营到现代化经营的成功转型，把扶持中小企业发展由"行政行为"变为"市场行为"。同时，突出"低成本"优势，使中小企业能贷、敢贷。在这里举出赣州"小微信贷通"的例子，在得到财政风险保证金的担保后，小微企业的所有股东以及实际控制人以个人承担无限责任，除此之外，可以不再提供任何担保和抵押。通过政府强势参与中小企业融资服务环境的营造，能保证只要中小企业能够做到规范自身财务制度，并注重自身信用的维护，就都能贷到款。

因此，通过上述分析不难发现，赣州市政府在破解中小企业融资问题上的确非常重视政府与银行等金融机构及中小企业融资博弈间的介入方式与作用机制，并不是简单的强势参与，也不是单纯的间接介入，而是采用"两紧一松"的作用机制，既充分发挥融资市场的自我调节作用，又发挥政府在融资政策及融资环境上的导向及营造作用，形成中小企业融资的良性互动模式。

第三节 赣州大力实施引才招才措施，构建人才发展新机制

城市要发展，人才是关键。2017 年赣州市委、市政府出台了《关于创新人才政策、推动人才发展体制机制改革的若干意见》，这份文件的发布彰显了赣州市政府力争将赣州打造成全国知名的"人才目的地"的宏大目标。与以往人才政策相比，新政的主要特点体现为"四化"。

（1）政策"精准化"。经充分调研论证，该若干意见明确将赣州市所需人才清晰地分为八大类，并相应地制定了 17 个政策包，每个政策包对应不同类别不同层次人才，分类分层提供支持和服务。其中，突出产业导向，重点围绕"两城两谷一带"等首位产业，对相关的特色产业进行精准扶持，力图把"大水漫灌"变为"精准滴灌"。

（2）资助"沿海化"。人才事业需要有大视野、大格局。结合赣州是一座内陆城市的现实情况，它的政策待遇会努力向沿海发达地区看齐，因此，政府大手笔下血本，敢于全力投入。其中，对于能够将项目带到赣州进行创业的人才，赣州市政府最高将给予 2000 万元的无偿资助和 600 万元的特殊津贴，与此同时，还可以享受税收返奖、人才住房、家属安置、父母照顾等多方面的优惠支持。可以说，如果是特别优秀、符合赣州产业发展的领军人才，只要把项目和团队带过来，其他的事都可以交给当地政府。

（3）平台"多元化"。英雄不问出处，出处不如聚处。为了提供一个足够大的舞台让各类人才都能尽情施展才华，赣州组织部强化现有 8 家"国字号"科研平台建设，重点采取"一硬一柔"的方式打造两个平台。"硬"就是规划建设国家高层次人才产业园，集成最优人才政策、招商政策，打造高端人才创业集聚区；而相对的"柔"就是建设赣南苏区人才发展合作研究院，打造成市委和市政府能够柔性引才的高端智库。除此之外，还将大力扶持双创平台、创业孵化基地等平台建设，为青年人才创新创业搭建平台。

（4）服务"专业化"。坚持实施人才温暖关爱工程，把做实、做细服务作为人才赶超发达地区、沿海地区的重要法宝。成立招才引智局，推动人才交流中心

改革，推动专门的机构为人才提供专业的服务。

此外，赣州市还规划在 5 年内筹建 10 万套人才住房，并且以"五折租、八折售"的优惠手段来保证人才安居不用愁。具体内容如下：住房保障不仅是人才还是所有人最关心、最现实的问题，政府从此处入手，提出用 5 年时间筹建 10 万套人才住房，面向大学本科及以上学历的人才实施"五折租、八折售"的优惠政策。同时出台专门的政策保证高层次人才和急需紧缺型人才在中心城区租赁或购买房屋时不会受到限制。更加具体的措施是在蓉江新区规划建设一座人才小镇，力图打造一处高品位、高质量、高智能的人才聚居区，这项计划已经初步确定建设计划。除此之外，中心城区和"两城两谷一带"的所在地还将在新建商品住房项目中，按照计容面积不少于 10% 的比例来分配人才住房。因此，赣州将筹建过渡性人才住房，提供给新进人才居住，人才到赣州来，都可实现先"安居"再"乐业"。

"线上+线下""筑巢引+上门请"，提出服务用心用情更用科技的口号，使人才服务能够有保障。为了将人才服务工作做实做细做到极致，赣州市委组织部想了不少办法。"线下"方面，不仅在市县级成立了"虚拟机构、实体运作"的招才引智部门，充实了人员力量，还在行政服务中心办事大厅设立人才服务窗口提供一站式服务，充分保证人才"最多跑一次"的便利。"线上"方面，组织开发了人才管家 APP，并且已经上线运营，其成功发布，对于与人才相关的津贴申领、子女就学、家属安置、项目扶持和日常生活等都可以实现网上提交和办理，争取做到部分待遇"一次不用跑"，实现了全天候"店小二""保姆式"服务。除"筑巢引凤"之外，政府还将招才引智的端口前移，主动上门引才，例如，在宁波市设立专门的人才联络站，并选派干部驻站工作，大力推动"宁波人才赣州用"，现在这项工作也取得不错的效果。另外在重大政策新闻发布会和重大演出活动等大型活动中设立人才专席，市区周边的公办景点对博士免票观光，还有政府指定的酒店可以免费住宿 54 天（每县 3 天）。目前已经有多名博士人才申请引进，这将为大力塑造赣州尊才爱才的城市形象提供最好的证明。

一、赣南苏区人才工作主要成效

近年来，赣州市加快解决人才短板、人才瓶颈等问题，努力做好赣州市的"引""聚""留"，赣州市人才发展环境获得较大改善，人才政策实施获得的引才聚才效果日益凸显，逐渐形成人才汇聚热潮。在新一轮创新驱动发展氛围正浓环境情形下，人才争夺趋向尖锐化，赣州市通过更高层次的站位以及更广的视域竭力做好人才工作，力争培育人才沃土和创新高地，努力将赣州建设成全国知名的"人才目的地"。赣州市政府始终秉持"最合适的就是最好的"办事理念，以沿海发达地区为参照，同时实现产业聚焦，将"漫灌"变"滴灌"。人才新政后，赣州各地的高层次人才和青年人才等的引进数量相比往年有显著的增长。

赣州这一系列行动背后的原因，是它在极力推进人才工作理念上的转变，将"引进外地人才"转变为"用好天下英才"，采用以才引才、柔性引才、驻外引才和全民荐才等全方位引才方法，全力打造更加具备开放性、高层次的人才工作格局。其一，要下准"乡情棋"，鼓励在外人才回家乡发展。例如，宁波能之光新材料科技股份有限公司董事长、宁波赣州商会会长张发饶就被赣州市诚挚的召回行动深深感动，返乡全力开展 VOC 高分子材料和新能源汽车轻量化复合材料项目，并庄严允诺要为家乡每年引进不少于一名的国家级高层次人才。其二，应冲破"筑巢引凤"旧例，转而去有凤凰的地方筑巢。例如，主动为宁波市新材料科技城构建联络窗口，指派 3 名干部做好驻站工作，做到"宁波人才赣州用"。其三，始终贯彻的聚才理念是"不求所有但求所用"。专门创建市委和市政府共同支持的赣南苏区人才发展合作研究社来进行柔性引才，力争实现市级专家人才服务企业及产业的目标。其四，政府设置了"苏区人才伯乐奖"。这个奖项将给予向赣州市推荐高层次人才并能够全职引进的组织或个人，奖励最高可达 20 万元，从而大力支持全民荐才引才。

聚天下英才而用之，这其中的关键就在如何用，为此赣州也有自己的思考。首先，赣州市始终牢固树立的人才观为"不唯地域、不求所有、不拘一格"，并且全力打造"产业+""科研+""创业+"等优秀创业平台供人才发展提升，以求培育高端人才，从而在传统革命老区汇聚起足够优秀的区域人才。其次，锁定产业链，全力打造国家级高层次人才产业园。产业园将采取"人才+项目"的模式，有效促进赣州经济开发区产业园与企业能够共同发展，并加大对入驻产业园的国家高端人才的全面扶持，这类人才最高可以享受"6 个 2000 万元"的优惠政策。而章贡区通过全省建设的国家高层次人才产业园成功引进 22 位高端人才，他们创办或者领办 17 家企业 45 个项目入园，其中处于国内或国际领先水平的就有 16 个项目，足见其优秀程度。兴建这样的高层次产业园，使得越来越多的高层次人才集聚产业一线献策献力。2019 年赣州引入国家级和更高水平的专业技术专家达 28 位。章贡区积极推动区内的区属重点企业发展，大力促进其建立院士工作站、国家重点实验室等创新型人才开发服务平台，有效地激励了相关企业对区外建立的科研技术平台和相关联的技术及产品研发成果进行转化。此外，自人才新政实施以来，产业园引进中国科学院海西院共建的中国稀金新材料研究院等平台，也成功引进孙晓琦团队博士超 10 人。经统计，2018 年赣州市新增的认定省级工程技术研究中心 4 个，组建市级工程技术研究中心 23 个，增加量历年最大。同时，还新增 9 家院士工作站，比 2017 年翻一倍多。赣州市针对扶持青年人才创业实施大量举措，在全市范围内新增国家级科技企业孵化器 2 家，同时，备案在建国家级众创空间 2 家，新增认定省级孵化器 5 家、众创空间 5 家，建成创业孵化基地 31 个、市级众创空间 46 户，入驻项目和团队 1600 多个、创客 7000 余人，数量均位于全省前列。截至 2018 年 12 月，赣州市共建成各类创业孵化基地、创业园区 102 个，入驻企业 6200 家，带动就业 12 万余人。[①]

人才竞争的实质是人才环境和发展前景的激烈竞争。因此，赣州市举全市之力整合各类优势资源，努力打造新时代良好优质的人才生态环境，并不断增强赣州市的人才黏性。首先，住房保障不仅是人才也是所有人最关心、最现实的问题，政府从此入手，提出用 5 年时间筹建 10 万套人才住房，面向大学本科及以上学历的人才实施"五折租、八折售"的优惠政策。截至 2018 年 12 月，赣州一共筹建 1.18 万套过渡性人才住房，其中中心城区新建商品 1400 余套。其次，为了打造一个"更专业、更精准、更温情"的人才生态体系，赣州市积极上线了人才管家 APP，通过这款软件，所有问题手机提交、专人解决。最后，赣州市还大力实施"暖心工程"，加强党委联系专家工作，已经将 213 名人才成功纳入市本级直接联系人才库，与此同时还成立了生活工作在外地的赣州籍优秀人才储备库，经常和他们取得密切的联系。此外，赣州市将继续实施重大政策性新闻公开宣传和重大表演活动等大型活动配备人才专席的举措。

赣州市通过上述一系列举措成功打造人才高地，快速集聚人才优势，显著提升了竞争优势，从而推动赣州形成稳中有进的良好发展态势。

二、赣南苏区人才工作的主要方向和政策措施

此次赣州市政府提出的人才政策主要包含以下八个方面，从明确目标到辨别人才类别再到最后的人才住房等实际问题的解决上，可谓是非常细致、面面俱到：

（一）明确人才需求

在各类人才队伍建设取得重大进步的基础上，力争 5 年内实现"五个一"目

---

① 资料来源：筑巢引凤　智汇赣南——赣州市人才工作综述［EB/OL］. 客家新闻网，https://baijiahao. baidu. com/s? id＝1621059360843305250&wfr＝spider&for＝pc.

标，即重点引进和培养 100 名（个）产业领军人才或团队，引进和培养 1000 名各领域高层次人才、1 万名各行业急需紧缺人才，吸引至少 10 万名大学毕业生等青年人才来赣州创新创业，推动 100 万名产业工人培养或回归，努力形成高精尖人才领军、产业骨干人才中坚、基础人才争相涌入的良好局面。

（1）重点引进和培养 100 名（个）产业领军人才或团队。推动招商引资与招才引智相结合，通过领导干部带头，压实部门责任，加大激励力度，细化引才任务，重点围绕"两城两谷一带"建设，突出"人才+项目"和"人才创业"两个重点，实现每年引进或在本土培养 20 名（个）掌握国内外先进技术或项目、对产业发展有重大影响和效益的领军人才或团队。

（2）引进和培养 1000 名各领域高层次人才、1 万名各行业急需紧缺人才。细分"红土地人才集聚工程"，10 项子计划牵头部门制定专门方案，平均每项子计划每年各引进和培养 10 名左右高层次人才、200 名本行业急需紧缺人才。加快赣州市人才回归进程，组建赣州市在外人才联合会，与赣州商会联合会协同合作，依托专业技术人才、优秀企业家，推动在外人才、项目、资金整体、抱团回归，力争每年推动 100 名在外赣州籍高层次人才支援赣州市发展。

（3）吸引不少于 10 万名大学毕业生等青年人才。通过加强与驻市高校合作、加大赴国内外高校招才力度、制定专门扶持驻市高校大学生留赣和赣州籍外出求学大学生毕业后返赣创业就业政策等方式，每年至少引进 2 万名大学毕业生等青年人才到赣州自我创业。其中，重点实施"万名工科毕业生"引进计划，每年吸引 2000 名工科类专业大学毕业生到"两城两谷一带"企业，各地首位、主导及特色产业企业，市属国有控股企业，以及赣州市重点工业企业工作。

（4）推动 100 万名产业工人培养或回归。通过职业教育资源的充分利用，促使公办、民办职业教育机构与本地企业合作培养产业工人，同时出台优惠政策，引导大批外流到发达地区的产业工人回乡创业就业，力争用 5 年时间培养和引导 100 万名产业工人为赣州产业发展服务。

（二）明晰人才需求的重点类别

（1）科学设置人才分类。将赣州所需人才分为 8 类，分别为产业领军人才（A+类）、国内外顶尖人才（A 类）、国家级高层次人才（B 类）、省级高层次人才（C 类）、市级高层次人才（D 类）、行业急需紧缺人才（E 类）、青年英才（F 类）、产业工匠（G 类）。

（2）成立人才评审认定委员会。成立由职能部门、产业专家、行业协会、风投机构、人才专家等组成的人才评审认定委员会，找准产业需求，编制人才目录，为精准识才、引才、育才以及兑现政策待遇提供决策参考。

（三）赣州采取切实有效的引才育才办法

（1）赣州压实招才引智责任。赣州市招才引智局由赣州市委常委、组织部部长兼任局长，"红土地人才集聚工程"各子计划牵头部门、赣州市科技局及有关单位负责人兼任副局长，每年根据人才需求目录和产业发展实际，下达招才引智任务。市委常委带头领任务，每人每年至少牵头引进1名产业领军人才。继续推动驻外人才联络站建设，明确招才引智任务。将人才工作作为领导班子和领导干部年度考核、绩效考核重要内容，纳入县（市、区）科学发展观绩效并适当提高评分占比。各县（市、区）应制定吸引大学生创业就业的专门计划和政策，发掘创业就业岗位，力争每年吸引本地上一年度考入大学人数20%的大学生创业就业，并通过设立集体户口等办法，优先办理落户手续。

（2）建设四省边际区域性人才市场。发挥市场在资源配置中的决定性作用，在中心城区高标准建设四省边际区域性人才市场。每年从人才专项资金中安排一定资金用于鼓励和支持与中介组织、猎头机构对接合作，以市场机制发现、评价、引进和培养人才。同时，激发用人单位引才育才动力。企业引进A类、B类、C类、D类高层次人才，支付的一次性购房补贴、安家费、科研启动经费等，符合税法规定的根据事实在计算企业所得税前扣除。高层次人才被引进事业单位的，用人单位可直接对其进行考核录用。每年组织企事业单位赴海外开展1~2次招才引智活动，吸引海外高层次人才来赣州创业创新。

（3）设立"苏区人才伯乐奖"。给予向赣州市推荐高层次人才并全职引进的组织或个人奖励，根据引进人才级别高低和项目重要程度，人才签订最低3年服务年限合同并全职到岗一年后，分别给予20万元、10万元、5万元、1万元的引才奖励。同时，努力为对口支援部委力量引才育才。重点围绕"两城两谷一带"等重点领域和行业，在精准摸清需求的基础上，争取对口支援部委每年选派或协调联系50名左右博士层次专家人才来赣州挂职。实施"苏区之光"人才计划，每年从赣州市遴选50名左右科研、教育、文化、卫生等领域的中青年人才，通过部委联系支持，到知名高等院校、科研院所、医疗机构等，跟随知名专家学者进行为期一年的研修。

（4）举办赣南苏区人才峰会。以"两城两谷一带"发展论坛、赣州籍人才转乡创业论坛、人才项目对接会等为主要，每年按时举办赣南苏区人才峰会，重点邀请100名以上海内外行业领军人才、专家以及在外赣州籍高层次人才和创业投资人士率领项目、资金来赣州洽商合作及参观考察，向外界展示赣州发展成果，吸引各类人才关注、支持赣州发展。

（四）鼓励与科研院校开展更高层次、更紧密的人才合作

（1）与驻市高校组建校地一体发展联盟。构建政府与当地高校主导、企事业单位广泛参与的校地一体发展联盟，形成领导沟通、资源共享机制，定期开展双方互访、项目对接、发展论坛、人才培训、专家会诊等活动，促进驻市高校与企事业单位的合作。

（2）加强引进驻赣州市高校、科研院所人才对地方投入建设。驻市高校、科研院所高层次人才到地方创设、领办企业或与地方企事业单位一同组织开展项目，平等享受引进高层次人才待遇。组织设立"驻市高校博士、教授援县团"，视产业的具体情况而定，分类聘请驻市高校博士、教授，通过挂职、调研、技术咨询、项目合作等方式到各县（市、区）服务，充分利用他们的才干及人脉资源促进县域经济社会发展。每年选取一批县（市、区）、市直单位和园区副职岗位，聘请驻市高校博士、教授入职。依托经济社会发展需求，每年发布约 50 个校地合作重大项目或课题，向驻市高校博士、教授投标。驻市高校博士、教授到地方调研，各地各单位应在遵循相关规定基础上，给予查阅资料、提供信息等方面的服务。

（3）与高校一同设立高层次企业家培训学院。整合各级各类培训资源，加强与高等院校以及驻市高校的交流，组建赣州市高层次企业家培训学院，聘请知名专家、学者及企业家讲课，培育一批战略决策起点高、市场开拓眼界宽、经营管理能力强的本土企业家。

（五）为各类人才提供优厚的待遇支持

（1）分层分类给予各类人才政策待遇。依据人才层次和类型的不同，给予无偿资助、税收返奖、住房优惠，以及提供人才管家、私人医生、公办景点免票、出入口岸车站绿色通道等优惠政策。对于符合引进人才标准的本土新培养人才，等同享受引进人才薪金；对于符合引进人才标准的本土现有人才，平等享受相应除人才特殊津贴以外的其他待遇。对于驻市高校博士等高层次人才，将其归于地方人才服务范围。各类人才（全职在赣州工作的）获得国家级荣誉并获得资助奖励的，按获得的最高资助或奖励1:1配套。

（2）支持本土科研人员创业创新。支持从事技术研发、成果转让工作的事业单位高层次专业技术人才离岗创业，经所在单位同意，符合国家安全相关规定，可在 3 年内保留人事关系，与原单位其他在岗人员同等享有参加职称评聘、岗位等级晋升和社会保险方面的权利。在履行好岗位职责、完成本职工作的前提

条件下，经所在单位同意，高校院所等事业单位科技人员可到企业和其他高校院所、社会组织等兼职并取得合法报酬。支持科技创新人才成果转化，市属院校、科研院所科技成果转化净收入用于人员奖励的支出部分，不纳入单位绩效工资总额，对研究或转化做出主要贡献的人员，获得奖励的份额不低于奖励总额的 50%。

（3）发挥各类投资基金作用。充分发挥赣南苏区振兴发展产业投资基金、百富源新材料创业投资基金、科技创业投资引导基金等各类政府投资产业基金的作用，采取切实有效的措施，推动各类基金重点加大对人才创业创新的支持力度。各类市场化运作的投资基金以股权方式投资赣州双创平台内的创业项目、创业团队和小微企业，在赣州落地的，如果投资发生风险按实际投资损失的 20% 给予客户风险补偿，单个项目最高不超过 100 万元。

（六）主动推动各类人才发展平台建设

（1）重点推进人才产业园和特色产业小镇创设。建设国家高层次人才产业园，以灵活方式与国家级高层次人才共同经营、发展，园区支持政策等可单独商议制定。鼓励国内知名高科技企业来赣州建设轻资产科创小镇或特色产业小镇，支持政策可通过"一事一议"方式确定。同时，大力推进产学研合作平台建设。国内知名高校及科研院所前往赣州建立校区、分支机构或产学研平台，无偿划拨用地、免费"三通一平"，对其设备购置实际支付资金给予 50%、最多不大于300 万元的一次性补助，重点项目可"一事一议"。市本级分别与驻市高校合作，在中国稀金谷、青峰药谷建设国内一流的新材料、生物制药综合实验室。结合科创小镇建设，与驻市高校共同投资，在中心城区建设产学研基地，重点为驻市高校人才创业创新、成果转化提供服务。探索与驻市高校建立科研平台共享机制，推动赣州市科研资源整合，面向企事业单位开放。建立信息交流平台，及时发布高校及其他科研院所人才资源和地方、企业的智力需求信息。

（2）组建"赣南苏区人才发展合作研究院"。依托市属（驻市）高校，结合赣南苏区振兴发展智库建设，组建"赣南苏区人才发展合作研究院"，这为赣州市各类企业与市外高端专家人才合作提供了平台和政策支撑，也为市委、市政府重大战略决策提供了论证咨询。赣州企业通过研究院引进市外 A 类、B 类、C 类高层次人才开展项目合作的，每个企业奖励 1 万元。引进合作的高端人才同时享受相应人才政策待遇。

（3）大力推进建设工程（技术）研究中心、重点实验室和各类工作站。对在赣州注册落户、新批准立项建设的国家工程（技术）研究中心、重点（工程）

实验室给予一次性 300 万元的奖励；对通过国家验收并考核优秀的给予一次性 150 万元的奖励；对批准立项建设或新认定的省部级上述机构给予一次性 20 万元的奖励。对实际运行好、发挥作用明显的院士工作站、博士后科研流动（工作）站，经组织考核，在现有资助基础上，再给予 20 万元的奖励。

（4）积极建设双创平台。建成一批众创空间、创业孵化基地、双创示范基地等双创平台，对入驻的人才创业项目，由所在地提供办公场地租金补贴、给予资金资助等扶持。获评为国家级、省级双创平台的，在省财政补助的基础上，市财政分别给予 100 万元、50 万元的一次性补助。获评为市级双创平台的，由市、县财政分别给予不超过 25 万元的一次性补助。择优选择一批双创平台创业项目，由受益财政给予每个项目不超过 5 万元的补助。

案例：搭平台、引人才，看赣州新能源汽车发展四部曲

近年来，赣州经济技术开发区大力推进赣州新能源汽车科技城建设，积极外出招商，推动项目落户，吸引人才聚集，打造产值超千亿级新能源汽车产业集群。

（1）平台建设日渐完善。赣州新能源汽车科技城历经 3 年的发展，科技城内水、电、气、通信、道路以及绿化亮化等基础设施建设基本完成，赣州职业技术学院正式办学招生，江西理工大学全面开工建设，产学研一体、产城融合发展的综合型产业新城初具规模。

（2）工业项目陆续落户。赣州新能源汽车科技城内已落户工业项目 14 个，总投资约 680 亿元，包括国机智骏汽车、山东凯马汽车、昶洧汽车、中电汽车等整车项目 7 个，孚能科技三期、中车生一伦电机、亿鹏电池等零部件项目 7 个。

（3）专业人才迅速聚集。孚能科技拥有两位国家高层次人才，多名主要技术研发人员具有欧美著名大学的博士学位；昶洧汽车拥有强大的自主设计、研发和生产实力，在香港特别行政区、杭州和米兰等多地设有研发中心，具有世界一流的电动车研发专家团队；国机智骏汽车发挥人才技术优势，构建了包括国内三大研发试制中心、欧洲研发中心、北美研发中心的全球化研发体系，其中北美研发中心正在筹备。

（4）龙头企业快速发展。2020 年 4 月 16 日国机智骏汽车在上海车展中发布了五款纯电动车型，覆盖了 A0 级纯电动 SUV、A00 级纯电动轿车及纯电动轿跑等。昶洧汽车已研发了纯电动 SUV、纯电动轿跑、A00 级纯电动乘用车等多种车型；2020 年 9 月，中电汽车实现整车下线。下一步，赣州经济技术开发区将继续

加大招商力度，针对整车企业引进零部件配套企业，完善产业生态链。同时，不断引导企业加大技术研发投入，突破续航里程、行驶安全等瓶颈，成功抢占市场。

（七）努力营造浓厚的尊才爱才氛围

（1）打造尊才爱才城市形象。通过专业或市场包装、策划，打造赣州尊才爱才的城市形象，加快提高城市知名度。赣州公办景点对博士学历人才实行门票免费措施，每年在财政部门公布的会议定点宾馆免费住宿3天，各个县（市、区）可以重复使用。探索建立赣州市人才荣誉体系，开展优秀人才典型评选表彰活动。

（2）实施关爱人才暖心工程。加快市人才交流中心革新，设立专门的人才服务机构，适当增加专门的人员或编制，具体承担人才政策的调查研究、宣传推介、待遇落实及各类人才的联系服务等工作。开发人才服务信息平台及人才管家APP，对于人才的工作、生活问题实现网上提交、专人解决。组织开展人才专场文艺表演，组织产业领军人才、高层次人才体检、疗养；组织开展人才培训；组织开展客家风情体验活动，增强引进人才对赣州的文化认同。充分发挥赣南生态良好的优势，建立高层次人才父母养老问题解决机制。

（3）加强专家联谊会等人才组织建设。引导各类人才自发组织并开展交流合作，加强市专家联谊会建设，探索建立海外人才联谊会、高层次人才俱乐部等人才组织，提高人才的组织化程度。赣州市重点建设20家优秀人才组织并进行动态管理，并于获评当年给予每家5万元活动经费。同时，开办"乡贤讲堂"。市、县、乡三级定期邀请在外赣州籍优秀人才回乡授课、开办讲座，传授知识，分享创业创新心得。

（八）夯实人才工作硬件基础

（1）政府要大力提高人才住房建设。市、县两级通过改建、配建和新建等形式，在5年之间建设了10万套人才住房，供赣州创业创新的各种人才购买和租住。同时，在购房时，对急需紧缺人才和高层次人才不执行限购政策。

（2）加强教育、医疗机构建设及投入。加快推进赣州职教园区建设，不断强化驻市及市属职业院校建设，重点推动赣南卫生健康职业学院以及赣州师范高校等专科学校的建设，各县（市、区）重点扶持1~2所中等职业学校建设。鼓励合作办学，对于公办学校与国内外名校，或者是公办学校与知名教育机构合作办学的，财政给予每所学校10万元补贴。依托赣南师范大学资源，通过加大基础投入、推动师资整合、引导生源共享等，提升其附属学校办学环境和水平。鼓励市属医疗机构与知名大医院合作办医，支持医疗机构学科建设，对较弱学科建设给予重点扶持。

（3）增加人才工作经费的投入。市、县两级设立人才专项资金，根据对应的专项资金管理办法，实行专款专用、专项审批。人才政策兑现所需资金根据引才育才实际情况，由各支付主体兜底保障。同时，为充分发挥有限资金效用且保障项目的实施，对各类资助资金实行分期拨付、按需供给。市财政每年预算不低于1000万元的人才工作专项经费，每年给予"红土地人才集聚工程"各计划牵头单位10万元的人才引进专项经费，提高部门抓人才工作的积极性与主动性，推动人才工作责、权、利相统一。

第四章 赣南苏区社会建设篇

第一节 赣南苏区社会建设的主要经验与发展成效

一、努力拓展市场环境是社会发展的前提

赣州市为优化市场合法经营环境，贯彻落实法制建设，致力于创建稳定、公正、透明、高效、可预测的法治化经营环境，并不断推进对市场、企业、政府和社会环境的优化管理，出台了《关于开展优化法治化营商环境专项行动工作方案》，赣州市从以下三个方面践行优化法治化营商环境的相关规定：一是开展行政执法宣传活动，行政和执法的主要记录程序是在法制审核"三项制度"的基础上确定的，同时，优化了营商市场环境，并着重于提高治理和法规的有效性，推动跨部门联合检查，推动企业信用数据归集共享、互联对接，根据实际情况调整和规范市级市场的监管清单化；二是着力优化商业和政府环境，促进政府行为规范化，促进知识产权保护体系的建立，推进"以照含证、集约办理"试点工作，提高整体在线注册服务水平；三是着力优化企业社会环境，促进法律服务多元化，在优化法治商业环境的基础上，加强公关工作和法治教育，落实法治专项措施。

赣州在"十三五"规划期间，充分利用历史机遇，基于国家政策和中央政府援助的优势，对苏区进行了重建和发展。坚持开放发展理念，开创开放合作新形式，外贸发展跃上新台阶。"十三五"期间，赣州货物贸易累计进出口 1846.2 亿元人民币，比"十二五"时期增长 67.97%，贸易规模由 2016 年的 271.4 亿元

增至 2020 年的 503 亿元，年均增长 14.26%。特别是 2020 年，赣州外贸实现了 26.6% 的增速，这一数字比国家同期水平高 24.7 个百分点，比江西省同期水平高 12.3 个百分点。①

机构改革以来，赣州成为江西省会城市外唯一设置两个隶属海关的地市。海关以更大的力度、更实的举措、更优的服务促进赣南苏区扩大开放，推动形成"陆铁空网"立体互补的内陆开放新格局。"十三五"期间，赣州陆港空港"无中生有"，赣州国际陆港和黄金机场实现临时对外开放，"四自一简""委内加工""跨境电商""保税维修"等 7 项创新政策先后落地。指定的进境肉类进口监管机构、汽车整车进口口岸通过了验收，龙南保税物流中心（B 型）、江西尚祐公用型保税仓库获得批准。

2020 年 12 月 30 日，龙南跨境电商监管中心开通运营暨"9610"出口首单开通仪式在龙南保税物流中心（B 型）举行，在订单、支付订单、物流"三单对碰"后，龙南海关对一批至香港的数码配件、家具等商品进行查验后放行。这也是龙南 6 个月前开设跨境电子商务进口业务"1210"后的又一重大突破，实现了跨境电商进出口业务的全面整合，大大拓宽了电商市场的经营环境。此外，赣州持续优化口岸营商环境，使监管单证、通关时间、企业成本得到了大幅压减，优化了作业流程，拓展优化了市场环境，实现了贸易便利化大提效。

案例：龙南保税物流中心建设

保税物流中心是指港口口岸关税封闭的海关监管区域，分为 A 类和 B 类，A 类保税物流中心是指中国境内企业经营的专门从事保税仓储和物流业务的海关监管场所；B 类保税物流中心是指由中国法人经营的公司设施，专门从事保税仓库和物流业务。

海关总署——龙南保税物流中心（B 型）重点支持项目，位于龙南经济技术开发区赣州电子信息产业科技城，建设内容为综合海关检查及办公平台、受监管的仓库、保税仓库、堆场存储区、智能拆分围栏、智能卡口、视频监控系统等，它满足仓库物流监管和支持配送的设施。

该项目于 2016 年 10 月 26 日经海关总署、财政部、国家税务总局、国家外汇管理局批准，于 2016 年 12 月 28 日正式开工建设。在不到一年时间内，该项

---

① 资料来源："十三五"赣州货物贸易年均增长 14.26%［EB/OL］．大江网，https：//jxgz.jx-news.com.cn/system/2021/02/26/019201104.shtml.

目完成了围网内所有土建工程及海关智能信息系统设备安装、调试，取得了工程竣工验收、消防验收等相关合格证，2017年12月22日，经国家税务总局江西省税务局、国家外汇管理局江西省分局等四个机构的审查，在各省、市、县级海关和领导的悉心支持和指导下，准时且顺利地完成了建设、验收工作。

进入龙南保税物流中心（B型），能看到综合办公楼、海关检测和监督平台、保税仓库、堆积存储仓库、分隔栅栏、智能卡口及视频监控系统等，通过这些智能化设备，中心可以实现多种功能及服务，如保税物流、配送物流、简化处理和增值服务、物流数据处理、产品组合等。建成后，该中心将成为龙南县乃至赣南6个县发展外向型经济的重要服务平台，并为经营者提供保税仓储和港口服务，有效解决退税、保税、集中产品进出口、加工运输等问题，企业产品物流可以实现在公海进行"一日游"，促进跨境中小型电子商务公司的发展。同时，该中心将提供电子信息产业的快速配送支持服务，如快速进出口电子元器件等，这将促进龙南县及周边地区的重大变化和开放性发展，拓展企业的经营环境，改善中小外贸型企业的经营环境。

二、大力改善宜居环境是社会建设的重要任务

自从"五型"（忠诚型、创新型、担当型、服务型、过硬型）政府建设以来，赣州持续进行"不忘初心、牢记使命"的主题教育活动，旨在建立一支忠于党和人民的干部团队。坚持围绕以人民群众为中心落实工作，先后完成"创文创卫创森林城市"的市容市貌综合性环境整治和水平提升、厕所革命、"六大攻坚战"等重点项目和重要任务，改善人民的生活环境，增强人民的幸福感。赣州作为2018~2020年的国家卫生城市，倍加珍惜来之不易的荣誉，建立和完善了城市卫生的长期管理机制，致力于解决影响公共卫生的悬而未决的问题，并取得了一定的成果，促进城市建设，促进国家卫生的协调发展，创建健康和建设性的中国，并建设国家卫生城市的长效机制。国家城市卫生是一项常规任务，旨在不断提高公众的获得感和满意度，让市民从长远中看到真实、长久、持久的"创卫"成果。

赣州市委、市政府始终树立以民为本理念，强化为民服务意识，锻造优良作风。一是打造过硬型干部，提升服务意识与服务质量，在社区中建立"城市管理服务站"，以增强人们的获得感和幸福感。二是破解难题善于创新，倡导并推进城区路长、巷长网格化管理，城区一些脏乱现象得到基本治理。三是努力建设服

务型政府，已经开展了十项重大民生项目，包括城市高架改建工程、建设标准化农贸市场、城市公共厕所改善项目以及城市卫生设施建设等。全面推进城区小街巷、城中村市场化保洁全覆盖，开展城区卫生死角"大扫除"活动，美化了市容市貌，打造宜居生态、秩序井然的城市工作和生活环境，为建设新时代实力时尚幸福赣州贡献力量。

案例：兴国新农村建设

国家烟草专卖局致力于支持提升兴国人民的生活水平，每年组织安排 1 亿元专项资金，支持兴国县新农村、和谐美丽农村建设。在兴国帮助农民改善住房条件，实施饮用水安全、特色产业等工程，支持兴国民生社会发展，如兴建兴国红军儿童学校、城乡中小学宿舍、城市医院和疗养院，这将加速健康、教育、医疗、保健和护理等社会性民生活动的发展。

1. 兴国县子弟学校

兴国县红军子弟小学是一项重大民生项目。自从推进赣南苏区振兴发展以来，在国家烟草专卖局的大力支持下，兴国县红军子弟小学优化了兴国县城市小学网络，可以有效缓解班级超额问题，有利于附近儿童及民工子女就学，让兴国的学生可以更好地接受义务教育。兴国县红军子弟小学的建成能够改善民生环境，解决农民工子弟读书困难的担忧，并为中小企业的繁荣打下坚实基础。

2. 兴国夕阳红老年公寓

随着老龄化社会的到来，养老成了一个极其复杂的社会问题。不少年轻人忙于生计，无法照顾父母，父母成了"空巢老人"。

近年来，兴国县针对现代服务业攻坚战，研究开发了一种"医疗与养老相结合"的新型养老服务模式，并提出了"医药+护理+健康"的概念。在老年人护理的整个过程中，将医疗、养老和护理相结合，实现了医疗、养老与康复的融合，促进了公共建设、私人管理和医疗服务的发展，开启了健康养老的"最后一公里"。因此，兴国县被选为促进医疗和老年人护理相结合的地方观测站，并被誉为全国医疗和老年人护理相结合的示范区。

兴国夕阳红老年公寓是国家烟草专卖局资助的项目，位于兴国县高兴镇山塘村大窝集团（社会福利中心）院内，可容纳近千人入住，其负责人具有专业的医疗服务经验。公寓采用的经营理念和服务风格是"公建民营、养中设医"。兴国谐和医院提供专业的护士服务、疾病护理、生活护理、健康评估、安全护理和培训、健康管理以及日常健康检查，支持文化娱乐等多种服务。为了改善医疗技能，谐和医院与县第二医院（二级综合医院）签署了《老年医疗保健合作协议》，为公寓和周围的老年人提供医疗服务。通过改善和完备医疗功能，可以在不离开医院的情况下治疗老年人的小病，严重的疾病可以及时转移到能够接受治疗的地方。

同时，兴国夕阳红老年公寓在研究开发一种新型的"医疗与养老相结合"养老服务模式，非常注意老年人的心理健康，每月举办一次生日聚会。医疗中心还设有阅览室、棋牌室、健身室、书画室、活动室、手工艺品制作室及其他娱乐设施，以及提供多功能会议室、美发厅、超市和营养食堂等多种生活配套设备，在日常生活中，持续不断地开展老年人保健活动，并定期组织老年人在书画室绘画。

兴国县逐步引入医疗与养老相结合的新型养老模式，并建立了三所医疗养老机构，包括 1 个民办公助机构和 2 个公建民营机构。

3. 兴国潋江国家湿地公园

潋江国家湿地公园覆盖潋江镇、长冈乡、鼎龙乡等 30 多个行政村，以潋江、濊水、长冈水库为骨架，南部边缘集河流、沼泽、蓄水区、水塘等于一体的自然和人工混合的湿地系统和地方湿地文化资源，是促进和展示湿地生态系统文化和湿地生态旅游一体化的国家级湿地公园。湿地公园的建立，得到了市民的高度赞誉，成为兴国的"生态城市客厅"，也成为兴国县生态文明建设的一张新名片，极大地改善了赣南苏区的环境。

该公园为亚热带季风湿润气候，是鄱阳湖流域湿地生态系统的重要组成部分，其湿地自然特征十分突出。以河流湿地为主的城乡复合型湿地生态系统在我国江南丘陵低山地区具有较强的代表性，蕴含着丰富的红色文化、堪舆文化、客家文化、湿地文化。

湿地生态功能完善。公园林木葱郁，水资源丰富，水质良好，常年水质保持在国家Ⅱ级以上，自然环境优美，科普宣教、科学研究和生态旅游价值高。同时，充分保护、合理利用湿地资源，园内游步道、木栈道、水上浮桥等景观设施完备，是人们回归自然、返璞归真、休闲游玩的好去处。

湿地生物多样性丰富、生态系统的结构和功能比较完整，是江西湿地生态系统的典型特征。

三、提升交通环境是社会建设保障的关键

"十三五"期间，赣州以构筑完备的交通现代基础设施体系为总目标，聚焦铁路、公路、机场、水运等重点领域建设。同时，充分发挥"党旗领航、党建领路、党员领衔"的作用，培育精神动力，深化"党建+"理念。促进交通业务和党建工作的同频响应、协同发展，紧紧围绕建立综合的国家交通枢纽，打造对接融入粤港澳大湾区的桥头堡，以及建立中心省级城市的战略定位。扎实践行"项目建设提速年"行动，奋力打好基础设施建设攻坚战。2020年，赣州基础设施建设交出了"创出新高、好于往年、超出预期"的优秀成绩单，这在对冲疫情影响和扩大有效投资方面发挥了积极作用。基础设施建设的"强筋壮骨"促进了赣州的高质量跨越式发展，取得的主要成绩包括：

（一）普通国省道覆盖75%的乡镇

"十三五"期间，赣州以"交通基础设施攻坚战"为抓手，积极推进"三年行动计划"及"三大攻坚行动"，通过"以市带县"模式解决项目建设融资难题，高位推进普通国省道升级改造项目建设。

2016~2020年，赣州承接了54个高速公路改造升级工程，共改建国家和省级公路1070千米，增强了国家和省级公路的通行能力。G105国道中心城区改线一期工程已完成并为瑞兴通车而开通G323国道，三南快线的建设进展顺利。截至2021年2月，赣州市国道和省道的总距离为3605千米，约占江西省总距离的1/5，覆盖了所有县城和赣州75%的乡镇，普通国道二级及以上占比从78%上升到93%，普通省道二级及以上占比从29%上升到52%。① 赣州的所有国省道全面推广养护示范路做法，并根据该地区的实际情况建造了示范路。国省干线道路焕然一新，为人们的出行提供了平稳、安全、舒适、美观的道路环境。

（二）农村公路实现"组组通"

铺就"四好"路，共圆小康梦。"十三五"期间赣州市完成农村公路投资总额192亿元，是"十二五"期间投资总额93亿元的近两倍多。赣州农村公路的总长度从26000千米增加到40000千米，成为江西省第一个实现人口超过25户的自然村落中拥有水泥路的地市。② 安远县被评为全国首批"四好农村路"示范县，石城县、信丰县、寻乌县、会昌县、章贡区被评为全省"四好农村路"示范县，赣州市基本实现了"内通外联、通村畅乡、安全便捷"的农村运输目标，为打赢脱贫攻坚战提供了坚实的交通运输保障，有效带动了乡村旅游业和物流业的飞速发展。

---

①② 资料来源：启新程——构建交通大格局 对接融入大湾区［N/OL］.赣南日报，https：//m.thepaper.cn/baijiahao_11407166.

赣州市建好农村公路，主动服务脱贫攻坚和乡村振兴。坚持实施"交通+旅游""交通+特色镇""交通+生态"等举措，加快旅游路、资源路、产业路的建设，实现乡村道路"村村畅"、客车"村村通"，有力地促进了产业转型升级和农村绿色经济道路的发展。

（三）机场旅客吞吐量3年翻番

2016年，赣州黄金机场实现旅客吞吐量108万人次，2019年，旅客吞吐量达到208万人次。数据翻番的背后，是赣州民航事业强劲的内生动力。①

赣州从改善机场基础条件入手，进行黄金机场改扩建。智能化的赣州黄金机场新T2航站楼已投入运营，机场的黄金航站楼已经临时开放，并开通国际航线，这是江西的第二个国际机场，实现了人流和物流的国际化，成为全国革命老区中唯一拥有铁路口岸、公路口岸和航空口岸的城市。2016~2020年，赣州民航事业进入快速发展阶段，33个通航城市、每天5000余人次的客流量让赣州黄金机场显得格外繁忙。从赣州出发，可以北行至哈尔滨，南行至三亚，西行至昆明，东行至上海，并可以直接飞往海外。瑞金机场开工建设，大余新城军民合用机场及定南、石城、安远、宁都、龙南等通用机场的筹备工作正在有序进行，赣州"一主多辅"机场布局呼之欲出。

（四）高速公路通车里程占江西省25%

2016~2020年，赣南大地高速公路的建设可谓频传捷报，兴赣、宁定、广吉、兴赣北延等高速公路已经建成并通车。赣州市路网越来越密，吉安至南康高速公路、信雄高速、大广高速建设和扩建已经开始，大广高速扩容工程实现路基、桥梁半幅贯通，赣州已建成"三纵三横六联"高速公路网，形成了通往粤港澳大湾区和海西经济区的"4小时经济圈"。不仅如此，遂川至大余高速公路的筹备工作已经加快推进，赣州南至安远、兴国至桂东、兴国至樟树等高速公路已经明确将江西省高速公路投资集团作为前期工作主体，规划的"四纵四横八联"的高速公路网里程突破2000千米。高速交通的快速发展，提升了城市品位，让赣南人民享受了舒适快捷的出行服务和惠民成果。

（五）铁路里程接近2015年底的两倍

2019年12月26日，绵延416千米的昌赣高铁开通营运，赣州正式迈入高铁时代。

---

① 资料来源：建设交通强省·回顾|大道通衢 大城崛起［N/OL］.潇湘晨报，https：//baijiahao.baidu.com/s？id=1688115481178932933&wfr=spider&for=pc.

继昌赣高铁建成后，赣深高铁已进施工进入建设的冲刺阶段。赣深高铁作为国家《中长期铁路网规划》"八纵八横"的南北重要通道，开通后赣州将进一步融入国家高铁网络规划，并成为一个真正的高铁枢纽城市。截至 2018 年底，赣州正在建设和使用的铁路总长已超过 1000 千米，几乎是 2015 年底高速铁路总长的两倍，其中快速铁路逾 400 千米。

除瑞梅铁路明确实行瑞金接轨、途经安远方案外，长安铁路完成了可行性审查，决定了赣州北站的选址，并将赣郴永兴和赣韶铁路进行了扩建，纳入国家中长期铁路网规划。南丰至瑞金铁路加入江西省城际铁路网规划，赣广、赣龙厦高铁完成规划研究报告和"两纵三横两放射"铁路网布局。

（六）进入全国内陆港"第一方阵"

2019 年，赣州自动进口国际陆港正式开放，"十三五"期间，指定的进口肉类监控设施顺利通过验收。

赣州国际陆港已被公认为国家第八个临时对外开放口岸和全国内陆首个国检监管试验区、全国多式联运示范工程项目。从全国唯一的进口木材直通口港，迅速发展成为全国功能较全面的内陆港口之一，是中国发展最快、功能最完善的内陆港口之一，现已发展成为赣州乃至江西对接融入"一带一路"的重要节点，进入全国内陆港口的"第一方阵"的重要枢纽，成为赣州融入粤港澳大湾区的底气。截至 2021 年 2 月，赣州市建成赣州国际陆港、传化南北公路港、江西红土地物流园、寻乌综合物流园、赣州华东城物流园等 45 个大型物流园区。随着高铁、航空、公路等立体交通网络的不断完善，赣州物流产业迎来蓬勃发展的春天。

物联网快速发展，冷链物流重要性不言而喻。赣州通过实施冷链物流补短板工程，建成冷库总容量 53 万吨，重点推进赣州冷链物流中心、南康江西龙泰安冷链产业园、会昌农产品冷链仓储物流园区等 8 个冷链物流项目的建设。[①]

（七）服务保障是赣州市政府营造交通环境的关键

近年来，赣州的国道和省道公路发展水平和服务水平不断提高，截至 2020 年 4 月，赣州共有普通国省道 3607 千米，其中，国道 11 条 1971 千米，省道 30 条 1636 千米，一级公路 397 千米，二级公路 2028 千米，三级及以下公路 1182 千

---

① 资料来源：启新程——构建交通大格局　对接融入大湾区［N/OL］. 赣南日报，https：//m. the-paper. cn/baijiahao_ 11407166.

米，桥梁和隧道分别为 1154 条和 6 座，国省道里程约占全省总里程的 1/5。① 改善交通条件需要高质量的服务作为保证，这也是赣州市政府最关心的问题，也是改善赣南交通环境的重要保证。

（1）加大国省道配套服务设施建设投入力度。"十三五"以来，赣州市所有国省道全面推广养护示范路做法，因地制宜进行示范路打造，国家和省级干线道路焕然一新，为人们提供了平稳、安全、舒适、美丽的道路交通环境。赣州市高速公路运输服务公司进行了升级和改造，以建立坚实的运输系统，改善城际客运服务，并帮助发展个性化的运输服务。2016~2020 年，赣州建立了 1 个新的省级应急保障基地、6 个维护中心和 22 个新的路基。自"十三五"规划以来，已规划和建设了 18 个服务区、20 个停车场，服务区具有停车、加气、休息、洗手间、维修、购物、新能源电动车充电等功能，解决了群众关切的"停车难、加水难、如厕难"等问题。服务设施操作由人来管理，服务水平得到显著提高，服务区域也日益扩大。

（2）在加强国省道安全隐患整治方面，赣州累计完成安全隐患整治 3300 多千米，实施危桥改造 173 座、灾害防治工程 94.4 千米、隧道提质升级 6 座、桥栏杆防护提升 80 座、路面大中修 1535 千米、路面改善 95 千米、灾毁恢复重建 177 千米、长下坡安全隐患整治 24 处，管养的国省道安防工程全部实施完毕，为过往车辆筑起了一道道"安全屏障"。②

（3）在加快信息化建设方面，赣州及时完善和更新公路基础数据库与电子地图，使卫星导航信息与实际路况信息一致，避免出行信息误导。"十三五"以来，赣州以推进公路管理信息化、智能化为中心，科技示范路 247 千米、国省道建设交调设备 104 个、视频监测点 156 个、移动监测车 19 辆、情报板 25 块、路网分中心 17 个、高空瞭望监测点 5 个、车辆超载预检系统 1 套、桥梁健康监测终端 1 套、固定视频监控终端 19 套、云视频会议设备 1 套，国省道监测覆盖率达 85.37%，固定监测设备在线率达 90% 以上，实现了赣州市主要国道及重点路段的可视、可测、可控，为国省道规划、养护、路政管理与应急抢险提供了决策

---

① 资料来源：为让群众出行更舒畅，市公路局这样做！［N/OL］. 潇湘晨报，https：//baijiahao. baidu. com/s？id=1686883165088805502&wfr=spider&for=pc.

② 资料来源：赣州全力打造"畅、安、舒、美"公路通行环境［EB/OL］. 客家新闻网，https：// baijiahao. baidu. com/s？id=1686727449402309755&wfr=spider&for=pc.

参考。①

案例：安远路网初成

"要想富先修路"，这句话在我国广为流传，成为指导我国经济建设和基建建造的至理名言。

交通运输部、供销合作总社对口支援安远县，短短数年，安远成了赣州南部极其重要的综合交通枢纽，"外通内联"的交通运输网络已在安远初步建成。不仅如此，在交通环境改善的同时，也使得各村镇和县市的联系更加密切，极大地改变了安远及赣南的企业经营环境，数年间，安远及周边县区中小企业数量骤增，给安远及周边县区未来经济的发展带来了巨大的动力。

在 2012 年之前，安远的交通状况较滞后，安远县委副书记、副县长用"边缘化"和"夹心式"来形容安远的交通状况，安远曾经是江西省唯一不通铁路、高速和国道的县。经过对口支援的数年，安远交通发展迅速。"交通运输的发展使安远可以与不同的经济发展地区进行产业整合，工业方面，可以承接广东产业转移。"每年从深圳、厦门来安远旅游的人数都在大幅增长，往东、往南、往西、往北，两条高速将整个出口打开了，"四好"农村路，则使人们出行更加方便，降低了物流成本，许多人选择不外出打工并返乡创业。过去几年，安远县扎实推进"四好农村路"建设，实现农村公路便民、富民，拉动农村经济快速增长，极大地引燃了返乡农民工的创业热情。

1. "四好农村路"建设成效显著，带动经济快速增长

千古百业兴，先行在交通。自对口支援工作开展以来，交通运输部从资金和项目两方面大力支持安远县交通基础设施建设，实现工业园区与美丽乡村建设和"四好农村路"的融合，改善了企业的经营环境，促进了经济增长。安远县致力于改善民生，优先建设破损道路、联网道路、旅游道路和产业道路，以鼓励道路促进生产。如今，该县所有 70 个偏远和贫困村庄都铺设了柏油路。同时，"交通+物流"和"交通+电子商务"已逐渐成为地方经济发展的新模式，覆盖县域和村庄的农村电子商务物流配送网络已基本形成。安远县先后被授予江西县域电商十大领军县、全国电子商务进农村综合示范县的称号。

2. 畅通交通经脉，带动旅游、脐橙等产业强势增长

在交通运输部和江西省、赣州市交通运输部门的关心支持下，安远县的交通

---

① 资料来源：关于印发《市发改委 2017 年工作要点》的通知［EB/OL］.赣州市人民政府，ht-tps：//www.ganzhou.gov.cn/c100075/201702/771e59d1f97e4b07a4d6063a3156de72.shtml.

建设迎来了前所未有的发展机遇。交通运输部积极筹划和召集所有省、市、县，共同在实现对口支援方面取得历史性进步：寻全高速、宁定高速一通一建，通过建立"十"字形高速网络，将安远与赣县和赣州市区连接起来。S219 沙龙线将安远与赣县和赣州中部连接起来。它不仅满足了安远居民对高速发展的期望，而且缩短了安远至厦门等海西经济区的距离，也使安远至厦门的行车距离缩短至350 千米。宁定高速公路于 2016 年通车，彻底打通安远北上南昌，南至广东省沿海地区，东出福建，西进湖南、广西的高速通道。

交通基础设施的改善促进了安远县旅游业的发展。安远县接待的游客人数每天都在增加，旅游收入较快增长。漫步在安远县镇岗乡黄洞村鹰嘴桃基地、凤山乡千亩有机蔬菜基地等，到处可见繁忙的产业农民，三白山的旅游景点更是车水马龙，游人如织，热闹非凡。

此外，在交通运输部的支持下，安远县交通基础设施不断完善，赣南柑橘产业物流园和赣南脐橙交易中心分别落户安远县，这一切都印证了一个亘古不变的名言，"要想富先修路"。

四、强化能源供给环境是社会建设的关键抓手

加强电源项目建设，稳妥发展光伏、风电、生物质等新能源是赣州未来发展的主攻方向。积极推动乡村用能转变，鼓励以分布式能源满足农业农村综合用能需求，推进"以气、电、生物质成型燃料代柴"工程是赣州市未来发展的重点内容。

2018 年，《江西省发展改革委关于下达江西省农村电网改造升级工程 2018 年中央预算内投资计划的通知》中下达 2018 年赣州农村电网改造和现代化中央预算投资计划 21165 亿元，占江西省投资计划的 42.33%，其中，中央预算 4233 万元，银行贷款 16932 万元。该项目包括 261 千米新建 10 千伏线路、34.78 千米重建 10 千伏线路，将新建 478 个配电变电站，升级 48 个配电变电站，配套建设改造低压线路 1084.93 千米。2018 年项目共 4 个，包括信丰县 10 千伏及以下配电网建设改造工程，总投资 8831 万元；瑞金市配电网建设改造工程，总投资 4581 万元；宁都县建设和改造 10 千伏及以下配电网项目，总投资 4626 万元；兴

国县 10 千伏及子配电网建设改造工程，总投资 3127 万元。^①巨大的投资使得赣州市电网的供电能力进一步增强，电网结构不断优化，供电可靠性和电能质量持续改善，为赣南经济社会建设提供了强有力的电力支撑。

案例：信丰电网建设

为了对口支援工作更加准确地开展，2013 年 10 月，国家能源局领导及江西省能源局人员组成的对口支援调研组来到信丰县调研，研究和监测县域经济发展，重点关注县域经济发展中最紧迫、最实际的问题。电网改造工程将电网规划与社会经济发展和城市规划相结合，以优化中部地区的电网结构，解决赣州部分地区电网连接不良的问题。实现了跨越式发展，为赣南苏区振兴发展提供了坚强的能源保障。

1. 信丰电网实现跨越式发展

2014 年 1 月，国家能源局对信丰县进行了深入的调查研究，结合信丰县的真实需求，发布了《对口支援江西信丰县振兴发展工作实施方案（2014—2020年）》《关于对口支援信丰县振兴发展 2014 年工作计划的通知》《关于建立对口支援江西省信丰县工作协调机制的通知》，指出将用 5~7 年帮助信丰县建成全国绿色能源示范县。在能源、工业、运输、资源节约、环境保护和社会事业等领域中有 18 个支持计划。采取社会措施，大大提高了信丰县的"造血"绩效，坚持远近结合，在政策层面构建了国家派出机构及地方政府多级联动的对口支援工作机制，为信丰振兴和发展提供了坚实的能源保障，为信丰经济社会发展奠定了基础。

在各部门的支持下，国家能源局共为信丰县争取农网改造资金 9200 万元、改造低电压 14279 户，居江西省之首；协调江西省发展改革委批复了大广高速信丰北互通项目，该项目已开始建设，完成后，信丰县北上的行程将告别 20 分钟绕道的历史，协调江西省能源局将信丰电厂项目列入了《江西省电力中长期发展规划》，为信丰的长远发展奠定了坚实的基础。

注重效率，绿色发展。国家能源局致力于建设全国绿色能源示范县，并积极促进清洁能源的发展。根据信丰县的经济社会发展现状，为信丰县新能源利用示范项目筹集了超过 1000 万元的专项资金，并根据信丰经济社会发展实际，为信

---

① 资料来源：我市获农村电网改造升级工程 2018 年首批中央预算内投资 21165 万元［EB/OL］．赣州市人民政府网，https：//www.ganzhou.gov.cn/zfxxgk/c100449g/2018－03/02/content_05bdcb778ca84 e-1d87580c9f42980158.shtml.

丰县编制《信丰县国民经济和社会发展第十三个五年规划纲要》，进一步提升了信丰县经济发展的后续动力，为信丰中小企业的发展保驾护航。

不仅如此，国家能源局还在赣南大力开展能源项目建设。40年前，赣州电网是一个薄弱的放射状网络，上犹江只有一个110千伏水力发电厂、15个110千伏变电站。自2012年《若干意见》实施以来，赣州电网已建成了最大的能源项目——500千伏输变电工程，打通了赣州与江西电网500千伏"双通道"。

2. 供电服务水平显著提高

长期以来，国家电网赣州供电公司与各工业园区和企业建立联系，并一直专注于工业企业的供电，常为此召开政电企三方研讨会。常态化开展客户经理进万家，进园区，进百家重点企业、千家规模企业活动，2016~2017年，累计降低工商产业电费达6亿元，为广大中小企业做到了实实在在的减负增收。

五、构建赣南特色文化环境是社会建设的核心内涵

文化既是核心要素也是关键要素，保护好赣南特色历史文化的"金名片"，提高城市精细化管理水平，是提升人民群众的幸福感、获得感的关键。为此，赣州市政府专门研究制定了保护赣南特色文化、特色古建筑的相关措施，主要包括以下三个方面：

（一）重视革命文物的保护与传承

在2012年国务院通过《若干意见》之后，2018年，中共中央办公厅、国务院办公厅印发《关于实施革命文物保护利用工程（2018—2022年）的意见》；中央及各省（区、市）政府高度重视革命遗址的保护工作。其中，赣南等原中央苏区革命遗址的维修工程已成为国家样板工程和示范工程；宁都县小布镇革命遗址的保护和利用与特色小镇建设相结合的方式已成为全省三种革命遗址的保护和利用模式之一，被评为中国文物保护基金会第九届薪火相传——文物活化利用十大优秀项目；国家文物局编纂出版《创新与启示——赣南等原中央苏区革命文物保护利用实践》，工作经验已在全国范围内积极推广。

2019年6月，赣州市副市长专赴延安，在"全国革命遗址保护利用论坛"上作了题为《弘扬苏区精神，传承红色基因》的主题发言，介绍了赣州经济发展的经验。2019年"于都县红军标语保护与利用"被选为全国革命文物保护利用优秀案例。同年，赣州市政府发布了《赣州市革命遗址保护条例》，规定和明确了保护范围、分类保护、保护措施、责任与义务、保护资金来源和法律责任，对赣州革命遗址保护工作意义重大。

（二）全面提升赣南围屋保护利用水平

客家人的出生地和主要定居地之一是赣南，也被称为"客家摇篮"。客家人的房屋以包围它的高墙炮楼建筑而得名，它代表着客家人民的勤奋智慧，是客家文化的重要的象征性载体。根据全国第三次不可移动文物普查数据显示，赣州市保存围屋 589 处。

2017 年 6 月，赣州市政府印发了《赣南围屋抢救性保护维修实施方案》，按照具有一定代表性、地理位置交通便利，在中国传统村落内、风景名胜区附近，属于文保单位或文物点和世界文化遗产申遗点，集中成片，先易后难，先保护后利用，维修后便于开发展示利用的原则，从 589 处围屋中甄选出 113 处围屋（大多数为县保单位和保护名录围屋）进行保护维修，为使围屋保护利用机制进一步完善，围屋保护利用水平全面提升，2019 年，赣州市政府颁布了《赣南客家围屋保护条例》，以地方法律法规为赣南围屋保护工作保驾护航。

（三）出台古祠堂保护利用方案，保护传承客家文化

祠堂是客家人崇宗敬祖的重要场所，古祠堂历史久远，具有较高的历史、艺术和科学价值，同时，有一大批古祠堂曾在中央苏区时期作为党政机关及红军驻地，是赣州市红色文化的重要载体，具有双重文物价值。赣州市委、市政府主要领导就祠堂保护工作多次作出指示批示，2019 年 4 月，赣州市政府印发《赣州市古祠堂建筑保护利用工作方案》，正式启动古祠堂保护工作。2019 年 5 月，赣州市文化广电新闻出版旅游局（以下简称赣州市文广新旅局）牵头，组织赣州市自然资源局、住房和城乡建设局等部门成立市级古祠堂普查工作小组，负责制定普查标准和组织、指导赣州市开展古祠堂普查工作。各县（市、区）成立相应的普查工作小组，具体负责本行政区域内的古祠堂普查工作。赣州市文物管理局下发了古祠堂调查表，各县（市、区）对古祠堂进行了普查工作。

第二节　赣南苏区旅游业高质量发展路径与思路

旅游业作为第三产业中较为活跃的因素之一，其发展涉及政策、文化、交通、生态等社会经济发展的方方面面，对第三产业的发展兴旺以及对整体经济发展水平的提升意义重大，是国民经济发展的催化剂。2021 年中央一号文件肯定

了旅游业在脱贫攻坚中发挥的关键作用，强调了旅游业在乡村振兴和解决"三农"问题中的突出地位，指出要让旅游业继续"发光发热"，以更大作用服务于新时代农业农村工作。2021 年，《中共中央　国务院关于新时代推动中部地区高质量发展的意见》正式发布，这是促进中部地区发展的又一纲领性文件。在文件中，多次提及赣州，强调推动赣南苏区高质量发展。在新起点上，即将开启新征程的赣南原苏区大地，应乘势而上，坚定不移推动地区旅游业高质量发展。

一、推动赣南苏区旅游业高质量发展的基础条件

（1）旅游资源丰富。赣州是国家历史文化名城、中国优秀旅游城市；境内山清水秀，人文底蕴深厚；赣江穿城而过，是"千里赣江第一城"；客家文化从这里发源。全市拥有五龙客家风情园景区、翠微峰、脐橙产业园等 AAAA 级及以上风景区 22 家，涵盖山水、文化、产业等多个方面。经过多年打造，已经形成"红色故土、客家摇篮、生态家园、江南宋城、脐橙之乡、堪舆圣地"六大旅游发展品牌。丰富的旅游资源，是苏区旅游高质量发展的强大底气。

（2）客流来源广泛。赣州位于江西省南部地区，人口众多，为赣南本地旅游业提供了部分客源。此外，赣州作为江西南大门，与广东、福建等省份交界，紧邻珠江三角洲、闽东南等发达地区。独特的地理位置，使赣州成为粤港澳大湾区的后花园。每逢国庆、端午等假期，各方游客纷至沓来，络绎不绝。近年来，赣州游客数量不断增加。广泛的客流，是苏区旅游高质量发展的不竭动力。

（3）政策扶持稳健。"十三五"时期，江西省陆续颁布《关于进一步加快发展乡村旅游的意见》《关于全面推进全域旅游发展的意见》《江西省旅游景区优质旅游先锋行动三年计划（2018—2020 年）》《江西省旅游产业高质量发展三年行动计划（2019—2021 年）》《关于进一步激发文化和旅游消费潜力的实施意见》等促进旅游发展的一系列重要文件，基本形成了旅游强省建设的政策体系。在赣州和江西的"十四五"规划和 2035 年远景发展目标中，也明确提到大力发展旅游业，打造中国一流、世界知名旅游目的地。这是苏区旅游业高质量发展的稳定器。

（4）产业基础扎实。经过一段时间的发展，赣州旅游配套设施已较为完善，智慧景区建设初见成效，智慧旅游监管平台功能不断完善，江西省 182 家 AAAA 级及以上景区的闸机系统、视频监控已接入平台。江西省制定出台《智慧景区建设指南（地方标准）》，全省智慧旅游景区建设加速推进。实现了江西省 AAAA 级及以上旅游景区高速公路旅游交通标识全覆盖，完成了全部交通节点旅游信息服务中心建设。赣州落实"旅游厕所革命先锋行动",兴建和改造一大批旅游景区厕所,提升了游客的满意度。赣州拥有包括南康大酒店、锦江国际酒店、沃尔顿国际酒店在内的多家星级酒店,能够为游客提供舒适、贴心的餐饮和住宿服务。赣州交通便利,市内交通基础设施完备,可满足游客出行需求。牢固的产业基础,是苏区旅游业高质量发展的基石。

(5)发展前景广阔。近年来,我国旅游业呈现出多样化发展趋势,出现许多新业态、新模式。旅游业群体不断扩大,旅游业发展成果正惠及更多人民。现代化信息、交通网络的日益发达,为旅游业发展提供了强大的支撑。旅游业法律法规适时修订和不断完善有力地规范了市场秩序,保护了各方权益,调动了各方的积极性。江西旅游业收入稳步提高,占 GDP 的比重连续上升,旅游业收入增速快于 GDP 增速,各项指标位居全国第一方阵。赣深高铁即将开通运营,兴泉铁路、长赣高铁、瑞梅铁路正在如火如荼建设中。《江西省旅游者权益保护条例》的制定实施,有力地提升了江西省特别是赣南地区的旅游业治理体系和治理能力。在加快形成以国内大循环为主体、国内国际双循环相互促进的新发展格局的过程中,苏区旅游业高质量发展大有可为。

二、推动赣南苏区旅游业高质量发展的战略思路

(1)提出战略构想。国家高质量旅游区是旅游业发展的"金字招牌",是贯彻新发展理念、谋划新发展道路、完善新发展体系、构建新发展格局的重要抓手,其核心是将优质旅游资源与知名旅游企业相结合,打造高端旅游产品。这有助于提升苏区旅游业层次水平,调整旅游业发展思路,突破旅游业发展瓶颈,创新旅游业发展架构,开拓旅游业发展领域。盘活现有旅游资源,挖掘潜在资源,做到可持续发展。更能解决好人民日益增长的旅游需要同不平衡、不充分的旅游业发展之间的矛盾,也对苏区政治、经济、文化、社会、生态等领域具有促进作用。为此,赣州要基于自身旅游业发展优势,争取国家大力支持,加快建设赣州国家高质量旅游业发展示范区,着力推动江西旅游业朝着高起点、高质量方向稳步迈进,更早收获发展成果。

(2)找准战略定位。赣州国家高质量旅游发展示范区是顺应旅游业发展新形势,对接旅游业发展新目标,接轨旅游业发展新思路,解决旅游业发展新问题,推动江西以及全国旅游业高质量发展的重要载体和关键部分;赣州国家高质量旅游发展示范区是依托区域优秀旅游资源,以旅游文创企业为平台,国家宏观政策为导向,围绕结构创新、提质增效两大主题的未来旅游业发展新增长极;赣州国家高质量旅游发展示范区是借助国家支持，整合省内外优势资源，吸引国内优秀旅游企业和相关知识人才落地生根，形成产研一体、人才集聚、机制完善、运作灵活的旅游发展协同融合基地。

（3）把握战略契机。江西省积极打好"组合拳"，通过引导居民健康出游，推行周末弹性作息，实行景区门票优惠，开展系列推广活动，鼓励发行消费卡（券），引导消费跨界融合等措施，旅游产业全面升温、创新发展。与此同时，全省各级文旅部门尽最大努力为文旅企业纾困解难，推动减税降费政策落实到位，积极协调金融机构提供融资帮扶，让文旅企业得到了切实帮助，获得应对挑战、抓住机遇的力量，加快了复苏的步伐。文旅部门还积极搭建平台，通过跨界合作、产业融合、帮扶牵线等，帮助文旅企业共克时艰、化危为机。这些举措，有效凝聚起了文旅行业发展的合力，要把握好这个契机，推动"十四五"赣州旅游开好局、起好步。

三、推动赣南苏区旅游业高质量发展的对策

（一）保护生态环境，打造美丽中国赣南苏区生态样板

（1）坚持思想先行，提高对生态环境保护的重视程度。生态环境作为赣南苏区优势资源之一，集林、山、河、湖等于一体，具有独特性、多样性、高品质等特点。赣州要坚持保护自然和生态环境，保护好绿水青山，走绿色发展道路。

（2）加快完善相关制度措施，有效保护生态。建立省、市、县、乡、村五级生态保护与治理体系，做到资源利用最大化。继续推行林长、湖长、河长等制度，压实生态保护主体责任。布局和订立巡视与纠错制度，做到生态治理无死角、党员干部不松懈，扎实做好生态保护各项工作，使其经得起历史、人民和实践的检验。

（3）分类分域分时，争当生态文明试验区建设排头兵。加大生态监管力度。对有可能危害环境、破坏生态的领域重点监督，对工业企业、施工工地进行不定期抽查，严控质量关，一旦发现污染行为，立即责令停业整改，积极推动高污染企业转型升级。加大生态环境基础设施建设力度。推进城镇污水管网改造，新建生活污水处理厂和垃圾无害化处理场站，安装污染物监测设备，对全域生态进行动态实时监测，做到污水排放达标、排放有序，废旧资源循环利用。加大生态修复力度。推广废弃稀土矿山治理"三同治"模式、崩岗水土流失治理"赣南模式"、小流域治理"生态清洁模式"、生态综合执法、多层次流域生态补偿等南方丘陵山地山水林田湖草综合治理经验。对全市矿山、湿地、流域进行排查，做

到发现及时、措施得当、修复有效。发挥科技优势。运用地理信息技术、大数据技术等前沿科技，依托现有的"智慧河长""环保管家""生态云"等应用平台，将各站点信息联网共享，得出科学结论，辅助生态环境保护决策。

（二）将旅游业与文化产业相结合，打造文旅高质量发展示范地

（1）加大优秀文化保护力度。赣州是红色文化的起源地、客家文化的发源地、宋明理学的发祥地，文化遗址和文物古迹众多。赣南苏区为亚热带季风气候，山区面积大，降水季节变化较大，易旱易涝，地质灾害风险大，不利于文物等的保存和保护。加之人类活动的频繁、现代文化的冲击，一些优秀文化、珍贵文物、良好民俗很容易遭受不可逆的破坏。要建立古建筑修缮和文物保护机制，招揽优秀古建筑和文物修复人才，成立专门研究中心，组建专家团队，根据文物保护的不利因素，进行有针对性的保护工作。设置古建筑监测点，通过数据分析，预判所受风险。加强灾害预警，尽可能地减小文物损失。开展民俗保护活动，特别是非物质文化遗产的继承和发扬，培养专门人才，传承老字号、老手艺。加大宣传保护力度，提高当地老百姓和游客的保护意识。完善文物保护条例，加大文物巡查保护和破坏处罚力度，杜绝破坏和偷盗文物等现象的发生。

（2）开发特色文旅产品。苏区要从自身实际出发，通过把握革命文化、客家文化、山水文化、产业文化来开发文旅产品。可以通过出版书籍、图册，摄制纪录片的方式介绍赣南文化。可以开发旅游纪念品，如明信片、印章等，展示苏区自然风光和人文风情。也可以举办文化旅游节，推出反映当地民风民俗、历史故事的文艺演出，对标"寻梦滕王阁""印象西湖"。建设融创主题乐园和历史文化街区，乃至影视基地，拍摄电视剧和电影，突出文化风格和地方特色，让游客切身实地感受苏区文化魅力。

（3）利用互联网和新媒体技术，借助快手、抖音等短视频直播平台，深入一线景区，展现实景，为游客呈现独特、真实的视觉盛宴，以线上方式提高线下旅游吸引力。可以与南昌的 VR 产业龙头企业合作，推出适合赣州苏区的旅游 VR 产品，在旅游景区设立虚拟现实体验中心，提升游客的游玩体验。

（三）将旅游业与农业相结合，打造休闲观光示范带，助力乡村振兴

（1）完善农业基础设施，建设现代智慧农业。对田埂、沟渠进行疏通和整修，让其连点成线、连线成网、通达四方。进行塘坝和水库整修，提高其调水蓄水能力，保证农业用水安全可靠。推广和普及喷灌、滴灌技术，发展节水农业。扩大农业机械化率，提高劳作效率。运用互联网、物联网技术，建设现代化温室

大棚，控制农作物精准生长。同时，利用无人机、数据模型等技术手段，实现农作物长势监测，及时消灭病虫害，增施有机肥，促使其健康生长。

（2）提高农民整体素质，培养新型职业农民。农民是"旅游+农业"发展模式中的建设者、奋斗者，是核心力量和关键驱动因素。提高农民整体素质，是农业观光旅游的大势所趋、发展所需、重要前提。改变一些农民存在的旧思想和保守观念，向农民宣传政策红利，引导他们顺应农业发展方向，积极提高自身能力，融入农业旅游发展大潮。提供优惠政策，吸引农民后代回乡创业和就业，争做农业与旅游新发展的开拓者和中流砥柱，扎根新型农业发展热土，当好新时代新型职业农民。

（3）改善农村人居环境，发展采摘、民宿等产业。坚持推进农村厕所革命和污水改造工程，做好房前屋后绿化工作，防治水土污染和水土流失，完善道路、通信、供水、供电等基础设施，建设美好新农村。结合地域自然、文化和生产生活特点，利用闲置民居，发展民宿和农家乐。扩大农业种植种类，发展多种经营，因地制宜，培育优良品种果树（以脐橙、柑橘为主）、茶树，以原生态、纯天然、绿色、无污染等优厚条件，推出体验活动，吸引游客进行栽培、管养、采摘、品尝等活动，让游客亲身感受种养、收获的乐趣。

（四）将旅游业与制造业、服务业相结合，推动旅游做强做优做大

（1）加强旅游制造品牌建设。旅游制造业着力打造富有竞争力的有形的旅游消费品，旅游服务业则是以细致周到的无形的旅游消费品为主。就赣州苏区的实际情况来说，制造业可以发展野营、登山、攀岩等户外运动装备，游艇、赛艇、潜水服等水上、水下装备，旅行包、行李箱、行李车等旅游用品，床单、窗帘、浴霸等酒店服务用品，摆渡车、旅游巴士、观光车等旅游交通设备。

（2）从吃、住、行、游、购、娱、商、养、学、闲等方面发展餐饮、住宿、交通、游乐、购物、商会、康养、研学、休闲等旅游服务业。完善相关服务规范，提高服务接待能力。打造单位集体学习、学校研学旅行、企业商务洽谈、医疗恢复康养、家庭假期休闲等不同类型的定制旅游项目、路线和服务。在特产上，打造像"三只松鼠""良品铺子"一类的知名食品品牌。建设一定规模的游客集散中心，并与购物中心、研学基地、接待中心、客运中心相配套。

（3）寻求旅游制造、服务省内外合作。南昌VR产业发展优势明显，可以合作打造VR小镇；湖南旅游装备制造业发展较早，可以共建装备制造小镇；浙江义乌小商品交易闻名世界，可以合作建设旅游商品设计、研发中心。

第三节　赣南苏区社会建设与居民幸福感提升的调查

《若干意见》发布实施以来，在党中央、国务院和各部委的大力支持，以及江西省委、省政府的大力推动下，赣州市抢抓机遇，主动对接，争取《若干意见》各项扶持政策取得较好落实，加速政策优势转换为发展优势，为确保复苏和发展提供强大的政策动力。针对原中央苏区特别是赣南老区经济社会发展中遇到的特别情况，《若干意见》在西部大开发政策等方面给予了特殊的政策支持。本次调查将以赣州市为例，反映《若干意见》出台后这些年对人民生活的影响和改变。

赣州市在落实《若干意见》过程中，细化成 29 项具体工作任务。从各项工作任务的实施情况和成效看，绝大部分扶持政策实施得非常有效或比较有效，对赣南苏区振兴发展产生了重大影响。对该项政策一直保持高度关注，而且充分发挥政策合力是江西省实现发展的重要保障。国内政治环境的复杂性很容易使不同地区的政策标准和措施产生差距和不平衡，并且很难实现任何一项单一政策所设定的目标。因此，政府的政策决定必须考虑不同的政策目标，为了进一步协调发展政策和措施，必须加强多种类型政策和措施的结合使用。所以，当前迫切需要对现有政策进行系统分析，发现政策矛盾，以针对性地帮扶赣南苏区，从而促进江西发展，充分发挥政策合力。基于此，本节将通过调查《若干意见》对人民生活产生的最直观影响，对收集的各类数据进行专业分析。赣州市近几年的发展引人注目，本书希望对《若干意见》所覆盖的人民生活进行一个深入调查，更好地了解《若干意见》对人们的生活有什么影响，这种影响在人们心中到底引起什么样的感受。

在 2021 年完成《若干意见》建设的关键时期以及政策调整的契机下，对《若干意见》相关支撑政策进行协调性分析很有必要，能够更好地发挥政策合力，加快推进《若干意见》建设。提高赣南苏区居民幸福感，是帮助老革命地区如期赢得脱贫攻坚战胜利的坚实后盾，继续改善基本公共服务，充分发挥促进优质发展的独特优势，努力为新时代的复兴和发展开辟新的道路，把革命老区建设得更好，让革命老区人民过上更好的生活，逐步实现共同富裕的重要保障。

一、赣南苏区居民幸福感调查方案的设计

（一）调查对象与范围

本次调查以赣州市各年龄段的市民为研究对象，调查主体为赣州市居民，调查范围为赣州市区。通过线上问卷调查与线下实地发放问卷相结合的方式来获取数据。

（二）样本量的确定

根据概率论中的大数定律，在调查样本量非常大的情况下，最小样本量不一定与调查样本总数有关，但是大多数错误和最大允许置信度会受到影响。在抽样调查中，抽样误差会对调查结果产生一定影响。一般在其他条件不变的情况下，样本量越大，抽样误差越小。因此，可以通过改变样本量的方式减少误差，使其控制在一个合理的范围内，确保调查结果的准确性和有效性。

在不重复抽样的情况下，样本容量的计算公式为：

$$n = \frac{(Z_{\alpha/2})^2 \sigma^2}{E^2} \qquad (4-1)$$

其中，n 表示样本容量，Z 表示置信区间，σ 表示总体标准差，E 表示最大允许误差。

在 $1-\alpha$ 为 95% 的置信水平下，取最大允许误差 $E = 0.1$。前一次调查共发放 100 份问卷，回收有效问卷 95 份，实际回收率为 95%。根据规模公式计算得出的样本方差为 1.439。调整前样本设为 553 份，考虑到样本调查中的无效问卷，上述样本量将在正式调查中进行调整。

调整公式为：

调整后样本量=调整前样本量/有效问卷率

根据调整，最后确定调整后的样本容量为 583 份，考虑不确定因素后，一共发放问卷 590 份，预计回收 553 份，实际回收有效问卷 555 份。

（三）样本量分配

本次调查以赣南等原中央苏区的赣州为主要调查地区，为了保证获取的数据质量及有效性和合理性，选择在赣州几个人流较大的场所发放问卷，样本量分配如表 4-1 所示。

表 4-1 样本量分配

场所	发放问卷数	总体层权（%）
赣州火车站	130	22.03
赣州西站	130	22.03
赣州汽车站	130	22.03
国光超市	100	16.95
九方购物中心	100	16.95
合计	590	100.00

二、赣南苏区居民幸福感调查方法

（一）预备访谈

为了保证访谈得到的内容真实有效且不涉及居民个人隐私，可以顺利通过访谈和访谈内容达到与本次调查的契合，在正式开始访谈之前，要先做好准备工作进行预访谈，发现访谈中存在的问题。在此基础上，对访谈问题、方式及内容进行修改和完善。

（二）问卷预调查

设计好问卷后，为了保证问卷的合理性和有效性，发现问卷存在的问题，在正式开始调查之前先进行预调查，通过在线上发放问卷的方式进行了两轮预调查，被调查者均为赣州市民。第一次共回收了 53 份问卷，通过填写的问卷及调查者的反馈，发现存在不合理的题设，有些问题选项概念模糊不清，很难做出抉择，同时，回收数据的信度和效度不高，因此，基于上述问题对问卷进行了修改和完善。

对修改后的问卷进行了第二次预调查，并最终回收了问卷 100 份，得到有效问卷 95 份，以此计算出无效问卷比例为 5%。发现修改部分比较合理，受访者反馈较好，提高了问卷综合的效度和信度。

（三）问卷调查法

经过两次预调查后获得了较为合理的问卷，按照预调查的回收比例确定了需要发放的问卷数量，除此之外，在发放问卷的同时为他们解答疑惑，从而提高问卷的调查效果。

本次问卷调查的内容主要包括两个部分：一是调查受访者的个人基础信息；

二是调查受访者现在的生活条件、生活状态和幸福感。从这些主观数据反映的《若干意见》的实施效果，为下一步对口政策提供相关建议。其中，受访者个人基础信息通过性别、年龄、文化程度、职业和家庭年总收入来阐述；为了主观反映《若干意见》的实施效果及更好地提供相关建议，通过衣食住行方面的要求、文化娱乐方式、红色文化和苏区精神了解程度、食物消费支出占比、2012～2020年家庭年总收入水平提升幅度、基础设施建设满意度、民生建设满意度、生态环境建设满意度、文化建设满意度、相关政策了解程度与现在幸福感程度进行分析阐述。

三、调查数据处理与检验

（一）数据收集

线下现场发放问卷可以通过扫码填写和纸质问卷填写。对于纸质问卷，需要监测数据收集和问卷回收工作，掌握每天完成的问卷数量，并将所有纸质调查问卷进行编号。

（二）数据检查

数据检查分为纸质问卷检查和在线问卷检查。对于许多选项未填写的问卷，将被删除。为了保证问卷的有效性和查询数据的正确性，应检查数据是否正确、由记录错误导致的异常值以及填充结果是否包含大量未干扰项目引起的异常值。

（三）数据录入

由于此次调查有一部分问卷是纸质问卷，所以事前采用编码的方法，通过Excel 录入数据，并与问卷星导出数据结合在一起。

（四）异常数据处理

填写后，若发现某些数据超出范围，具有极高的值并且在逻辑上不一致，则需要使用 SPSS 软件进行离群值处理。具体方法如下：一是打开 SPSS→导入数据→选择分析→选择描述性统计→选择测量选项以查找离群值并消除作为遗漏值的离群值；二是选择分析→选择描述性统计→交叉表选择清理互斥选项；三是选择数据→选择重复案例识别方法以插入案例。缺失值不多时，可以用该项平均数或众数取代，过多时会对分析造成影响，需要剔除整个样本。

四、居民幸福感问卷调查的效度和信度分析

（一）问卷信度分析

信度检验是指问卷的可靠性测试。可靠性分析的功能是测试测量工具的可靠

性、一致性或稳定性。通常将其视为真实分数的方差与所测分数的方差之比，用于反映测量过程中由随机误差引起的变异程度，为了保证真实性，在此次问卷信度测试中采用内在一致性系数——克隆巴赫 Alpha 系数进行检验。

以下是对本次问卷信度分析的说明：

使用 SPSS 软件对收集的 555 份问卷数据进行可靠性分析，结果如表 4-2 所示。

表 4-2　问卷克隆巴赫 Alpha 系数

克隆巴赫 Alpha 系数	项数
0.937	51

信度检验的功能是测试结果的一致性或稳定性，信度大小的度量标准是信度系数。信度系数越大，则可靠性越高。信度系数高于 0.8 为信度较高，0.7~0.8 是可接受的范围。从表 4-2 中可以看出，克隆巴赫 Alpha 系数为 0.937，大于 0.8，因此，该调查表具有很高的可靠性，可以真正反映所讨论问题的实际情况。

（二）问卷效度分析

效度（Validity）即有效性，有效性与使用的测量设备或测量方法的准确性有关。测量结果反映了所要检查内容的水平。测量结果与要检查的内容越一致，其准确性就越高；否则，准确性就越低。本调查使用 KMO 检验和 Bartlett 球形检验来分析问卷的有效性，如表 4-3 所示。

表 4-3　KMO 检验和 Bartlett 球形检验系数

KMO 取样适切性量数		0.943
Bartlett 球形检验	近似卡方	13979.401
	自由度	1275
	显著性	0.000

通过 SPSS 软件进行 KMO 检验和 Bartlett 检验，得出问卷的 KMO 值为 0.943，且 Bartlett 球形检验显著性为 0.000，小于给定的显著性水平 0.05，由此可以说明，该问卷调查的数据有效性较高，能够准确反映评价目的和要求。

五、调查数据分析

（一）数据来源

本次调查以赣州市民为调查对象，调查地点没在赣州火车站、赣州西站、赣州汽车站、国光超市和九方购物中心。采取当面发放问卷和线上发放问卷方式，共收集 555 份数据。

（二）受访者个人基础信息

设计的调查问卷的第一部分为受访者的基本信息，共设置了 5 个问题，分别为性别、年龄、受教育程度、职业和家庭年总收入。分析结果有以下五个方面：

（1）性别构成：性别构成基本符合总体的性别分布。受访者中女性有 256 人，约占 46.13%，男性有 299 人，约占 53.87%。根据《江西统计年鉴 2020》，赣州市常住人口中，男性为 4439275 人，占总人口的 50.98%；女性为 4268748 人，占总人口的 49.02%。此次调查基本符合赣州市人口性别比例特征，样本性别构成与总体的性别分布基本相符。

（2）年龄构成：中青年群体在受访者中占比最多，接近六成。受访者中 17 岁及以下的有 45 人，约占 8.11%；18~44 岁的有 309 人，约占 55.68%；45~59 岁的有 164 人，约占 29.55%；60 岁及以上的有 37 人，约占 6.67%。根据《赣州统计年鉴 2019》，赣州市常住人口中，0~17 岁的人口为 2624410 人，占总人口的 27.49%；18~59 岁的人口为 5763933 人，占总人口的 64.91%。本次调查基本符合赣州市人口年龄分布特征，青年人和中年人占受访者的比例最大。

（3）受教育程度分布：大专及以上学历在受访者中占比接近七成。受访者中文化程度初中及以下的有 48 人，约占 8.65%；高中或中专的有 130 人，约占 23.42%；大专的有 111 人，约占 20.00%；本科的有 231 人，约占 41.62%；研究生及以上的有 35 人，约占 6.31%。本次调查受访者中，接近七成受访者拥有大专及以上学历，说明本次调查的受访者学历水平较高，得到的问卷数据更加准确有效，为后续的分析打下了基础。

（4）职业分布：受访者职业分布较为均匀。受访者为学生的有 166 人，约占 29.91%；公务员或事业单位人员有 103 人，约占 18.56%；公司职员或白领有 117 人，约占 21.08%；工人或农民有 92 人，约占 16.58%；其他自由职业有 56 人，约占 10.09%；退休人员有 21 人，约占 3.78%。本次调查职业分布较为均匀，避免了职业太过集中导致分析出现偏差。

（5）家庭年总收入分布：近八成家庭年总收入在 3 万~30 万元。受访者家庭年总收入为 3 万元以下的有 80 人，约占 14.41%；3 万~8 万元（含 8 万元）的有 237 人，约占 42.70%；8 万~30 万元（含 30 万元）的有 195 人，约占 35.14%；30 万元以上的有 43 人，约占 7.75%。接近 80% 家庭年总收入在 3 万~30 万元，因此，可以提高个人所得税起征点和增加就业创业机会，让赣州居民家庭年总收入增加，从而增加消费，让居民生活更加幸福，进而带动赣州各个产业进一步发展，响应习近平总书记的扩大内需，进一步扩大赣南苏区振兴的成果。

（三）生活现状分析

（1）受访者对着装要求分析。受访者对着装要求只考虑实用性的有 93 人，约占 16.76%；综合考虑实用性和时尚性的有 293 人，约占 52.79%；追求时尚与高端品牌的有 132 人，约占 23.78%；经济条件达不到选择服饰水平的有 37 人，约占 6.67%。超五成受访者会综合考虑实用性和时尚性，超七成受访者会考虑着装的时尚性，说明近几年来居民生活品质不断上升。

（2）受访者家庭年总收入与着装要求的交叉分析。由表 4-4 可知，受访者家庭年总收入 3 万元以下的着装要求主要为只考虑实用性与综合考虑实用性和时尚性，家庭年总收入 3 万~30 万元（含 30 万元）的着装要求主要为综合考虑实用性和时尚性以及追求时尚与高端品牌，家庭年总收入 30 万元以上的着装要求主要为追求时尚与高端品牌。由此可以发现，家庭年总收入越高的受访者越追求时尚和品牌，说明居民收入提高后，生活品质也得到了提升，政策实施效果明显，但还需加大政策力度，加强民生建设，提高居民收入，提升居民消费水平，进而带动赣州服装服务业的发展。

表 4-4　不同家庭年总收入受访者的着装要求

家庭年总收入		只考虑实用性	综合考虑实用性和时尚性	追求时尚与高端品牌	经济条件达不到选择服饰水平	合计
3 万元以下	频次	28	39	3	10	80
	频率（%）	35.00	48.75	3.75	12.50	100.00
3 万~8 万元（含 8 万元）	频次	41	140	49	7	237
	频率（%）	17.30	59.07	20.68	2.95	100.00
8 万~30 万元（含 30 万元）	频次	19	106	59	11	195
	频率（%）	9.74	54.36	30.26	5.64	100.00

续表

家庭年总收入		只考虑实用性	综合考虑实用性和时尚性	追求时尚与高端品牌	经济条件达不到选择服饰水平	合计
30万元以上	频次	5	8	21	9	43
	频率（%）	11.63	18.60	48.84	20.93	100.00
合计	频次	93	293	132	37	555

（3）受访者对饮食方面要求分析。受访者对饮食方面要求是以解决温饱为主的有93人，约占16.76%；朴素但会注重营养搭配的有261人，约占47.03%；追求饮食丰富的有153人，约占27.57%；经常在外吃随机性强的有48人，约占8.65%。近两成受访者饮食方面要求为以解决温饱为主，超八成受访者会追求营养和饮食丰富。

（4）受访者家庭年总收入与饮食方面要求的交叉分析。由表4-5可知，受访者家庭年总收入3万元以下的饮食方面的要求主要为以解决温饱为主和朴素但会注重营养搭配，家庭年总收入3万～30万元（含30万元）的饮食方面的要求主要为朴素但会注重营养搭配和追求饮食丰富，家庭年总收入30万元以上的饮食方面的要求主要为朴素但会注重营养搭配和追求饮食丰富。由此可以发现，家庭年总收入越高的受访者越追求营养和饮食丰富，说明居民的健康观念有所提升，不再是有钱就是大鱼大肉，也会注意营养搭配，较少的人会选择经常在外吃。

表4-5　不同家庭年总收入受访者的饮食方面要求

家庭年总收入		以解决温饱为主	朴素但会注重营养搭配	追求饮食丰富	经常在外吃随机性强	合计
3万元以下	频次	32	29	12	7	80
	频率（%）	40.00	36.25	15.00	8.75	100.00
3万～8万元（含8万元）	频次	41	137	45	14	237
	频率（%）	17.30	57.81	18.99	5.91	100.00
8万～30万元（含30万元）	频次	16	88	70	21	195
	频率（%）	8.21	45.13	35.90	10.77	100.00
30万元以上	频次	4	7	26	6	43
	频率（%）	9.30	16.28	60.47	13.95	100.00
合计	频次	93	261	153	48	555

（5）受访者现在住房情况分析。受访者现在住房情况为一般平房的有 133 人，约占 23.96%；新自建住宅的有 217 人，约占 39.10%；商品房的有 175 人，约占 31.53%；别墅的有 30 人，约占 5.41%。超九成受访者现在住房为一般性住房。

（6）受访者家庭年总收入与现在住房情况的交叉分析。表 4-6 中受访者家庭年总收入 3 万元以下的现在住房情况主要为一般平房和新自建住宅，家庭年总收入 3 万~30 万元（含 30 万元）的现在住房情况主要为新自建住宅和商品房，家庭年总收入 30 万元以上的现在住房情况主要为商品房和别墅。由此可以发现，家庭年总收入越高的受访者住房越好，受访者住房问题基本得到解决，从以前的危旧土坯房到现在的一般保障性住房，可见《若干意见》在住房保障方面的实施效果较好，说明赣州市政府这方面政策落实情况较好，同时在这方面也花费了较多精力和财力。

表 4-6 不同家庭年总收入受访者的现在住房情况

家庭年总收入		一般平房	新自建住宅	商品房	别墅	合计
3 万元以下	频次	46	21	11	2	80
	频率（%）	57.50	26.25	13.75	2.50	100.00
3 万~8 万元（含 8 万元）	频次	55	113	65	4	237
	频率（%）	23.21	47.68	27.43	1.69	100.00
8 万~30 万元（含 30 万元）	频次	29	74	82	10	195
	频率（%）	14.87	37.95	42.05	5.13	100.00
30 万元以上	频次	3	9	17	14	43
	频率（%）	6.98	20.93	39.53	13.95	100.00
合计	频次	133	217	175	30	555

（7）受访者主要出行方式分析。受访者主要出行方式为步行的有 197 人，自行车的有 247 人，电动车或摩托的有 310 人，公交车或地铁的有 227 人，私家车的有 146 人。受访者最多的出行方式是电动车或摩托，最少的出行方式是私家车。

（8）受访者不同职业与主要出行方式的交叉分析。表 4-7 中受访者为学生的主要出行方式为步行、自行车、电动车或摩托和公交车或地铁；公务员或事业单位人员的主要出行方式是自行车和电动车或摩托；公司职员或白领的主要出行方式是自行车、电动车或摩托和公交车或地铁；工人或农民的主要出行方式是自行车、电动车或摩托；其他自由职业者的主要出行方式为自行车、电动车或摩托和公交车或地铁；退休人员的主要出行方式是步行和公交车或地铁。由此发现，大部分受访者都会选用较为方便的电动车或摩托作为出行方式，但是，要实现碳达峰和碳中和的长期目标，摩托车的出行可能会受到限制，政府需要加大基础设施建设，同时要增加公交车和地铁线路，保障居民的正常出行和工作。

表4-7 不同职业与主要出行方式的交叉分析

职业		步行	自行车	电动车或摩托	公交车或地铁	私家车	合计
学生	频次	91	62	98	77	34	362
	频率（%）	25.14	17.13	27.07	21.27	9.39	100.00
公务员或事业单位人员	频次	28	44	53	35	29	189
	频率（%）	14.81	23.28	28.04	18.52	15.34	100.00
公司职员或白领	频次	30	60	73	54	32	249
	频率（%）	12.05	24.10	29.32	21.69	12.85	100.00
工人或农民	频次	27	53	54	31	23	188
	频率（%）	14.36	28.19	28.72	16.49	12.23	100.00
其他自由职业者	频次	12	21	28	21	18	100
	频率（%）	12.00	21.00	28.00	21.00	18.00	100.00
退休人员	频次	9	7	4	9	10	39
	频率（%）	23.08	17.95	10.26	23.08	25.64	100.00
合计	频次	197	247	310	227	146	1127

（9）受访者主要娱乐方式分析。受访者主要娱乐方式为上网的有273人，看电视电影的有359人，听音乐的有287人，旅行的有221人，玩游戏的有244人，其他的有122人。受访者最喜欢的娱乐方式是看电视电影，大部分受访者都喜欢虚拟和居家的娱乐方式，在当地推行相关行业发展有较大的受众人群，但是长期保持这样的娱乐方式不利于身心健康，赣州当地应该加强健康观念宣传，加大红色旅游宣传并给予本地居民一些优惠，带动本地旅游产业进一步发展。

（四）受访者对《若干意见》和苏区精神的了解程度分析

（1）受访者对《若干意见》了解程度分析。受访者对《若干意见》了解程度为"完全不了解"的有 65 人，约占 11.71%；"不太了解"的有 167 人，约占 30.09%；"一般"的有 151 人，约占 27.21%；"比较了解"的有 144 人，约占 25.95%；"非常了解"的有 28 人，约占 5.05%。超六成受访者对《若干意见》的了解程度在一般及之下，只有三成受访者了解《若干意见》，说明大部分受访者并不关心政策，及对政策的宣传不够，可能导致居民错过政策带来的发展机遇。

（2）不同职业受访者对《若干意见》了解程度的交叉分析。根据表 4-8，受访者中学生对《若干意见》的了解程度主要为一般和不太了解，公务员或事业单位人员、公司职员或白领、工人或农民和其他自由职业者对《若干意见》的了解程度主要为一般和比较了解，退休人员对《若干意见》的了解程度主要为比较了解。可以发现，有一定社会经验的受访者对《若干意见》的了解程度更高，但非常了解的人数还是较少，虽然《若干意见》规划的都是一些大方向，但也应该去了解，可以找到一些不错的机遇或风口，在就业创业中能够更好地掌握发展方向。政府也应加大宣传力度，让广大居民了解《若干意见》，由民众来监督政策实施效果。

表 4-8　不同职业受访者对《若干意见》了解程度

职业		完全不了解	不太了解	一般	比较了解	非常了解	合计
学生	频次	35	65	49	11	6	166
	频率（%）	21.08	39.16	29.52	6.63	3.61	100.00
公务员或事业单位人员	频次	10	29	29	27	8	103
	频率（%）	9.71	28.16	28.16	26.21	7.77	100.00
公司职员或白领	频次	6	35	30	41	5	117
	频率（%）	5.13	29.91	25.64	35.04	4.27	100.00
工人或农民	频次	7	24	22	34	5	92
	频率（%）	7.61	26.09	23.91	36.96	5.43	100.00
其他自由职业者	频次	7	9	17	22	1	56
	频率（%）	12.50	16.07	30.36	39.29	1.79	100.00
退休人员	频次	0	5	4	9	3	21
	频率（%）	0.00	23.81	19.05	42.86	14.29	100.00
合计	频次	65	167	151	144	28	555

（3）受访者对红色文化和苏区精神了解程度分析。受访者对红色文化和苏

区精神了解程度为"完全不了解"的有 53 人，约占 9.55%；"不太了解"的有 136 人，约占 24.50%；"一般"的有 186 人，约占 33.51%；"比较了解"的有 140 人，约占 25.23%；"非常了解"的有 40 人，约占 7.21%。近六成受访者对红色文化和苏区精神的了解程度在一般及以下，只有三成受访者了解，作为赣南等原中央苏区的居民更应该去了解红色文化和苏区精神，发扬红色文化和苏区精神，缅怀历史和革命先烈，政府要加强红色文化和苏区精神的宣传与教育。

（4）不同职业受访者对红色文化和苏区精神了解程度交叉分析。由表 4-9 可以看出，受访者中学生和工人或农民对红色文化和苏区精神的了解程度主要为一般和不太了解，公务员或事业单位人员、公司职员或白领、退休人员和其他自由职业者对红色文化和苏区精神的了解程度主要为一般和比较了解。可以发现，大部分受访者对红色文化和苏区精神的了解程度是不足的，学校要加大宣传力度，定期举行相关主题班会，组织观看相关题材电影，举行相关演讲比赛，政府要深度开发利用红色文化和苏区精神、革命先烈遗址故居，既能带动旅游产业的发展，又能让更多居民更深层次了解红色文化和苏区精神，为以后工作学习指明精神方向。

表 4-9　不同职业受访者对红色文化和苏区精神了解程度

职业		完全不了解	不太了解	一般	比较了解	非常了解	合计
学生	频次	26	45	61	28	6	166
	频率（%）	15.66	27.11	36.75	16.87	3.61	100.00
公务员或事业单位人员	频次	3	29	31	33	7	103
	频率（%）	2.91	28.16	30.10	32.04	6.80	100.00
公司职员或白领	频次	10	19	44	34	10	117
	频率（%）	8.55	16.24	37.61	29.06	8.55	100.00
工人或农民	频次	8	29	26	23	6	92
	频率（%）	8.70	31.52	28.26	25.00	6.52	100.00
其他自由职业者	频次	5	8	19	16	8	56
	频率（%）	8.93	14.29	33.93	28.57	14.29	100.00
退休人员	频次	1	6	5	6	3	21
	频率（%）	4.76	28.57	23.81	28.57	14.29	100.00
合计	频次	53	136	186	140	40	555

（五）受访者消费支出分析

（1）分析受访者的食品支出在总消费支出中的比例。有 60 名受访者的食品支出不到总消费支出的 30%，约占 10.81%；30%~40%（含 40%）的有 167 人，约占 30.09%；40%~50%（含 50%）的有 189 人，约占 34.05%；50%~59%（含 59%）的有 82 人，约占 14.77%；59% 以上的有 57 人，约占 10.27%。根据恩格尔系数可知，超七成受访者生活水平为小康及以上，有一成受访者处于贫困的生活水平，但本次调查受访者中有三成为学生，所以总体来看受访者生活水平基本达到小康。

（2）基于 Kruskal-Wallis 检验的食品支出在总消费支出中所占比例的差异分析。在日常生活中，对于大部分人来说收入的多少会决定消费，尤其是在食品支出占总消费支出的比例中起着重要作用，因此，检验并分析家庭年总收入与食品支出占总消费支出的比例之间的差异至关重要。

由于方差分析要求数据总体服从正态分布，并且每个总体的方差必须相同，但实际数据并不一定满足此条件。Kruskal-Wallis 是一项非参数检验，且对分布形态无要求，因而采用 Kruskal-Wallis 检验更合适。

为了分析不同家庭年总收入对食物支出占总消费支出比例的影响是否存在差异，采用多个独立样本的非参数检验方法进行检验（见表 4-10），检验过程如下：

原假设（H0）：不同家庭年总收入对食物支出占总消费支出比例的影响不存在差异。

备择假设（H1）：不同家庭年总收入对食物支出占总消费支出比例的影响存在差异。

从表 4-10 中可以看出，该检验在 $\alpha = 0.05$ 情况下小于给定的显著性水平，则拒绝原假设并接受备择假设，这表明不同家庭的年总收入对食物支出占总消费支出的比例存在差异。

表 4-10　食物支出占总消费支出比例差异分析 Kruskal-Wallis 检验

卡方	2.612
自由度	3
渐进显著性	0.015

（3）受访者 2012~2020 年家庭年总收入水平提升幅度分析。受访者 2012~

2020 年家庭年总收入水平提升幅度为 30% 以下的有 147 人，约占 26.49%；30%~50%（含 50%）的有 229 人，约占 41.26%；50%~70%（含 70%）的有 148 人，约占 26.67%；70% 以上的有 31 人，约占 5.59%。超七成受访者 2012~2020 年家庭年总收入水平提升幅度在 30% 之上，基本符合赣州市 GDP 增长速度。但还是有近三成受访者在 30% 以下，因此，政府要加大就业创业方面的支持力度，缩小居民间收入差距，让居民生活更加幸福。

（4）受访者 2012~2020 年家庭年总收入水平提升幅度的单因素方差分析。将受访者 2012~2020 年家庭年总收入水平提升幅度共分为 4 种水平，为了方便后续的分析依次命名为 1=30% 以下、2=30%~50%（含 50%）、3=50%~70%（含 70%）和 4=70% 以上，进而对不同职业的受访者 2012~2020 年家庭年总收入水平提升幅度进行单因素方差分析。

根据表 4-11 可知，学生 2012~2020 年家庭年总收入水平提升平均幅度介于 30%~50%，公务员或事业单位人员、公司职员或白领、工人或农民、其他自由职业者和退休人员 2012~2020 年家庭年总收入水平提升平均幅度介于 50%~70%，总体提升平均幅度介于 50%~70%。

表 4-11　描述性统计

职业	个案数	平均值	标准差	标准误差	平均值的 95% 置信区间	
					下限	上限
学生	166	1.63	0.725	0.056	1.52	1.74
公务员或事业单位人员	103	2.23	0.819	0.081	2.07	2.39
公司职员或白领	117	2.40	0.799	0.074	2.26	2.55
工人或农民	92	2.34	0.829	0.086	2.17	2.51
其他自由职业者	56	2.34	0.920	0.123	2.09	2.59
退休人员	21	2.19	0.873	0.190	1.79	2.59
总计	555	2.19	0.862	0.037	2.04	2.19

根据表 4-12 可以看到，莱文统计量的显著性为 0.419，大于给定的显著性水平 $\alpha=0.05$，因此，总体方差齐性，满足单向方差分析的先决条件。

表 4-12 方差齐性检验

莱文统计	自由度 1	自由度 2	显著性
0.997	5	549	0.419

根据表 4-13 可以看出，单因素方差分析统计量 F=18.045，Sig. 值为 0.000 小于给定的显著性水平 α=0.05，因此，认为不同职业的受访者 2012~2020 年家庭年总收入水平提升平均幅度存在差异。由于职业不同、工作不同、工作方式不同，导致薪资不同，所以家庭年总收入水平提升平均幅度存在差异。

表 4-13 单因素方差分析

	平方和	自由度	均方	F	显著性
组间	58.132	5	11.626	18.045	0.000
组内	353.717	549	0.644	—	—
总计	411.849	554	—	—	—

为进一步了解不同职业的受访者 2012~2020 年家庭年总收入水平提升平均幅度存在的显著性差异，运用最小显著性差异法（Least Significant Difference，LSD）对其进行多重比较分析。由表 4-14 可知，职业为学生的受访者与其他各个职业的受访者进行比较，在显著性水平 α=0.05 的情况下 2012~2020 年家庭年总收入水平提升平均幅度存在差异；职业分别为公务员或事业单位人员、公司职员或白领和其他自由职业者的受访者与其他各个职业的受访者进行比较，与学生、工人或农民和退休人员的受访者在显著性水平 α=0.05 的情况下 2012~2020 年家庭年总收入水平提升平均幅度存在差异；职业分别为工人或农民和退休人员的受访者与其他各个职业的受访者进行比较，与学生、公务员或事业单位人员和公司职员或白领的受访者在显著性水平 α=0.05 的情况下 2012~2020 年家庭年总收入水平提升平均幅度存在差异。可以发现，有稳定工作的公务员或事业单位人员和公司职员或白领与其他组别大都存在显著差异，政府要优化资源配置，让居民享受到平等的资源，加大农业扶持力度，让工人或农民家庭年总收入提升幅度扩大，缩小各职业之间的差距。

表 4-14　多重比较分析

职业	学生	公务员或事业单位人员	公司职员或白领	工人或农民	其他自由职业者	退休人员
学生	—	-0.607*	-0.775*	-0.710*	-0.713*	-0.564*
公务员或事业单位人员	-0.607*	—	-0.169	-0.587*	-0.106	0.638*
公司职员或白领	-0.775*	-0.169	—	-0.697*	0.062	-0.537*
工人或农民	-0.710*	-0.587*	-0.697*	—	-0.595*	0.146
其他自由职业者	-0.713*	-0.106	0.062	-0.595*	—	0.728*
退休人员	-0.564*	0.638*	-0.537*	0.146	0.728*	

注：*表示在显著性水平临界值为 0.05 的情况下，组别之间存在差异。

六、居民幸福感现状及提升幸福感分析

（一）影响幸福感的因子分析

1. 幸福感现状分析

受访者幸福感现状为完全不幸福的有 22 人，约占 3.96%；不太幸福的有 79 人，约占 14.23%；一般的有 173 人，约占 31.17%；比较幸福的有 226 人，约占 40.72%；非常幸福的有 55 人，约占 9.91%。

2. 可行性分析

在进行因子分析之前，需要进行可行性分析，以测试所采集的变量和样本是否可以进行因子分析。如表 4-15 所示，KMO 值为 0.955 大于 0.6。认为选择的变量和样本适用于因子分析，Bartlett 球形检验中得出 P 值为 0.000 小于 0.05，因此，拒绝原假设，并认为所选择的数据是适当的，可以进行因子分析。

表 4-15　KMO 检验和 Bartlett 球形检验

KMO 取样适切性量数		0.955
Bartlett 球形检验	近似卡方	3945.353
	自由度	55
	显著性	0.000

3. 描述性统计分析

由表4-16可知，11个变量的得分平均值都位于中等偏上，即3~4分，说明受访者对这些影响因素都很在意，政府要对这些影响因素做好相关改善和改进。

表4-16　描述性统计分析

变量	平均值	标准差	最小值	最大值	偏度	峰度
交通运输	4.03	1.05	1	5	-1.18	0.97
通信	3.83	0.91	1	5	-0.68	0.25
供水供电	3.65	1.01	1	5	-0.57	0.12
优先发展教育	3.74	0.98	1	5	-0.71	0.24
加快社会保障体系建设	3.88	0.97	1	5	-1.05	1.24
实施扩大就业的发展建设	3.72	0.98	1	5	-0.61	0.10
建立基本医疗卫生制度	3.85	0.96	1	5	-0.89	0.70
加大生态环境保护力度	3.64	0.98	1	5	-0.70	0.12
节能环保	3.73	1.01	1	5	-0.72	0.19
加强体育场地设施建设	3.43	0.96	1	5	-0.55	-0.08
加强文化旅游建设	3.37	1.00	1	5	-0.55	-0.16

4. 确定因子个数

根据表4-17可知，共提取了四个公因子，第一个特征值为2.824，可以解释11个变量的21.721%，第二个特征值为2.629，可以解释11个变量的20.222%，第三个特征值为2.551，可以解释11个变量的19.622%，第四个特征值为2.506，可以解释11个变量的19.275%。

四个因子的累计贡献率为80.840%，这四个因子能够充分解释幸福感影响因素的共性和差异性。

表4-17　总方差解释

成分	初始特征值			提取载荷平方和		
	总计	方差百分比	累计方差百分比	总计	方差百分比	累计方差百分比
1	2.824	21.721	21.721	2.824	21.721	21.721
2	2.629	20.222	41.943	2.629	20.222	41.943
3	2.551	19.622	61.564	2.551	19.622	61.564

成分	初始特征值			提取载荷平方和		
	总计	方差百分比	累计方差百分比	总计	方差百分比	累计方差百分比
4	2.506	19.275	80.840	2.506	19.275	80.840
5	0.447	3.438	84.278			
6	0.423	3.254	87.532			
7	0.376	2.892	90.424			
8	0.361	2.777	93.201			
9	0.344	2.646	95.846			
10	0.294	2.261	98.108			
11	0.246	1.892	100.000			

注：提取方法为主成分分析法。

5. 确定线性因子线性表达式并对公因子命名

由表 4-18 可以得出影响赣州居民幸福感的因素指标体系线性表达式：

X1（交通运输）= 0.356F1+0.855F2+0.296F3+0.354F4

X2（通信）= 0.251F1+0.963F2+0.314F3+0.486F4

X3（供水供电）= 0.105F1+0.954F2+0.432F3+0.247F4

X4（优先发展教育）= 0.835F1+0.031F2+0.178F3+0.211F4

X5（加快社会保障体系建设）= 0.931F1+0.135F2+0.274F3+0.254F4

X6（实施扩大就业的发展建设）= 0.869F1+0.241F2+0.198F3+0.361F4

X7（建立基本医疗卫生制度）= 0.878F1+0.023F2+0.095F3+0.059F4

X8（加大生态环境保护力度）= 0.298F1+0.061F2+0.872F3-0.103F4

X9（节能环保）= 0.198F1+0.172F2+0.891F3-0.166F4

X10（加强体育场地设施建设）= 0.079F1+0.165F2+0.021F3+0.913F4

X11（加强文化旅游建设）= 0.057F1+0.347F2+0.332F3+0.906F4

表 4-18　旋转后的因子载荷

变量	成分			
	1	2	3	4
交通运输	0.356	0.855	0.296	0.354
通信	0.251	0.963	0.314	0.486

续表

变量	成分			
	1	2	3	4
供水供电	0.105	0.954	0.432	0.247
优先发展教育	0.835	0.031	0.178	0.211
加快社会保障体系建设	0.931	0.135	0.274	0.254
实施扩大就业的发展建设	0.869	0.241	0.198	0.361
建立基本医疗卫生制度	0.878	0.023	0.095	0.059
加大生态环境保护力度	0.298	0.061	0.872	-0.103
节能环保	0.198	0.172	0.891	-0.166
加强体育场地设施建设	0.079	0.165	0.021	0.913
加强文化旅游建设	0.057	0.347	0.332	0.906

注：提取方法为主成分分析法

再进一步对因子命名：

根据表4-18，将提出的4个公因子用F1、F2、F3和F4作为标记。优先发展教育、加快社会保障体系建设、实施扩大就业的发展建设和建立基本医疗卫生制度因子的载荷分别达到了83.5%、93.1%、86.9%和87.8%，这四个指标反映了民生建设对受访者幸福感的影响，因此，F1可以定义为民生建设因子。民生建设因子对居民幸福感贡献最大，因子贡献率达到21.721%，它是影响受访者幸福感的主要因素之一。

交通运输、通信和供水供电因子的载荷分别达到了85.5%、96.3%和95.4%，这三个指标反映了基础设施建设对受访者幸福感的影响，因此，F2可以定义为基础设施建设因子。基础设施建设因子对居民幸福感因子贡献率达到20.222%。

加大生态环境保护力度和节能环保因子的载荷分别达到了87.2%和89.1%，这两个指标反映了生态文明建设对受访者幸福感的影响，因此，F3可以定义为生态文明建设因子。生态文明建设因子对居民幸福感因子贡献率达到19.622%。

加强体育场地设施建设和加强文化旅游建设因子的载荷分别达到了91.3%和90.6%，这两个指标反映了文化体育建设对受访者幸福感的影响，因此，F4可以定义为文化体育建设因子。文化体育建设因子对居民幸福感因子贡献率达到19.275%。

由此可得，民生建设、基础设施建设、生态文明建设、文化体育建设这四个因子都对受访者幸福感有较大的影响，且民生建设因子相比较其他三个因子的影响略大，占比 21.721%。所以政府为了提高人民幸福感应在发展教育、加快社会保障体系建设、实施扩大就业的发展建设和建立基本医疗卫生制度四个方面给予更大的支持。

（二）基于 2012~2020 年赣州各项变化满意度对幸福感影响的多元有序 Logistic 回归

居民的幸福感既有物质层面的也有精神层面的，所以幸福感是多方面因素综合作用的情感，本书运用多元有序 Logistic 回归分析寻找哪些因素可以让赣州居民的生活更加幸福。

1. 变量的设定

考虑到受访者幸福感的复杂性和选择的典型性，将诸多因素归为两大类：受访者对赣州 2012~2020 年各项变化满意度和受访者的幸福感。

对自变量和因变量做出具体规定，如表 4-19 所示。

表 4-19　变量释义

变量	定义与赋值
	因变量
Y	现在的幸福感：1=完全不幸福；2=不太幸福；3=一般；4=比较幸福；5=非常幸福
	自变量
M1	知识获取度满意度：1=完全不满意；2=不太满意；3=一般；4=比较满意；5=非常满意
M2	城乡发展满意度：1=完全不满意；2=不太满意；3=一般；4=比较满意；5=非常满意
M3	就业和产业满意度：1=完全不满意；2=不太满意；3=一般；4=比较满意；5=非常满意
M4	居住条件满意度：1=完全不满意；2=不太满意；3=一般；4=比较满意；5=非常满意
M5	身体健康程度满意度：1=完全不满意；2=不太满意；3=一般；4=比较满意；5=非常满意
M6	医疗条件和服务满意度：1=完全不满意；2=不太满意；3=一般；4=比较满意；5=非常满意
M7	家庭生活满意度：1=完全不满意；2=不太满意；3=一般；4=比较满意；5=非常满意
M8	业余生活满意度：1=完全不满意；2=不太满意；3=一般；4=比较满意；5=非常满意
M9	人际交往满意度：1=完全不满意；2=不太满意；3=一般；4=比较满意；5=非常满意

2. 模型构建

通过多元有序 Logistic 回归模型对影响受访者幸福感的 2012~2020 年各项变

化满意度进行计量分析，其中，受访者现在的幸福感分为完全不幸福、不太幸福、一般、比较幸福和非常幸福。

模型如下：

$$\text{Logistic}(P) = \ln\left(\frac{P}{1-P}\right) = \alpha_0 + \sum_{i=1}^{n} \beta_i Z_i + \varepsilon_i$$

式中，P 表示因变量为 1 的概率，α_0 表示常数项，$\beta_i(i=1, 2, 3, \cdots, n)$ 为第 i 个自变量的回归系数，Z_i 表示影响受访者幸福感的自变量，ε_i 表示误差项。

3. 模型结果分析

根据表 4-20 可知，在给定的显著性水平 $\alpha = 0.05$ 的情况下，平行线检验的显著性为 0.172 大于 0.05，接受原假设，变量间不存在共线性，可以进行多元有序 Logistic 回归分析。

表 4-20　平行线检验

	-2 对数似然	卡方	自由度	显著性
原假设	1199.919	—	—	—
常规	1146.107	53.813	27	0.172

从多元有序 Logistic 回归模型可以得出，影响居民幸福感的因素有 4 个，即 M2 城乡发展满意度、M3 就业和产业满意度、M4 居住条件满意度和 M5 身体健康程度满意度。从回归系数符号分析，这 4 个自变量的非标准化回归系数都是正数，说明随着这 4 个自变量的增大，居民更幸福。

由回归方程看出，城乡发展、身体健康、就业和产业发展、居住条件的满意度均对赣州市居民幸福感有正向影响，而且居民更看重就业和产业发展、居住条件情况，因此，赣州市居民家庭就业收入及良好环境仍然是政策实施的重点，应在这方面予以更大倾斜。

表 4-21　模型的回归结果

		估算	标准误差	瓦尔德	自由度	显著性	95% 置信区间	
							下限	上限
阈值	[Y：=1]	-0.382	0.424	0.813	1	0.367	-1.214	0.449
	[Y：=2]	1.400	0.402	12.143	1	0.000	0.612	2.187
	[Y：=3]	3.022	0.419	52.055	1	0.000	2.201	3.843
	[Y：=4]	5.396	0.453	141.605	1	0.000	4.507	6.285

续表

		估算	标准误差	瓦尔德	自由度	显著性	95%置信区间	
							下限	上限
位置	M1	0.193	0.100	3.696	1	0.055	-0.004	0.390
	M2	0.296	0.117	0.675	1	0.011	-0.133	0.326
	M3	0.311	0.111	0.997	1	0.018	-0.107	0.329
	M4	0.359	0.117	1.835	1	0.006	-0.071	0.389
	M5	0.285	0.113	6.361	1	0.012	0.064	0.506
	M6	0.042	0.118	0.127	1	0.722	-0.189	0.273
	M7	-0.104	0.121	0.737	1	0.391	-0.341	0.133
	M8	-0.069	0.120	0.328	1	0.567	-0.305	0.167
	M9	0.091	0.118	0.592	1	0.442	-0.141	0.323

通过表 4-21 可知，在显著性水平 $\alpha=0.05$ 的情况下，多元有序 Logistic 回归模型如下：

Logistic(Y_i) = 0.296M2+0.311M3+0.359M4+0.285M5（其中，i=1，2，3，4，5）

七、现在的幸福感与未来幸福感提升信心的结构方程分析

（一）方法选择

本书旨在通过研究受访者幸福感程度及其影响因素，运用多元有序 Logistic 回归进行分析，发现部分因素与幸福感程度的关系较强。所以通过结构方程模型将受访者现在的幸福感和未来幸福感提升信心及其影响因素加以拟合。

（二）变量选取

自变量为受访者现在的幸福感，因变量为未来幸福感提升信心，受访者现在的幸福感的观察变量为城乡发展满意度（Q2）、就业和产业满意度（Q3）、居住条件满意度（Q4）和身体健康程度满意度（Q5），未来幸福感提升信心的观察变量为舒适的居住环境（Q10）、丰厚的收入（Q11）、良好的工作环境（Q12）、良好的发展前景（Q13）、健康的身体（Q14）和丰富的业余生活（Q15）。

（三）路径设计与假设

在自变量与因变量选取完成后，参考居民幸福感的研究文献，一般居民现在的幸福感与未来提升幸福感信心具有较强的因果关系。就居民现在的幸福感而言，通过多元有序 Logistic 回归模型得出，城乡发展满意度（Q2）、就业和产业满意度（Q3）、居住条件满意度（Q4）和身体健康程度满意度（Q5）对其有影响，通过查找的文献发现，舒适的居住环境（Q10）、丰厚的收入（Q11）、良好的工作环境（Q12）、良好的发展前景（Q13）、健康的身体（Q14）和丰富的业余生活（Q15）对未来幸福感提升信心有一定影响。

路径假设如下：

H1：因变量为随机变量，服从多元正态分布，且每一个 Y 变量的残差项之间相互独立。

H2：自变量为随机变量，服从多元正态分布，且每一个 Y 变量的残差项之间相互独立。

H3：各观察变量为非随机变量，无测量误差。

（四）模型拟合与实现

为保证参数估计的有效性，代入 555 份样本数据，利用 Amos24.0 统计软件进行录入和计算，路径输出结果如图 4-1 所示：

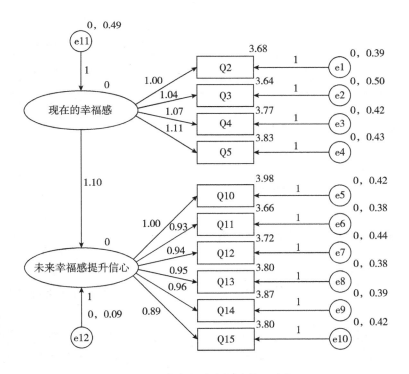

图 4-1　未来提升幸福感信心路径

（五）模型整体性检验

根据表 4-22 可知，模型拟合程度良好，可以进行结构方程分析。从图 4-1 中可以看出，城乡发展、就业和产业、居住条件与身体健康程度这些方面对居民现在的幸福感的影响是逐步递减的，而居民未来幸福感在业余生活丰富度、收入丰厚度、好的工作环境、好的发展前景、身体健康度以及舒适的居住环境方面的影响程度逐渐增强。由此可以得出，现阶段居民幸福感更多地来自社区建设及发展，而在未来他们对于能够拥有广阔的发展前景、健康的身体以及良好的社区居住环境方面更有信心，并且居民现在的幸福感对其未来提升信心有较大影响。因此，当下还应加强赣州社区建设的发展，优化产业结构，增加就业机会；同时，继续完善赣州市基础设施建设，加强对医疗、环境等方面的治理，着力提升居民幸福体验感。

表 4-22　模型拟合度指标检验

模型拟合度指标	拟合值	拟合标准	适配判断
GMIN/DF	2.032	2~3	是
GFI	0.951	>0.9	是
RMR	0.023	<0.05	是
RMSEA	0.041	<0.05	是
AGFI	0.942	>0.9	是
NFI	0.968	>0.9	是
CFI	0.978	>0.9	是
IFI	0.979	>0.9	是

八、基于 AHP 的《若干意见》实施效果评价

（一）AHP 简介

层次分析法（Analytic Hierarchy Process，AHP）是美国运筹学家萨蒂（Satie）提出的层次权重决策方法。通过建立评分指标体系，采用专家评分方法对层次结构进行建模，定性指标逐一比较得到评估矩阵，再对评估矩阵进行分析，得到最大特征值，最终在进行一致性检查之后，获得每个指标的权重。AHP 可用于评估《若干意见》的实施效果。

（二）建立递阶层次结构模型

建立《若干意见》实施效果评价指标体系，即递阶层次结构模型，该模型分为目标层、准则层、方案层。最高层为目标层，体现决策目的；中间层为准则层，是需要考虑的因素；最底层为方案层，是决策时的备选方案。表 4-23 为具体内容。

表 4-23　《若干意见》实施效果评价指标体系

目标层	准则层	方案层
《若干意见》实施效果评价（A）	《若干意见》落实情况（B1）	《若干意见》了解程度（C1）
		《若干意见》宣传力度（C2）
		《若干意见》实施力度（C3）
		《若干意见》实施公开透明度（C4）
	生活幸福感（B2）	民生建设满意度（C5）
		基础设施建设满意度（C6）
		生态环境建设满意度（C7）
		文化体育建设满意度（C8）

（三）构建判断矩阵

根据 1~9 标度打分法，随机抽取了 10 位赣州市民，以问卷的方式让他们对各层次指标进行打分，求出各指标的平均分数，得到判断矩阵。

（四）判断矩阵一致性检验

通过 SPSSAU 软件得出三个判断矩阵 A、B1 和 B2 的一致性检验结果，如表 4-24、表 4-25、表 4-26 所示。

表 4-24　A 判断矩阵一致性检验结果

最大特征根	CI 值	RI 值	CR 值	一致性检验结果
2.000	0.000	0.000	0.0018	通过

表 4-25　B1 判断矩阵一致性检验结果

最大特征根	CI 值	RI 值	CR 值	一致性检验结果
4.031	0.010	0.890	0.012	通过

表 4-26　B2 判断矩阵一致性检验结果

最大特征根	CI 值	RI 值	CR 值	一致性检验结果
4.194	0.065	0.890	0.073	通过

由表可知，A、B1 和 B2 判断矩阵通过一致性检验。

（五）评价结果

根据表 4-27 可知，准则层权重值生活幸福感（B2）>《若干意见》落实情况（B1），说明居民生活幸福感是影响《若干意见》实施效果评价的最重要的一项指标，权重为 66.66%，居民生活幸福感对《若干意见》实施效果评价起到决定性作用，《若干意见》落实情况（B1）权重为 33.33%，虽然较小但不能表示不重要，因为层次分析主观性较强，所以该项得分较低。

方案层权重值排序为民生建设满意度（C5）>《若干意见》实施力度（C3）>基础设施建设满意度（C6）>《若干意见》宣传力度（C2）>《若干意见》了解程度（C1）>生态环境建设满意度（C7）>《若干意见》实施公开透明度（C4）>文化体育建设满意度（C8），民生建设满意度（C5）权重最大，为 47.333%，文化体育建设满意度（C8）权重最小，为 9.193%，但同样也不能忽视。可见民生建设和生态环境建设满意度在居民生活幸福感中所占的权重相对较大，它们对于提升居民幸福感有着更大的影响力。人们对于发展教育、扩大就业、完善社会保障体系、完备基本医疗卫生制度、加强基本生活保障和加大生态环境保护力度较为满意。因此，应该继续推进与民生建设和基础设施建设相关的政策。与此同时，对于文化体育建设还缺少推进和实施的具体政策，在加强文化体育建设和生态环境建设方面，还需要不断探索实践。

表 4-27　《若干意见》实施效果评价指标权重总排序

目标层	准则层	准则层权重	方案层	方案层权重	权重排序
《若干意见》实施效果评价（A）	《若干意见》落实情况（B1）	33.33%	《若干意见》了解程度（C1）	16.107%	5
			《若干意见》宣传力度（C2）	27.714%	4
			《若干意见》实施力度（C3）	46.582%	2
			《若干意见》实施公开透明度（C4）	9.597%	7
	生活幸福感（B2）	66.66%	民生建设满意度（C5）	47.333%	1
			基础设施建设满意度（C6）	30.150%	3
			生态环境建设满意度（C7）	13.324%	6
			文化体育建设满意度（C8）	9.193%	8

九、赣南苏区居民幸福感研究的结论与建议

（一）研究结论

（1）收入是影响赣州市居民家庭幸福感的重大因素。根据对赣州市居民基本生活情况的分析，发现年收入越高居民衣着方面越追求时尚和品牌，饮食方面越追求饮食丰富及营养搭配，而且收入越高住房条件也越好。根据不同职业受访

者 8 年收入提升幅度比较分析得出，有稳定工作的公司职员、事业单位人员或公务员等与其他自由职业者和工人或农民收入提升幅度差距显著。

（2）政策实施下居民幸福感在不断提升。幸福感现状分析得知，80% 以上的居民生活都较幸福，其幸福感更多来自社区教育医疗、基础设施建设、就业发展环境等方面，并且看好未来在民生建设、城乡环境建设、医疗健康等方面的进一步发展，《若干意见》的实施给居民带来了有效供给和帮助。

（3）居民对政策了解程度不够，政府政策实施与群众体验契合度不高，实施效果不均衡。调查表明了解该项政策的人不足 30%，对红色文化和苏区精神了解程度也不高，大多数人都没有关注到政策实施，政府应加强对红色文化的宣传，加大政策的实施力度，加强对农村文化体育方面的建设，实现政府与群众一同发力，让更多的居民享受到政策扶持，提升居民生活幸福感。

（4）居民对新鲜事物的接受速度较慢。受访者对其现有的生活水平大都比较满意，而且他们所在环境的竞争不如一二线城市那样紧迫，所以思想上或多或少存在松懈感，这也与当地文化水平有着密不可分的关系。

（5）农村基础设施建设有待改进。用于脱贫攻坚的基础设施投资已逐渐得以改善，不同地区困难村之间的差距，包括水、电、公共服务等方面的差距逐渐拉大，并且各村存在着基础设施补短板任务繁重等普遍现象。农村废水处理和安置点等基础设施建设滞后，对单个村庄的基础设施运行和维护的投资保障机制缺乏监控和保障。

（6）随着人口加速涌入城市，存在农村"空心化"的问题。30 岁以下的年轻人居住在农村的意愿不足，40 岁左右青壮年劳动力大多数在城乡地区两头跑，致使农村"空心化"趋势加快。人口居住分散，留守的主要是老年人，农村土地资源、住房、公共设施闲置率不断上升，总体科学合理的规划和建设、农村劳动力严重缺乏，限制了农村产业的发展。

（7）在供给侧和需求侧方面。

1）供给侧政策工具投入大、压力大。政策对于融合人力、财力、物力的投入，如资金投入、人才机制保障、基础设施建设的投入成本较高，易造成政府压力过大。而且，多产业融合过程中的组织领导作用容易发挥不充分，虽然政府工作能力较强，但是领导力量、高层间协调方式不同，对于繁重的任务，多部门很难按时按质完成。同时，政策在各个产业缺乏针对性，忽视了多元主体在技术、资本、人员合作上的差异性需求，容易造成资源结构性浪费，限制了多产业融合方式的选择空间，导致技术创新动力不足。

2）需求侧政策工具引导多、示范少。政府对建立示范单位或示范团队给予更多的宣传，使其能够更好地带动当地产业发展，对其他单位或个体提供发展目标的措施给予相同的重视。但是政策工具"重引导、轻示范"，融合政策制度和保障设施不完善，难以达到政策执行预期效果。例如，职业学院新的现代学徒制办学模式，因政策支持不足，并没有在院校进行广泛推广应用。缺乏统筹性和协调性，难以充分发挥作用。

（二）研究建议

为了更好地提升赣州市居民生活质量及其幸福指数，结合被调查者的反馈，基于政策实施所存在的问题，本书提出以下七点建议：

（1）深入夯实贫困地区产业基础，发展地区特色产品，加快促进产业创新升级，带动就业和经济发展。当前，农村经营方式创新不够，农业产业化新型经营主体实力较弱。而赣州存在特色产业的地区居民幸福感普遍高于没有重点产业的地区，政府应加强地区特色产业的扶持发展，充分利用地区资源优化产业结构，加大对农业旅游业方面产业扶持力度，持续构建现代农业产业和生产体系，打造农业特色品牌，加快农业现代化步伐，逐步使农村产业实现市场化、数字化、规模化。培育产业发展新业态，营造积极健康、科学有序、百姓喜爱的产业发展环境，扩大产业链和价值链，增加产品附加值，提高产业质量和效率，增加居民就业和收入，缩小居民间贫富差距。

（2）加大基础设施建设力度，升级配套设施，建立健全农业信息化服务体系。对于产业体系和科学技术不够健全、市场销路不理想、精深加工和冷链仓储及物流运输等设施还比较滞后的贫困地区，促进和加强脱贫工作与农村复兴之间的有效联系，持续加快我国现代信息技术与农业农村发展的深度融合；促进农村电子商务、智能网络支持和公益网络等项目的深入发展；促进区块链、物联网和其他应用技术在农业领域的应用，实施智慧农业工程及数字乡村战略。

（3）加大宣传政策实施力度，提升政策精准度。有针对性地投入人力、物力和财力，使政策更加合理有效地应用于解决实际问题，降低事前投入成本；加强对红色文化和苏区精神的宣传和教育，动员社会力量广泛参与社会经济发展，让民众切实监督、感受政策实施福利。

（4）继续加强教育体制建设，加强人才支持，充分调动、振兴乡村的人才活力。多年来，城乡二元结构一直与城乡发展和教育资源分配不均相矛盾。贫困家庭儿童就读学校教学环境不佳，师资教学水平偏低，并且大量优秀人才由农村奔向城市，农村地区人才紧缺。政府在乡村振兴过程中，要大力培养有志青年，鼓励优秀人才返乡创新创业，为了确保年轻人才队伍能够得到维持和稳定，一方面，必须注重"内部培养"，在新时代培养本地人才，使其成为乡村振兴的"领头雁"；另一方面，需要支持"外部引进"，把更多的了解技术、管理、市场和法律的人才带到农村地区，以弥补农村基本公共服务的缺陷。

（5）持续健全社会保障长效机制，加快建立科学完善的农村养老服务保障体系。当前，困难人口的老龄化问题仍然存在，传统家庭的老年人照料功能普遍被削弱；高素质、高水平的基层医疗卫生人员短缺，各村卫生所医生医疗水平有限，工资收入普遍较低，乡镇医院医疗设施设备短缺，公共服务能力不强，这些都亟须政府加快建立科学完善的农村养老服务保障体系，加快最低生活保障、灾害救助等政策的统一融合。

（6）加强顶层设计，确保帮扶工作与农村振兴计划相辅相成。加快提升基础设施建设水平，对公共服务设施不达标的村组，要列清台账，建档立卡，制订建设计划，分步组织实施，限期提升达标。同时，完善政策绩效考核机制，健全有利于乡村振兴战略的激励机制，保证高质量完成脱贫任务。

（7）完善乡村治理，强化当地生态环境建设，重视生态环境保护，切忌"为了发展先破坏，后修复"的恶性循环。要贯彻我国"十四五"规划新发展理念，创造条件搭建一切有利于满足人民对美好生活向往的平台，确保让农村既充满活力又和谐有序。在农村治理上，要统筹利用好生产空间，合理规划好生活空间，确保每一位农村居民住得安全、住得舒适。同时，加强对健康观念的宣传，利用自有生态优势发展旅游特色，拓宽居民的娱乐方式。

第五章 "十四五"迈向新征程

第一节 赣南"一体化"大康养产业发展的对策

2019年2月，中共中央、国务院印发《粤港澳大湾区发展规划纲要》。粤港澳大湾区建设是党中央的一项重大决定，它的实施和推广是促进新时代开放新模式形成的新措施，也是促进"一国两制"事业发展的新做法，而赣州作为江西省域副中心城市、中国百强城市、国家区域中心城市、"一带一路"重要节点城市与全国性综合交通枢纽城市，在发展康养产业上有着巨大的先天优势，如何凭借优势快速做强赣州康养产业，吸引并承接粤港澳地区的老龄化人口，带动旅游等相关产业发展，形成以康养产业为驱动的多元化服务产业，成为粤港澳地区的后花园，助力赣州对接融入"一带一路"、粤港澳大湾区的桥头堡建设具有重要意义。

2020年10月，党的十九届五中全会通过了《中共中央关于制定国民经济和社会发展第十四个五年规划和二〇三五年远景目标的建议》，强调促进消费向绿色、健康、安全发展。

一、"促消费"时代将迎来康养产业发展的关键机遇

（一）服务消费增长迎来了康养产业发展的新契机

"十四五"规划提出要发展服务消费。中国经济发展正在从以往过于依赖投资和出口拉动向更多依靠国内需求特别是消费需求拉动转变，这是消费增长和经济增长的主要驱动力，也成为我国的消费和贸易结构的调整和提高效率增长的主

要驱动力。我国服务消费已经占到了国内居民消费支出比重的40%以上,未来这一比例将继续增加。但从消费支出结构的角度来看,我国的服务消费比重与发达国家相比仍然存在很大差距。近些年我国旅游、餐饮、医疗产品的消费增长迅猛,这是康养行业的发展重点和特点。同时,新一代信息技术与服务业的深度融合打破了时间限制和服务消费需求与供给之间的差距,促进了线上服务消费供给、消费新模式和新业态的融合,为智能康养产业提供了新的机会。

(二)消费者结构变化指明了康养产业发展的新方向

"十四五"规划提出要扩大节假日消费,完善节假日制度。消费者市场结构的转变,使以家庭为单位的中青年群体节假日自助游市场日趋火爆,逐步替代了传统的"跟团游"模式,游客市场结构的转变直接催生了市场消费需求的升级,消费需求向个性化、多元化、数字化转变,不再是传统单一的消费方式。中国不断扩大的内需和消费市场,将释放巨大的需求和消费驱动力。与此同时,我国全面步入小康社会,人民生活水平也日渐提高,中老年退休群体的非节假日出游也将变得越发普遍。中老年群体是康养服务主要的输出对象,是盘活整个康养产业链的关键。因此,如何顺应消费者结构的变化,吸引、留住目标群体,是未来康养产业发展的新方向。

(三)消费升级给康养产业发展提供了新动能

"十四五"规划明确指出要全面促进消费。消费本身是一个覆盖多行业的概念,但消费升级所涉及的领域更多,甚至生产制造或服务的全过程都专注于消费的升级和变化。消费升级不仅是消费结构的升级,而且是消费总支出中各类消费支出的结构和数量的升级,反映了消费水平和消费趋势的变化。消费升级能促使消费需求从单一走向多元,消费产品从有形走向无形,消费关系从交易时代走向关系时代。消费者则成了该时代的核心,更加注重产品的个性、品牌、体验,甚至是消费过程中情感的交流,这符合医疗保健行业的发展目标,并且是康养行业增长的强大新动力。

二、赣州发展康养产业的优势明显

康养产业的好处在于它可以实现远程采购和资源交付,与传统行业不同的是,康养产业被视为可以轻松实现远距离异地供应的行业。对于资源禀赋较高的地区,良好的产业模式可以满足不同地区的医疗和健康需求,这与"绿水青山就是金山银山"的观念是一致的。康养产业为许多拥有更好资源和环境的地区提供了更多的发展机会。

（一）赣州有着很强的地理区位优势发展康养产业

赣州位于东南沿海到中部的过渡地区，属于赣江上游地区。这是从内陆到东南沿海的重要通道，赣州东部与福建省三明市和龙岩市相邻，南部与广东省梅州市和河源市相邻，西靠湖南省郴州市，北连江西省吉安市和抚州市。同时，赣州是赣江的发源地，章贡两江合抱，被誉为"千里赣江第一城"，是广东、福建、湖南和江西交界地区的重要城市。它与长江三角洲、珠江三角洲和福建南部三角洲有着自然的地理关系，距香港、广州、深圳、厦门、澳门等地只有一天的车程。国家高速铁路网"八横八纵"中，横向厦渝通道、纵向京港澳通道（昌吉赣专线、赣深专线）途经赣州，未来高铁建成通车，两小时内可达粤港澳地区。因此，赣州依托良好的地理区位优势，承接粤港澳地区老龄化人口，发展康养产业优势显著。

（二）赣州有着很强的生态环境优势发展康养产业

赣州城市生态环境竞争力进入全国前 20 强，荣膺全国首批创建生态文明典范城市、全省首批生态宜居城市。一是赣州生态资源优势显著，是发展康养产业的前提条件。赣州是江西母亲河赣江和东江（香港饮用水的来源）的源头，森林覆盖率为 76.2%，是全国 18 个最重要的森林地区之一，也是全国森林覆盖率最高的 10 个城市之一，拥有国家级森林公园 9 个、省级森林公园 22 个、国家级自然保护区 3 个、省级自然保护区 8 个，享有"生态王国"和"绿色王国"的美誉。空气质量达到国家二级标准，饮用水源水质达标率保持在 100%。二是赣州地热温泉丰富，是健康产业发展的优势资源。赣州有 53 个温泉，除章贡区、赣县和南康区外，其他 15 个县（市、区）都设有温泉，最高水温为 79℃，最低水温为 21℃~23℃，出水量最大的为崇义县分水坳温泉 50 升/秒，其次为安远县虎岗温泉 24.89 升/秒，成为发展康养产业的优势资源。① 三是赣州气候环境宜人，是发展康养产业的必备条件。赣州位于中亚热带的南部边缘，在亚热带的丘陵和山脉中，属于潮湿的季风气候，冬季和夏季以季风为主，春季和夏季降雨集中，具有四季分明、气候温和、热量丰富、降雨充沛、酷暑和寒流时间短、无霜期长等气候特征，非常适合老年人群的健康养生。因此，赣州优良的生态环境再加上宜居环境的建设，也使得赣州发展康养产业底气十足。

（三）赣州拥有与康养产业发展相关的文旅资源优势

赣州是中国著名的历史文化名城、文明城市、森林城市、花园城市、优秀旅

---

① 资料来源：守护绿水青山，赣州多项指标居全省第一！［EB/OL］. 澎湃新闻网，https：//m. the-paper. cn/baijiahao_ 4122580.

游城市、全国双拥模范城市、原中央苏区所在地、万里长征的起点城市。赣州旅游资源丰富，生态环境良好，形成了赣州"红色故都、客家摇篮、江南宋城、生态家园"四大旅游品牌和"堪舆圣地""世界橙乡"等特色品牌。

三、赣州康养产业发展存在的主要问题

(一) 赣州康养产业同文旅产业混淆式发展

赣州文旅产业已经进入了良性发展阶段，旅游经济作为一种绿色经济，已经逐渐成为赣州经济发展的重要支撑之一，不容否认，旅游业对康养产业的发展，特别是在康养产业发展的早期阶段，具有巨大的推动作用和宣传推广作用。但是，一些新上的所谓康养项目打着康养或养生字样，投资数十亿，占地几百甚至上千亩，规模大，设施齐全，业态丰富，娱乐、餐饮、住宿、购物、度假、商业服务等一条龙服务，可就是不见康养产业的核心环节——医疗服务。所以，这一类型的项目就是典型的文旅项目，而非康养项目，混淆了文旅和康养产业的概念，并人为地模糊了文旅产业与康养产业结构之间的区别。虽然文旅产业链和康养产业链在链条各环节上有诸多相似之处，但康养产业是"康与养"，核心是医疗服务产业，所有康养产业链上的其他环节都是围绕着这个核心服务，其他环节都是附加的、锦上添花的，并不能作为康养产业的主体。因此，缺乏医疗服务主体的康养产业，始终不能形成产业链功能的聚集化，单靠度假娱乐，严重背离"康养"之根本。

(二) 赣州康养产业发展同质化竞争较严重

赣州康养产业的总体发展仍处于起步阶段，赣州在积极谋划如何促进赣州康养产业的发展，以使赣州的生态和生活环境成为医疗产业发展的最大卖点，同时帮助该地区乡村居民提高生活水平。但就赣州康养产业的发展情况来看，各康养项目的产业功能细分不够，各康养项目功能结构与特色都不够显著和突出，存在着较为严重的同质化竞争现象，而同质化竞争的结果必将导致更为残酷的价格竞争，价格战的后果则是利润受损，更难有资金投入维持良性的可持续发展，也就更难发展出差异与特色，最终将陷入难以自拔的恶性循环中，而这些都是需要警惕和提早谋划的。

因此，赣州康养产业尚处在起步阶段，开局起步发展势头良好。提前统筹规划，从宏观一体化大康养及可持续发展的角度，细分整个康养产业的功能定位，根据各县域经济特点及文化、资源特色，做出各县自身特色，形成差异化互补效应，避免同质化竞争，才能更好地发挥赣州的地理区位与生态环境资源优势，快

速做强赣州的康养产业。

（三）赣州康养产业核心医疗服务环节存在短板

康养产业的发展归因于人们对美好生活的追求以及对医疗保健市场的必然需求。因此，在工业发展的早期阶段，康养产业与医学有着千丝万缕的联系，医疗是卫生保健的核心，医学与医疗保健相结合是医疗保健的基本要求。但根据赣州市的医疗卫生状况，三级甲等综合医院和三级甲等专科医院不足，每千常住人口拥有床位数偏少，城市 15 分钟医疗服务圈建设不够完善，医疗卫生服务能力相比一线城市差距还较为明显。赣州未来康养产业主要服务的目标群体是粤港澳等地区人口，而医疗服务能力是其选择来赣州康养的重要影响因素。

因此，赣州应着力研究如何抓住《若干意见》的发展机遇和康养产业的发展热潮，并结合互联网 5G（第五代移动通信技术）发展的浪潮，实现医疗服务卫生领域的"弯道超车"，真正将赣州打造成一线城市、沿海城市的养老、养生、休闲、旅游、度假的后花园，让赣州康养产业的硬实力投入转化为医疗卫生领域的软实力输出，提升"硬软实力"转化效率，形成可持续发展的良性循环发展模式。提升医疗服务能力是未来赣州快速成功发展康养产业的关键。

（四）江西有着悠久的中医药产业发展优势，但关联产业承托力不足

赣南地区在中医药方面有着深厚的背景，"旴江医学""樟树帮""建昌帮"在中医药发展史上都有重要的地位和影响。赣南地区需要专注于主导产业，铸造产业链，完善产业链，加强产业链，创造更好更强更大的中药和其他优势产业。江西省委、省政府将中医药产业列入了"2+6+N"产业高质量跨越式发展行动计划。自 2020 年 1 月起，《江西省中医药条例》正式实施，充分体现了江西建设成国内和国际知名的中药之都的决心。虽然江西赣南中医药事业迎来了发展的关键时刻，但中医药产业发展面临的关键问题仍是着力点不显著，关联产业承托力不足，这导致中医药产业与其他产业间的协同发展效应不佳，没能真正发挥江西中医药产业的特色和品牌影响力。

因此，如何发展"康养+中医药"产业，走出独具特色的赣南康养产业发展道路，打响赣南特色中医药康养品牌，亟待深入研究。

四、康养产业消费者调查与发展预期研究

本次调查以各年龄段的市民为调查对象，调查主体为江西省居民，将调查地点划分为赣北（南昌、九江、景德镇、上饶、鹰潭）、赣南（赣州）、赣中（吉安）、赣西（宜春、萍乡、新余）、赣东（抚州）和省外六个地区。通过线上问

卷调查与线下实地发放问卷相结合的方式获取数据。

为保证问卷调查的严谨性，调查的途径有走访、当面发放问卷和网上发放问卷，调查使用简单抽样、定额抽样和方便抽样方法，权衡多种抽样方法的利弊与可行性，力求提升数据的效度和信度。在抽样调查中，抽样误差会对调查结果产生一定影响。通常在其他条件不变的情况下，样本量越大，采样误差越小。因此，可以通过改变样本量的方式减少误差，使其控制在一个合理的范围内，确保调查结果的准确性和有效性。

在不重复抽样的情况下，样本容量的计算公式为：

$$n = \frac{(Z_{\alpha/2})^2 \sigma^2}{E^2} \tag{5-1}$$

其中，n 表示样本容量，Z 表示置信区间，σ 表示总体标准差，E 表示最大允许误差。

在 $1-\alpha$ 为 95% 的置信水平下，取最大允许误差 $E = 0.1$。前期调查共发放问卷 50 份，回收有效问卷 48 份（实际回收率为 96%），根据样本量公式计算得出的样本方差为 0.791。公式调整前样本量为 336 份，考虑到样本调查中的无效问卷，上述样本量在正式调查中进行了调整。

调整公式为：

调整后样本量 = 调整前样本量/有效问卷率

改进的结果是，最终经修改的样本量为 350 份。在考虑了不确定性因素之后，共发出了 355 份问卷，其中，预期收回 336 份，实际收回 335 份有效问卷。

（一）受访者对康养产业了解程度调查

受访者对康养产业了解程度如下：完全不了解康养产业的有 70 人，约占 20.90%；不太了解的有 143 人，约占 42.69%；一般了解的有 98 人，约占 29.25%；比较了解的有 17 人，约占 5.07%；非常了解的有 7 人，约占 2.09%。通过调查，60% 以上受访者并不太了解康养产业。

为了了解受访者基本信息是否与康养产业了解程度相互独立，应用卡方检验对相应变量进行检验。

第一步：

提出原假设（H0）：受访者基本信息与康养产业了解程度相互独立。

提出备择假设（H1）：受访者基本信息与康养产业了解程度不相互独立。

第二步：构建卡方统计量。

$$\chi^2 = \sum \frac{(f_0 - f_e)^2}{f_e} \qquad (5\text{-}2)$$

第三步：给定显著性水平 $\alpha = 0.1$。

根据表 5-1 中数据可知，如果给定的显著性水平 $\alpha = 0.1$，那么性别的 P 值 0.7 大于给定的显著性水平，则接受原假设。年龄的 P 值为 0.02 小于给定的显著性水平，则否定原假设，认为年龄和康养产业了解程度并不相互独立。受教育程度的 P 值 3E-04 小于给定的显著性水平，原假设被拒绝，并且认为受教育程度与康养产业了解程度不是彼此独立的。职业的 P 值 0.09 小于给定的显著性水平，则拒绝原假设，认为职业与康养产业了解程度不是相互独立的。在给定的显著性水平 $\alpha = 0.1$ 的情况下，年龄、受教育程度和职业对康养产业了解程度产生了显著的影响，因此，继续对年龄、受教育程度和职业对康养产业了解程度的影响进行交叉分析。

表 5-1　受访者基本信息与康养产业了解程度的卡方检验

基本信息	卡方	自由度	P 值	显著性
性别	2.2	4	0.7	不显著
年龄	25	12	0.02	显著
受教育程度	43	16	3E-04	显著
职业	29	20	0.09	显著

注：E 为科学记数法符号，如 2E-10 为 2×10^{-10}；显著性水平临界值为 0.1。

（二）受访者康养意愿调查

关于受访者是否愿意进行康养方面活动的调查如下：认为康养是有钱人的生活，与自己无关的有 28 人，约占 8.36%；有些心动，满足对新事物的好奇的有 206 人，约占 61.49%；非常愿意，认为康养可以享受健康养生养老"一站式"服务的有 101 人，约占 30.15%。调查显示，超过 90% 的受访者愿意参加健康和保健活动，并且随着人们生活水平的不断提高，越来越多的人开始注重自己的身体健康和身体保养，越来越多的人愿意参与康养方面活动，江西康养产业发展拥有较多潜在消费者。

（三）消费者康养观念的方差分析

健康养生方面支出占比和异地养老观念对受访者是否愿意进行康养方面活动

存在显著影响。

为了研究不同的月收入水平、目前身体健康状况、改善健康措施频率、健康养生方面支出占比、异地养老观念、可以改变现有健康养生方式观念、没病等于健康观念、难以适应现在的生活节奏、追求高品质生活观念和工作再忙也愿意抽出时间陪伴家人朋友观念对受访者是否愿意进行康养方面活动的影响是否存在显著区别，将月收入水平等变量与因变量受访者是否愿意进行康养方面活动进行多因素方差分析，根据给定的显著性水平 α = 0.05 可知，健康养生方面支出占比和异地养老观念对受访者是否愿意进行康养方面活动存在显著影响。

图 5-1 显示了不同健康养生方面支出占比和不同异地养老观念对受访者是否愿意进行康养方面活动意愿高低的影响，如图所示，异地养老观念为非常不认同、不认同、认同、比较认同和非常认同时，不同健康养生方面支出占比对受访者是否愿意进行康养方面活动意愿的高低存在显著性影响。

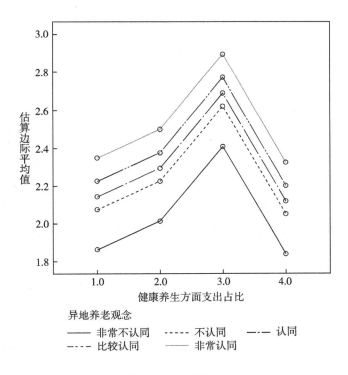

图 5-1 分析效应

（四）康养产业发展现状和展望分析

在对受访者进行调查时，只有70人所在的居住地提供了康养服务，118人所在的居住地没有提供康养服务，还有147人不太清楚是否提供了康养服务。由此可见，江西省康养产业正处于初创阶段，并未得到普及，江西居民对于康养缺乏认识也是有客观原因的。

1. 各年龄段受访者的异地养老观念差异

将异地养老观念共分为5个水平，为了方便后续的分析，将1、2、3、4、5依次定义为非常不认同、不认同、认同、比较认同、非常认同。不同年龄受访者的异地养老观念是否存在显著性差异属于单因素方差分析，单因素方差分析满足正态分布并具有相同的方差的两个基本条件。

由表5-2可知，由于不同年龄受访者的异地养老观念的正态分布检验统计量的观察值为0.91，在给定的数值下，P值小于显著性水平 $\alpha = 0.05$。故认为不同年龄受访者的异地养老观念服从正态分布。

表5-2　正态分布检验

W	P 值	显著性
0.91	7E-13	显著

注：E为科学记数法符号，如2E-10为 2×10^{-10}，显著性水平临界值为0.05。

由表5-3可以看出，在给定的显著性水平（ $\alpha = 0.05$ ）下，由于P值大于该值，可知不同年龄受访者的异地养老观念方差齐性检验统计量的观察值为5.958。在给定的显著性水平（ $\alpha = 0.05$ ）下，由于P值大于显著性水平 $\alpha = 0.05$，接受原假设，认为不同年龄受访者的异地养老观念总体方差无显著性差异。综上所述，各年龄段调查对象异地养老观念的差异符合正态分布检验和方差齐性检验，可以进行单因素方差分析。

表5-3　方差齐性检验

莱文统计	自由度1	自由度2	显著性
5.958	3	331	0.28

注：显著性水平临界值为0.05。

由表5-4可知，不同年龄受访者的异地养老观念单因素方差分析统计量F的观测值为3.044，在给定的显著性水平（α=0.05）下，由于P值小于显著性水平，拒绝原假设，认为不同年龄受访者的异地养老观念存在显著性差异。

表5-4 单因素方差分析结果

	平方和	自由度	均方	F	显著性
组间	12.681	3	4.227	3.044	0.029
组内	459.725	331	1.389	—	—
总计	472.406	334	—	—	—

注：显著性水平临界值为0.05。

为进一步了解不同年龄段受访者的异地养老观念存在的显著性差异，运用LSD法对其进行多重比较分析得到表5-5，由表可知，第一组17岁及以下的受访者与其他年龄段进行比较，与18~44岁和60岁及以上的受访者在显著性水平临界值为0.05的情况下的异地养老观念存在差异；第二组18~44岁的受访者与其他年龄段进行比较，与17岁及以下、45~59岁和60岁及以上的受访者在显著性水平临界值为0.05的情况下的异地养老观念存在差异；第三组45~59岁的受访者与其他年龄段进行比较，只与18~44岁的受访者在显著性水平临界值为0.05的情况下的异地养老观念存在差异；第四组60岁及以上的受访者与其他年龄段进行比较，与17岁及以下和18~44岁的受访者在显著性水平临界值为0.05的情况下的异地养老观念存在差异。从上述分析发现，60岁及以上的人群和其他年龄段受访者的异地养老观念存在显著差异，年龄较大人群都有叶落归根的思想，如果让他们异地养老肯定是不认同的，中青年思想比较开放，对异地养老观念或许会暂时认同，但当中青年一代老去、身临其境，有可能就不认同异地养老观念了，异地养老将成为江西发展康养产业、吸引老年客群的阻碍。

表5-5 多重比较分析

年龄	17岁及以下	18~44岁	45~49	60岁及以上
17岁及以下	—	0.5128*	0.1438	0.4966*
18~44岁	-0.5128*	—	-0.3690*	-0.0133*
45~59岁	-0.1438	0.3690*	—	0.3557

赣南革命老区社会建设与发展研究

续表

年龄	17 岁及以下	18~44 岁	45~49	60 岁及以上
60 岁及以上	−0.4996*	−0.0133*	0.3557	—

注:"*"表示在显著性水平临界值为 0.05 的情况下,组别之间存在差异。

2. 康养特质和不足对于康养选择影响的因子分析

在进行因子分析之前,需要进行可行性分析,以测试所采集的变量和样本是否可以进行因子分析。如表 5-6 所示,KMO 值为 0.910 大于 0.6,认为选择的变量和样本适合进行因子分析。Bartlett 球形检验结果获得的 P 值为 0.000 且小于 0.05,拒绝原假设,认为所取数据适合进行因子分析。

表 5-6　KMO 检验和 Bartlett 球形检验

KMO 取样适切性量数		0.910
Bartlett 球形检验	近似卡方	1713.860
	自由度	55
	显著性	0.000

由表 5-7 可知,11 个变量的平均值都位于中等偏上的 3~4 分,说明受访者对这些影响因素都很在意,要对这些影响因素进行相关完善和改进。

表 5-7　描述性统计分析

	平均值	标准差	最小值	最大值	偏度	峰度
价格因素	3.78	1.01	1	5	−0.75	0.44
康养效果	3.75	0.93	1	5	−0.27	−0.32
地理位置	3.66	0.88	1	5	−0.32	0.12
服务质量	3.81	0.91	1	5	−0.43	0.02
产品特色组合	3.68	0.88	1	5	−0.28	0.12
医疗服务和卫生水平较低	3.81	1.01	1	5	−0.52	−0.17
配套设施建设不够完善	3.56	0.91	1	5	−0.16	−0.03
生态环境有待改善	3.37	1.03	1	5	−0.27	−0.28

续表

	平均值	标准差	最小值	最大值	偏度	峰度
康养服务专业人才匮乏	3.56	0.91	1	5	−0.23	−0.02
相关资金投入不足	3.56	0.93	1	5	−0.22	−0.14
政策法规相对滞后	3.55	0.95	1	5	−0.24	−0.08

通过表5-8反映像相关性矩阵可以看出，在主对角线上，这11个变量的相关性系数大于0.5，且都在0.9左右接近于1，而其他值的绝对值均较小，说明这11个变量相关性很强，适合做因子分析。进一步作出碎石图和总方差解释，提取公因子进行因子分析。

图5-2横坐标为变量数，纵坐标为特征值，基于特征值大于1来确定因子个数，由图5-2可知，有两个特征值大于1，所以提取两个因子。

由表5-9可知，共提取了两个因子，第一个特征值为5.488，可以解释11个变量的49.887%，第二个特征值为1.147，可以解释11个变量的10.427%，这两个因子的累计方差贡献率为60.314%，能够充分解释江西发展康养产业影响因素的共性和差异性。

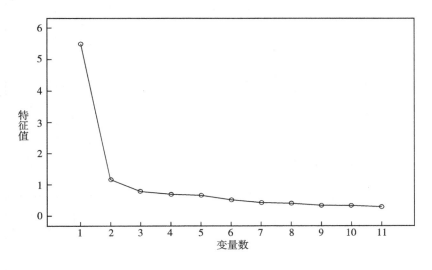

图5-2 碎石图

表5-8 变量反映像矩阵

		价格因素	康养效果	地理位置	服务质量	产品特色组合	医疗服务和卫生水平较低	配套设施建设不够完善	生态环境有待改善	康养服务专业人才匮乏	相关资金投入不足	政策法规相对滞后
反映像协方差矩阵	价格因素	0.684	-0.104	-0.093	-0.005	-0.019	-0.146	0.049	-0.092	0.017	-0.027	7.04126×10^{-5}
	康养效果	-0.104	0.481	-0.015	-0.187	-0.046	0.016	-0.050	-0.047	-0.024	-0.044	0.015
	地理位置	-0.093	-0.015	0.498	-0.067	-0.222	-0.062	-0.022	0.020	-0.057	0.030	0.019
	服务质量	-0.005	-0.187	-0.067	0.465	-0.088	-0.022	-0.079	0.013	0.003	-0.006	-0.009
	产品特色组合	-0.019	-0.046	-0.222	-0.088	0.525	0.020	0.021	-0.034	0.009	-0.037	-0.042
	医疗服务和卫生水平较低	-0.146	0.016	-0.062	-0.022	0.020	0.563	-0.129	-0.013	-0.019	-0.021	-0.074
	配套设施建设不够完善	0.049	-0.050	-0.022	-0.079	0.021	-0.129	0.421	-0.026	-0.117	-0.073	-0.025
	生态环境有待改善	-0.092	-0.047	0.020	0.013	-0.034	-0.013	-0.026	0.662	-0.039	-0.068	-0.109
	康养服务专业人才匮乏	0.017	-0.024	-0.057	0.003	0.009	-0.019	-0.117	-0.039	0.406	-0.105	-0.133
	相关资金投入不足	-0.027	-0.044	0.030	-0.006	-0.037	-0.021	-0.073	-0.068	-0.105	0.486	-0.097
	政策法规相对滞后	7.04126×10^{-5}	0.015	0.019	-0.009	-0.042	-0.074	-0.025	-0.109	-0.133	-0.097	0.482
反映像相关性矩阵	价格因素	0.901*	-0.181	-0.159	-0.008	-0.032	-0.235	0.092	-0.136	0.032	-0.046	0.000
	康养效果	-0.181	0.906*	-0.031	-0.396	-0.092	0.030	-0.112	-0.083	-0.055	-0.091	0.031
	地理位置	-0.159	-0.031	0.878*	-0.139	-0.435	-0.118	-0.049	0.036	-0.127	0.062	0.038
	服务质量	-0.008	-0.396	-0.139	0.903*	-0.178	-0.042	-0.178	0.023	0.008	-0.014	-0.018
	产品特色组合	-0.032	-0.092	-0.435	-0.178	0.881*	0.037	0.046	-0.057	0.019	-0.074	-0.084
	医疗服务和卫生水平较低	-0.235	0.030	-0.118	-0.042	0.037	0.922*	-0.266	-0.022	-0.039	-0.039	-0.142
	配套设施建设不够完善	0.092	-0.112	-0.049	-0.178	0.046	-0.266	0.915*	-0.049	-0.282	-0.162	-0.055
	生态环境有待改善	-0.136	-0.083	0.036	0.023	-0.057	-0.022	-0.049	0.945*	-0.074	-0.120	-0.193
	康养服务专业人才匮乏	0.032	-0.055	-0.127	0.008	0.019	-0.039	-0.282	-0.074	0.910*	-0.235	-0.301
	相关资金投入不足	-0.046	-0.091	0.062	-0.014	-0.074	-0.039	-0.162	-0.120	-0.235	0.936*	-0.200
	政策法规相对滞后	0.000	0.031	0.038	-0.018	-0.084	-0.142	-0.055	-0.193	-0.301	-0.200	0.917*

注："*"表示在10%的水平下显著。

表 5-9 解释的总方差

成分	初始特征值			提取载荷平方和		
	总计	方差百分比	累计方差百分比	总计	方差百分比	累计方差百分比
1	5.488	49.887	49.887	5.488	49.887	49.887
2	1.147	10.427	60.314	1.147	10.427	60.314
3	0.783	7.122	67.436			
4	0.679	6.173	73.610			
5	0.650	5.912	79.521			
6	0.500	4.543	84.064			
7	0.412	3.744	87.808			
8	0.398	3.615	91.422			
9	0.332	3.015	94.438			
10	0.325	2.956	97.394			
11	0.287	2.606	100.00			

注：提取方法为主成分分析法。

旋转后可以得出影响居民对于江西康养选择的因素指标体系线性表达式：

X1(价格因素) = 0.573F1+0.282F2

X2(康养效果) = 0.734F1+0.249F2

X3(地理位置) = 0.686F1+0.456F2

X4(服务质量) = 0.733F1+0.317F2

X5(产品特色组合) = 0.665F1+0.449F2

X6(医疗服务和卫生水平较低) = 0.695F1-0.103F2

X7(配套设施建设不够完善) = 0.781F1-0.214F2

X8(生态环境有待改善) = 0.623F1-0.276F2

X9(康养服务专业人才匮乏) = 0.779F1-0.322F2

X10(相关资金投入不足) = 0.743F1-0.327F2

X11(政策法规相对滞后) = 0.727F1-0.389F2

再进一步得出因子得分系数，计算出的因子得分系数矩阵线性表达式如下：

$$
F1 = \begin{bmatrix} 价格因素 \\ 康养效果 \\ 地理位置 \\ 服务质量 \\ 产品特色组合 \\ 医疗服务和卫生水平较低 \\ 配套设施建设不够完善 \\ 生态环境有待改善 \\ 康养服务专业人才匮乏 \\ 相关资金投入不足 \\ 政策法规相对滞后 \end{bmatrix} \times \begin{Bmatrix} -0.086 \\ -0.045 \\ -0.172 \\ -0.085 \\ -0.171 \\ 0.155 \\ 0.230 \\ 0.245 \\ 0.293 \\ 0.291 \\ 0.325 \end{Bmatrix}
$$

$$
F2 = \begin{bmatrix} 价格因素 \\ 康养效果 \\ 地理位置 \\ 服务质量 \\ 产品特色组合 \\ 医疗服务和卫生水平较低 \\ 配套设施建设不够完善 \\ 生态环境有待改善 \\ 康养服务专业人才匮乏 \\ 相关资金投入不足 \\ 政策法规相对滞后 \end{bmatrix} \times \begin{Bmatrix} 0.253 \\ 0.251 \\ 0.380 \\ 0.295 \\ 0.373 \\ 0.017 \\ -0.044 \\ -0.103 \\ -0.114 \\ -0.122 \\ -0.164 \end{Bmatrix}
$$

通过因子得分系数矩阵线性表达式和因子得分系数矩阵可以看出，公因子 F1 中康养服务专业人才匮乏、政策法规相对滞后这两个困扰因素权重相对较大，因此，命名 F1 为机制设计因子，公因子 F2 中地理位置、产品特色组合这两个因素影响居民康养选择的权重相对较高，因此，命名 F2 为区域特色因子。相关部门和投资商要给予这四个方面足够的重视，培养专业人才和完善相关立法，同时，也要针对康养服务的特质，依据地理位置特色优势，重视康养产品组合，满足居民多层次和差异化的康养需求。

（五）康养产业发展预期的分析

由图 5-3 可知，在调查的 335 个样本中，调查对象对于江西省康养产业发展的态度主要以比较看好和一般为主，虽然江西省康养产业在发展初期存在诸多不足，但在对待康养产业发展预期的态度总体上还是看好的。

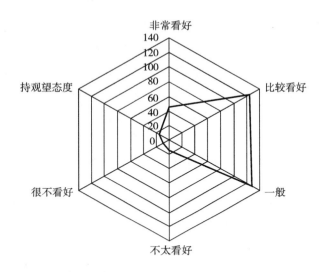

图 5-3　居民康养发展预期雷达图

五、赣南康养产业发展的相关建议

（一）协同文旅产业构筑"一带两区"康养产业布局

文旅产业与康养产业有诸多相似之处，但毕竟文化旅游业不是康养产业。它们的基本核心有很大的不同。康养产业的核心是"康与养"，文化旅游业的核心是"游与乐"，其功能无法完全替代康养产业，这两个行业的核心功能存在显著差异，这表明康养和文化旅游之间的产业链在核心链上存在显著差异。因此，在澄清差异的同时，有必要阐明康养产业的核心是医疗服务的能力。产业链中的其他环节都围绕着该核心服务，即基于服务的能力且源自核心能力。

那么，在明确康养产业核心——医疗服务产业的基础上，赣州又如何充分利用全国首批试点城市的优势，将医疗、全国运动休闲城市、国家级体育特色小镇与民族城市等政策融合起来呢？大胆改革创新，已成为赣州医疗产业发展的关键。为此，江西师范大学苏区振兴研究院课题组经过集体讨论提出了"一带两区"的赣州康养产业结构发展布局设想。

"一带"是康养产业的主要服务带。依靠即将建成的赣深高铁、昌赣高铁，分别在赣州市区、赣县、兴国、信丰、龙南、定南等打造"2 小时高铁"康养核心服务带，以老年人的需求为核心，提供专业的医疗康养服务。

"两区"是依托"2小时高铁"的功能康养区和特色康养区。一是功能康养区。包括温泉养生康养和森林运动康养，依托上犹、寻乌、会昌、安远、大余、石城依靠地热资源发展温泉康养功能区，依托大余、崇义、上犹、安远生态资源，开发森林运动康养功能区。针对青年和中年人群，打造"周末及节假日"的运动旅居休闲功能康养服务区。二是特色康养区。以瑞金等红色文化为代表，全南、龙南、定南、安远、寻乌等客家文化为代表，以及宁都、定南、龙南、于都、南康等特色小镇为代表组成的特色康养区，定位青少年群体，注重红色文化教育、客家文化传承等功能，打造集红色文化，客家美食、文化、娱乐于一体的特色康养服务区。

（二）全局谋划赣南大康养的功能定位，重视功能的融合性发展

根据赣州"一带两区"的康养产业布局设想，结合赣州各县（市、区）的区位优势及功能定位，全局谋划赣南大康养的产业功能定位。

（1）赣州核心康养带定位"养身"。核心康养带为赣州康养产业布局设想中的核心环节。以赣深高铁、昌赣高铁为依托，为了吸引广东、香港、澳门及周边城市的中老年人，将建立"2小时高铁"康养中心服务带，主要定位是"养身"，以医疗服务行业的发展为动力，并为目标人群提供专业化、现代化、网络化和智能化的医疗保健服务。

（2）赣州功能康养区定位"养心"。功能康养区为赣州康养产业布局设想中的拓展环节。依托赣州生态、旅游资源的优势，构建基于核心康养带外的"2小时汽车"拓展服务圈，主要功能定位为"养心"。温泉康养功能区以地热温泉为载体，提供专业的健康养生服务，包括各种类型的中草药温泉、中医诊治、药物调理、针灸、拔罐、保健班等，森林运动康养区以生态和旅游资源为基础，提供攀岩、户外露营、房车露营、森林温泉、运动健身课堂等个性化康养服务项目。

（3）赣州特色康养区定位"养神"。赣州特色康养区为赣州康养产业结构布局设想中的产业延伸环节，包括以瑞金为首的红色文化教育基地，以全南、龙南、定南、安远、寻乌等为主的客家文化特色区，以赣南的各种特色小镇打造的特色康养区。例如，宁都小布镇的康养茶文化、信丰小镇的脐橙文化、南康家具小镇的家具文化、赣县的帆船小镇、定南的足球小镇等。特色康养区的主要定位为"养神"，目的在于提升人们精神层次的健康感，即提供对人的思想、信仰、价值观等精神层面的康养服务，保证人们精神层面的健康和安逸。

（4）重视各功能区块间的融合发展。融合是"一带两区"的整合，而不是

从宏观的角度和观念上构建赣州康养产业所必需的"一带两区"。了解目标群体的需求目标受众并加以利用,将扩大赣州康养行业的宣传效果。例如,赣州康养核心产业带依托"2小时高铁"生活圈。功能区是赣州康养产业的拓展,依托高铁沿线的"2小时汽车"生活服务圈与赣州独特的生态资源,以提供"固定式康养"服务为主;服务"周末探亲"的中青年人群,以提供"流动式康养"为主。依托高铁沿线的"2小时汽车"生活圈和赣州独特的文化资源,重点关注全家人出游,实现长辈赣州养老、儿孙辈周末探望、度假其乐融融的温馨画面。

（三）树立"互联网+康养"的发展新思维

（1）树立"互联网+康养"新思维。2020年9月,国务院办公厅印发《关于以新业态新模式引领新型消费加快发展的意见》,提议建立和改进公共服务的电子商务平台,以加速社会服务在线对接、线上线下深度集成。在物联网、云计算和大数据等新一代信息技术的帮助下,依托江西在VR/AR行业的发展优势,树立"互联网+"新思维,使传统康养行业（如养老地产、康复医院、陪护服务等）向智能化、个性化、多元化方向转型,顺应江西赣南智慧康养新趋势。

（2）为智能康养产业链开发生态整合创新系统。"互联网+康养"将再度激活康养市场、挖掘康养产业消费潜力。江西康养产业的发展应建立完整的智能康养产业链,包括康养数字地图、智能康养数字体验馆、智能医疗健康硬件制造、智能养老管理信息系统和智能养老平台服务。在线医疗的便捷使用服务使生活更加网络化和数字化,并加速了线下医疗服务的转型,这将有助于促进线下康养服务在业务方法和模型方面的持续创新。因此,应树立"互联网+康养"的发展新思维,构建"需求引领创新、创新驱动产业"的整个智慧康养产业链的生态整合与创新体系,为智慧康养产业打造共生互补的集群,使江西赣南智慧康养引领未来康养发展新趋势。

（四）强化康养品牌特色与服务质量建设

康养医疗服务是江西康养品牌特色与服务质量建设的核心环节。江西省要建立一个完整生命周期的智慧健康养老产业体系,为智能保健和老年人护理应用创建示范基地,成为康养行业的领军者,使康养医疗服务朝着标准化、专业化、多元化、信息化的方向发展。因此,江西康养事业发展的关键是要着力提升康养医疗服务质量,打造特色鲜明的智慧康养新业态。

（1）加大政策引导,重视医药类人才的引进和培养。古人曾发出过"我劝天公重抖擞,不拘一格降人才"的喟叹。未来的竞争归根结底还是人才的竞争,所以人才的引进和培养对江西康养事业的发展尤为迫切。建议加大政策指引并引

赣南革命老区社会建设与发展研究

进领先的人才群体，如全国知名的医学学者、中医专家和国医大师等。同时，加强中医药人才的培养，支持具有临床经验和技术专长的中医药专业人士和中医专业人士带徒授业。通过引进和培养加快人才的聚合速度，为江西康养事业发展提供强大的智力支持。

（2）紧抓《若干意见》红利，用好部级联席会议制度。建议赣州用好部级联席会议制度，呼吁动员一线城市的三级甲等医院对口支持赣州医院的发展，提高赣州市医疗服务整体水平，并为其发展打下坚实的基础。可以尝试为一流城市的顶级医院专业人员建立一个移动问诊系统，建构学习和交流的桥梁，安排彼此之间的定期探访，以及各方医护人员的交流活动。

（3）依托江西赣南中医药优势，打造赣南康养的品牌特色。建议加强对中药库的挖掘、保护和传承，支持中药产品和医疗器械的研发、使用和推广，抓住机遇建设国家中药改革示范区。依托赣南医学谷建设，大力实施中国品牌战略，培养一批领先的中药企业，力争做到在中医药领域"世界看中国、中国看赣南"，在健康产业发展的新时代，让赣南中医药这块无价之宝大放异彩。

（4）发挥社会资本力量，缩短产业布局与建设周期。为推进国家医疗保健行业的发展，应充分利用社会资本、私人资本、管理资本和市场资本，创新发展模式，快速提升各市医院数量和整体康养医疗服务水平，缩短产业布局与建设周期。例如，赣州经济技术开发区利用政府和社会资本合作（Public-Private Partnership，PPP）模式，成功引入东莞市康华投资集团合作开发的医养综合体项目，建设了一家床位数不少于300张的三甲标准医院。

（5）使用5G技术加速远程医疗服务系统的建设，使用现代5G网络技术可以加速解决医疗行业医疗费用高昂、资源分配不均等问题，让更多人共享优质的医疗资源，实现三甲医院与康养医疗服务机构的无缝对接，在远程医疗场景中实现应用程序，如远程健康数据交换、远程专家建议、远程超声、远程手术、紧急救援、远程教学和远程监控等，快速提升江西各市整体康养医疗服务水平。同时，大力推进江西省康养信息化服务平台建设，推进网上医疗咨询、网上预约、手机支付、检查结果查询、健康档案查询等服务场景的应用，提升线上康养医疗服务能力。

（五）探索打造康养产业的闭环发展模式

江西健康产业发展的最终目标是为康养产业实施闭环商业模式。

（1）积极构筑江西康养产业的闭环生态系统。积极探索整合康养专业照护、生命科学研究、康养旅居、康养培训、健康管理、生活服务、健康养生、社区医

· 154 ·

疗等产业，构建康养全生命周期闭环生态系统，利用 VR、5G、大数据、人工智能等新技术提供从出生到年老全方位、系统化、综合性的康养服务。

（2）积极完善江西康养产业的闭环营销系统。通过对康养消费群体的深度调研与沟通，清楚了解其消费认知、消费习惯和消费需求，运用互联网技术，多角度、多时空、多维度营销，并利用消费者之间自发性口碑传播放大效应，形成趋于消费者认同的闭环营销系统，实现江西康养品牌的闭环营销。

（3）积极探索江西康养的闭环消费系统。在消费升级的背景下，积极探索康养产业发展的"政府投资运营—养老金支出消费"闭环消费模式，利用康养产业带动上下游相关产业的协同发展，实现乡村振兴和江西的高质量跨越式发展，这既凸显社会效益又能够放大经济效益，最终形成经济内循环的闭环发展系统。

第二节　避免虹吸，发挥昌赣高铁新动能

建设高铁是我国区域经济发展中的一项重要措施。与此同时，高铁也是一把"双刃剑"，高铁的开通和运营可以带动国内需求，促进区域经济发展，对于人才引进、资源流动、信息共享等方面都有重要意义；但是对于高铁的沿线城市，同样带来了"人才、产业、资源和旅客流失"等巨大挑战。国内学者对于高铁经济已有大量研究，张雨菡、陈光临（2016）研究高铁经济效应下，中小城市在把握机遇的同时，如何去应对巨大的挑战；姚毅（2018）通过梳理区域机制以及高铁行业的经济和社会影响，并综合利用国际和国内先进城市枢纽的经济发展经验推进平台建设，在优化交通管理、促进产业发展、促进区域合作等四个方面，提出带动高铁产业进一步发展的想法和建议；朱宣霖（2019）探究"虹吸效应"对镇江市创新创业造成的人才流失后果，对镇江市创新创业人才的发展环境和人才政策提出建议。

《若干意见》为赣南的发展打开了新的历史篇章。赣州作为江西省域副中心城市、中国百强城市、国家区域中心城市、"一带一路"重要节点城市与全国性综合交通枢纽城市，一直在持续稳定地发展，那么，昌赣高铁的开通将会给沿线地区带来哪些新的挑战，又该如何去应对和解决这些挑战，让赣南地区能借助高铁的作用更好地发展呢？

一、赣南苏区的经济发展现状

江西赣州是全国著名的老革命区，赣南是原中央苏区的心脏地带，出于地理、自然、历史等原因，长期处于较落后的状态。从地理上看，赣州四面环山，是一个独立的地理单元，导致其闭塞、对外交流困难。赣州地形崎岖，山地、丘陵占赣州市面积的 80% 以上，平原不足，导致可利用土地非常少，"八山半水一分田，半分道路和庄园"是赣州土地利用的现状。从自然上看，赣州的森林植被受到严重破坏，20 世纪 80 年代初，赣州水土流失较严重。从历史上看，赣南地区是中国著名的革命老区，赣南苏区人民从人力和物力等方面给予了国家大量的帮助，为中国革命做出了巨大的贡献和牺牲。

2012~2018 年赣州市 GDP 及三大产业增加值等数据（见表 5-10、图 5-4 和图 5-5）显示，赣州市经济呈稳定向上发展态势。GDP 呈直线上升，增长率变化不大，在三大产业增加值中，第一产业增加值在逐渐降低并趋于平稳，第二、第三产业增加值在不断增加，且第三产业逐渐成为三大产业中比重最大的。2018 年赣州市经济继续运行在合理区间，多数指标完成或超额完成年度目标任务，增速普遍高于全国、江西省平均水平，位列江西省"第一方阵"，实现了整体经济平稳且稳中有进。

表 5-10　赣州市 2012~2018 年 GDP 及三大产业增加值数据

年份	GDP（亿元）	第一产业增加值（亿元）	第二产业增加值（亿元）	第三产业增加值（亿元）	GDP 增长率（%）
2012	1508.43	252.41	696.78	559.30	11.9
2013	1673.31	271.79	763.96	637.57	10.9
2014	1843.59	47.57	843.42	712.93	10.0
2015	1973.87	295.56	870.46	807.85	9.6
2016	2207.20	334.42	918.99	953.78	9.5
2017	2501.05	333.26	1065.73	1102.06	9.5
2018	2807.24	340.30	1194.24	1272.70	9.3

资料来源：赣州统计年鉴 2019 [EB/OL]．赣州市统计局，https：//www.ganzhou.gov.cn/zfxxgk/c100093n1/202006/3a1969224f2142788f27ce3714b4313f.shtml.

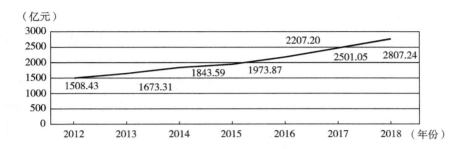

图 5-4 赣州市 2012~2018 年 GDP 增长趋势

资料来源：赣州统计年鉴 2019〔EB/OL〕. 赣州市统计局，https：//www. ganzhou. gov. cn/zfxxgk/c100093n1/202006/3a1969224f2142788f27ce3714b4313f. shtml.

二、昌赣高铁给赣南苏区带来的机遇

2012~2019 年，赣南发生了翻天覆地的变化，其中包含赣南交通实力大幅度提升，一张张纵横交错、连通八方的巨网正在赣南大地铺开，而昌赣高铁的开通更是标志了赣南交通发展的新时代。昌赣高铁整个路线包括南昌、横岗、新干东、赣州西等多个车站，设计速度为 350 千米/小时，它是《中长期铁路网规划》中南北联通的重要组成部分，也意味着万安不通火车和吉安不通动车的历史将结束。从南昌到赣州的最快铁路时间已经从超过 4 小时减少到不到 2 小时。赣南、赣北地区也通过高速线路连接起来，形成了一个快速通达的整体。一方面，昌赣高铁使古老的革命根据地江西进入了高铁时代；另一方面，昌赣高铁将使江西形成以省会南昌为中心、覆盖全省主要市县的"1.5~2 小时交通圈"，这无疑为该省的基础设施建设、交通运输系统建设和经济发展做出了贡献。

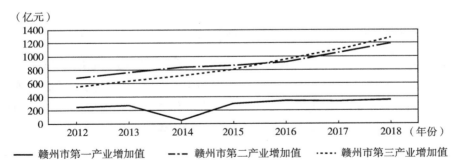

赣州市第一产业增加值　　赣州市第二产业增加值　　赣州市第三产业增加值

图 5-5 2012~2018 年赣州市三大产业增加值趋势

资料来源：赣州统计年鉴 2019〔EB/OL〕. 赣州市统计局，https：//www. ganzhou. gov. cn/zfxxgk/c100093n1/202006/3a1969224f2142788f27ce3714b4313f. shtml.

为了致富，首先要修路。为了使人们出行更加方便，昌赣高铁在兴国县拐了一个弯，这是党和政府对革命老区人民的关心和厚爱。从京九铁路到昌赣高铁，都有这个"兴国弯"。兴国已进入高速列车时代，近年来，兴国在交通和其他基础设施方面进行了大量投资，交通区位的优势越来越明显。高速列车在提高人员和货物运输水平的同时，还有助于提高运输速度和降低物流成本。昌赣高铁连接赣州和南昌，形成了一个以南昌和赣州为重点的经济圈，促进了两地经济的发展。昌赣高铁开通后，将连接即将修通的赣深高铁，只需要3个小时，就能达到广州和深圳，这有助于加强江西与珠三角地区之间的合作与交流。庐陵文化是吉安人的骄傲，井冈山革命根据地是吉安的特色，高铁的开通将为吉安的旅游业带来大量的人员和资源的流动。

更值得注意的是，昌赣高铁沿线旅游景点众多，秀美山川、江河湖泊数不胜数，通车后无疑又会给"最美高铁"系列再增加一道令人惊艳的亮色。乘坐列车一路南下，江西中部与南部广袤的山水与田园农家交相辉映，令人目不暇接。这不仅能够满足众多旅游爱好者的需求，而且对于沿线地区旅游业的发展有较强的促进作用。

作为昌久城际公路的延伸，昌赣高铁是京九经济带的重要组成部分。它具有卓越的城际交通功能，可以实现南昌至赣州之间的客货运输，对改善区域交通条件、加速沿线发展当地旅游业和矿产资源以及发达沿海地区的产业转移具有重大影响。高铁的建设可以加强赣中赣南以及发达地区之间的经济往来，将促进沿线城市的发展，区域之间的经济关系和区域的互补优势有助于该区域的经济、工业、技术和人力资源的迅速流通，提高城市群之间的人员、旅客和物流的流动效率，进而促进城市之间的经济发展。

三、昌赣高铁给赣南苏区带来的挑战

虹吸效应，原指一种物理现象，近年来，它已越来越多地用于当地经济发展。虹吸效应在经济学中强调，在某些发展因素的影响下，事物的发展呈现出梯度变化的趋势，从而导致从小到大的转变现象；使美好事物对周围其他事物具有强烈吸引力，使其他事物更靠拢美好事物的一种现象。

高速铁路的虹吸效应是指：建造高速列车时，最初预计高速铁路沿线城市中的中小城市将通过高速列车来推动交通发展和提升、吸引人才聚集和靠拢的目的得不到实现；相反，沿途的大城市吸引了更多的人才、产业和客流等资源，导致小城市的活力不断下降，所谓的"城市生活"越来越拥挤，形成常见的"强者

越强，弱者越弱"的局面。以成渝高铁为例，以前从成都到重庆，火车要一个白天，后来成渝高速公路修通后，两地的交通时间只要 4 小时，导致坐火车的人大量减少，促使火车提速，而成渝高铁通车后，两地的交通时间缩短为 1 小时，这不仅对高速公路及铁路有影响，而且对航空也会造成极大的威胁。这种现象其实违背了当初修建高速公路和高铁的初衷，不仅不能达到预期效果，可能还会带来负面影响。以同样的原理设想，昌赣高铁的开通，必然会带来赣南等地区的各种资源和产业向南昌聚集的现象，这对赣南的发展是极大的威胁。

（一）人才流失问题

人力资源作为经济社会发展第一资源的特征和作用更加明显，人才竞争已成为综合国力竞争的核心。谁能培养和吸引更多优秀人才，谁就能在竞争中占据优势。归根结底，国家综合实力的竞争就是人才的竞争，即大量人才的培训和获取，提高人才在市场上的敏捷性和竞争力，可以不断提高国家的综合国力。而对于一个城市的发展来说，劳动力资源在一段时间内是有限的，因此，人力资源变得越来越稀缺，吸引更多人才（尤其是高端人才）的能力已成为定义城市发展的关键。

高铁时代带来的流动便利，不仅会加速各项资源和生产要素的流动，同时还会使得资金、人才、信息等向资源优越、环境更好的地区聚集，导致类似于赣南地区的勉强脱贫的城市或地区的要素资源流失，原有的地区优势不再，产业结构不稳定，区域差异偏向扁平化，一般来说，缺乏核心竞争力产业的城市，其人口、投资和消费都会被靠近的城市尤其是大城市吸走。

在人才资源方面，除去中心城市相对于中小城市本身的吸引力（经济社会发展水平、收入福利和发展空间等），便捷的高铁交通对于中小城市的人才资源而言，是一种较强的"拉力"，因为相近的地理环境、便捷的交通使得人才获取新工作的机会更多、成本更低。昌赣高铁开通后使得赣州到南昌仅需 1 小时 42 分钟，赣州西到南昌西仅需 191 元，便捷的交通在某种程度上实现了"同城化"，也意味着本地人才在外就业的返乡探望成本大大降低，他们在选择就业地点时，本地的思乡筹码会减轻。而人才是赣南发展的关键资源，人才流失会严重制约赣南经济的发展。

（二）产业同构问题

高铁经济可以促进我国区域经济增长，缩短不同区域之间的距离，促进投入物的有效周转，促进区域间的合作与转型。高铁的开通可以加快产业转移，促进产业结构转型和现代化，在沿线城市创造和谐有序的产业结构综合体系，从而解决高铁沿线地区发展同质化问题。但高铁在解决既有问题的同时，也会带来新的产业结构问题。随着高铁沿线地区的产业结构不断融合，资源不断流通，沿线城市就会过度依赖高铁带来的正面影响，而忽略自身发展的特色和优势，同时，沿线地区的产业同构化现象也会越发明显，因为各地区的产业规划有较大的相似性，缺乏原有的地区产业差异化的特色，沿线地区随波逐流，无法根据本地区的实际情况进行产业结构发展战略的定位和规划，在与其他发达城市竞争的过程中，势必会处于劣势地位，造成产业结构缺乏明确的分工和定位，带来新的产业同构问题。

（三）旅游客源外流

赣州是原中央苏区的主要地区，也是中国老革命根据地。在过去的几年中，其红色旅游业已经取得了不小的进步和发展，但横向与井冈山、延安、遵义等地相比，赣州红色旅游人数较少，知名度也较低，特别是红色旅游区作为赣州"一核三区"旅游发展战略中最主要的区域，没有发挥其领导作用。主要原因如下：首先，红色旅游产业总量小，旅客周转量不大，总收入低。其次，红色文化尚未得到充分开发，赣州的七个县（市、区）中只有瑞金对中央苏区的相关历史和文化进行了广泛的研究，在兴国设有几处比较完备的展览园、纪念园等对外开放，其他县（市、区）红色文化的探索相对浅显，同时，红色资源展示形式较为单一，各地区对于赣南苏区红色文化和历史精神的展示基本上限于纪念馆、旧居等传统方式，对于普通游客尤其是年轻游客没有太大吸引力。最后，经典红色旅游线路未形成，没有配套的旅游设施，且知名度还不够高。

目前，赣南地区的旅游业标准化、连锁化都比较弱，旅游企业的知名度不高，同城化、一体化在昌赣高铁开通后会得到进一步提升，这将增加优势城市旅游业的吸引力，旅游业的竞争也是旅游企业之间的竞争。这给本就处于劣势的赣南旅游业的发展带来更为严峻的挑战和困难。

四、高铁时代赣南苏区发展的建议

（一）坚持以人为本，整合人才资源

所谓"千军易得，一将难求"。在区域经济发展中，人力资源是最重要的资源，具有物质资源无法比拟的优势，加强人力资源建设和充分利用优秀人才是区域建设的关键。赣南地区必须充分认识到昌赣高铁的虹吸效应带来人才外流后果的严重性和紧迫性。对此，提出以下几点建议：

首先，制定人才回流政策。赣州政府可根据实际情况，针对返乡回流人员制定一系列的关于工资津贴、科研经费、住房补贴、五险一金、家属就业、子女入学等各方面的优惠政策，解决其后顾之忧，让更多外出求学或深造的优秀人才返乡工作。

其次，吸引更多的知识分子返回故乡创业，促进行业的创新和发展。返乡人才将各种资源带到赣南地区，逐步发展旅游、寄宿、餐饮等产业，或建立农村电子商务的分销基地，向国内外销售农产品和副产品，以有效地推动农业现代化进程。

最后，因地制宜培养技能人才，服务区域经济发展。创新是经济发展的动力和核心，而创新的最大来源是人才的创新能力和科研能力，大力培养创新型人才是发展地方经济的必要途径。同时，为了避免人才外流，应从赣南地区发展的特殊优势和给予优秀人才的优待条件入手，创造人才吸引点，打破人才外流影响经济发展的恶性循环中吸引力缺乏这一阻碍。

（二）产业错位发展，形成互补优势

高铁作为外部环境，对于产业发展的影响是显而易见的，但也要科学地审视这种影响，因为产业的发展是有其自然规律的，且高铁对于不同的产业有不同的影响。赣南地区在依托昌赣高铁发展产业的同时，需要警惕产业同质化现象，避免产业市场恶性竞争。日本的新干线于1964年开通，名古屋只是沿线城镇中一个名不见经传的小镇。在新干线建立"东京1小时都市圈"之后，名古屋采取与东京错位发展的战略，东京的重点是金融和研发中心，名古屋则将重点放在先进制造业和现代服务业，如汽车制造业、电子、纺织品和商业贸易等，最终培育了著名的丰田汽车城、松坂屋百货商店以及其他著名的国内外大公司。同时，名古屋都市圈也成为日本三大都市圈之一。因此，江西赣南地区可以借鉴日本名古屋的成功经验，以其独特资源和产业为基础，致力于发展产业差异和制定有利于产业互补的优势战略，避免昌赣高铁可能带来的产业同构化问题。

赣南脐橙产业是赣州的一张"经济名片"，赣州脐橙种植面积在世界上靠前，年产量也是世界第三，是全国较大的脐橙主产区，被誉为"世界橙乡"。赣州可考虑扬长避短，大力发展脐橙、新能源汽车、电子信息、生物医药等特色产业，与沿线吉安、兴国、南昌等地区产业错位发展，培育具有赣南特色的产业集团，而后可考虑向产业群发展，促进赣州市内产业结构的一体化和高级化。

（三）构造人文情怀，发展红色文化

在建立和发展红色政权、探索党的革命根据地和革命路线的实践中，苏区的红色文化建设是我们党宝贵的精神财富，这种精神是所有江西人民乃至全国人民都要永远铭记、世代传承的。所以可以借助这种精神和人文情怀来宣传红色旅游产业：

（1）主攻红色旅游项目的建设。各地区都应结合新思想、新创意和新项目，迎合市场需求，深入探索研究特色红色历史文化，建设红色精品项目，引进创新人才，停止重复修建纪念馆、展览馆等，让红色旅游业市场活跃起来。同时，应在吃喝住行等方面建设要素完善的配套设施，全面提高赣州红色旅游区的品质，让红色旅游业带动赣南地区经济的发展。

（2）着重激发苏区精神，扩大宣传和推广。苏区精神的主要内涵是坚定信念、求真务实、一心为民、清正廉洁、艰苦奋斗、争创一流、无私奉献。尽管苏区精神是在70多年前形成的，但它是经过充分考验的，仍然具有时代价值和意义，所以苏区这种优良作风的指导思想是需要传承和发扬的。按照这个思路，可以重点深入挖掘苏区精神以及苏区精神背后的一些故事，借助苏区精神的传播，赣州的影响力将大大提高，红色旅游产业的发展将得到促进。

（3）加大红色旅游区的宣传力度。各地可以整合各类媒体资源，利用其优势，围绕精品旅游区，联合进行系列活动的广告宣传。同时，赣州作为长征的出发点，可以考虑以赣南为头，联合其他长征路线，申报文化遗产，这样既宣传了长征精神，也宣扬了赣南红色文化历史。

（4）建设红色文化学习基地。以吉安为例，原先井冈山经济结构是旅游业一枝独秀，党的十八大以后，为了尽快脱贫攻坚，完全按照全域旅游的思路来构建旅游产业，以井冈山红色旅游区为中心点，与周边永新县和遂川县的红色旅游形成了一体化的发展模式，有力地促进了吉安旅游产业的发展。赣南老区则完全可以利用其丰厚的红色文化历史底蕴，建造类似井冈山红色文化学习基地、吉安旅游区等的红色文化园区，一方面，可以吸引各地区的党员干部和学生干部前来学习参观；另一方面，可以吸引对红色文化感兴趣的游客前来学习观赏，促进旅游业的发展。

第三节　区块链赋能赣南地方政府数据治理的创新路径

随着互联网和信息技术的不断发展，人类已进入大数据时代，数据已成为国家基础性战略资源，这提高了数据市场的复杂性，增加了保持数据安全可靠、完整精确、公开透明、共享开放等方面的难度。而区块链技术在解决这些难点方面具有独到的优势和便利。

近年来，国家层面对于区块链技术应用于各类行业从而促使行业发展的重视程度逐渐增强，我国中央和地方出台的相关政策为区块链技术和产业发展营造了良好的政策环境。2016年12月，国务院发布的《"十三五"国家信息化规划》首次将区块链技术纳入新技术范畴，并作出其发展的前沿布局，标志着我国开始推动区块链技术应用和发展。

在实践性研究方面，关于区块链与电子政务的结合，许多学者已从不同角度进行了分析。张毅等（2016）从区块链的兴起和在政府部门的应用着手，详细分析了区块链技术给政府部门带来的机遇和挑战；戚学祥（2018）阐述了政府数据治理面临的三个主要问题：质量管理差、安全控制薄弱以及开放共享困难，通过分析区块链技术的基本特征对应可解决的问题，认为区块链在解决问题的同时也会给政府数据带来挑战，最后就创新的应用和监管机制提出了明确的共识和克服挑战的对策。

总体来看，国内外对区块链的基础技术、应用场景、实施挑战、监管风险等进行了深入研究，为本书的研究提供了强大的理论数据分析基础、研究性成果。基于信息安全性，如何利用大数据、人工智能等技术提高数据信息传输和共享的效率，并克服难以将数据治理安全性和效率相结合的痛点，成为我国今后的数据治理中应解决的主要问题。因此，本书以区块链的概念和特点为切入点，探讨区块链技术赋能地方政府数据治理解决痛点的基本逻辑与创新路径。

一、大数据背景下地方政府数据治理仍面临一定的挑战

虽然在大数据的背景下，数据的处理与分析变得轻而易举，数据治理与数据应用结合得更加紧密，地方政府在数据治理方面也变得更加便捷，但是由于技术不完善和其他客观因素，当前政府数据治理至少还存在数据安全性、完整性、真实性和共享性有待提升四个方面的问题。

二、区块链赋能地方政府数据治理的基本逻辑

区块链作为一种分布式共享技术，在全球范围内引起了各领域及行业的高度关注，在未来全面数字化的时代，区块链技术将成为互联网发展的主要动力。政府数据治理通过区块链获得授权，将成为全球政府治理转型最重要的推动力量。

它的关键要素分布式、透明性、共识机制、去中心化、难以篡改等与地方政府数据治理追求的价值（如提高数据安全性、完整性、真实性、共享性等）目标高度契合（见图5-6），可以从根本上改变政府数据治理的方式。结合实践发展和理论研究进展来看，在政府数据治理领域，区块链技术作为提升数据治理能力的强有力工具，将通过对应技术在安全性、完整性、真实性、数据共享性等方面发挥作用，引领地方政府数据治理创新发展。

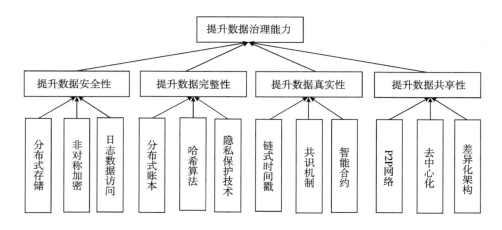

图5-6　区块链赋能政府数据治理基本逻辑图

资料来源：笔者根据文献材料整理得来。

（一）提高数据安全性，避免信息泄露

大数据时代背景下，政府部门在行政管理过程中积累了大量数据，且这些数据具有极大的权威性，因此，具有很高的价值。由于互联网具有开放性等特点，政府部门在享用信息化带来的便捷的同时，也需要重视数据安全与信息保护工作。实际上，信息泄露或盗用的情况偶有发生，但是出于成本和技术原因，其中大多数难以追究责任。

在提高数据安全性、避免信息泄露方面，区块链技术具有自身独特的优势和便利。首先，分布式存储数据，能够降低数据泄露风险。区块链技术的分布式存储通过网络用每台机器的存储空间构建一个虚拟的存储设备，将政府部门的数据切割后分散地存放在不同的电脑上，这样既意味着可以提高系统的可靠性和可用性，也意味着数据的安全性被大大提高。其次，非对称加密技术是区块链的核心技术之一，是保证区块链安全的基础机理。该技术由公钥和私钥构成。先根据密钥生成算法求私钥，之后通过另一种算法求公钥，且公钥生成过程是不可逆转的。在当今的技术背景下，通过公钥穷举出私钥是非常困难的，只有获得数据库的私钥或公钥，才能访问政府机构的敏感信息管理数据库，链上的数据是算法生成的脱敏数据的指纹。当需要使用数据时，必须先获取权限，之后再到数据储存处进行读取，这样就不必担心信息泄露。最后，日志数据访问完全透明，政府部门对于公开的信息能检索数据访问次数、频率及对象，并且这种检索永久保存在公共区块链中，不可更改，可以较好地检测数据被使用情况。

（二）提高数据完整性，降低运营成本

随着地方政府数据统计范围的扩大，常规的或者传统的数据统计方法已经难以满足需求，特别是在重大公共突发事件中，对于数据的完整性的要求更加严格，现今的技术虽然能一定程度上保证完整性，但利用的平台或者资源较多，成本较高。区块链技术的应用将有利于改善地方政府数据治理体系，降低运营成本，提高数据完整性，促进政府数据治理完善化。

区块链对每一节点充分赋能，这是未来实现决策科学、决策民主的重要技术保障。首先，政府部门的数据收集和数据治理本就是一个多参与者、多元主体、权限不一、环节复杂的应用场景。政府可以使用由所有数据提供者和参与者共同维护的区块链去中心化账本技术，并可以用于多个站点，国家或机构中存储数据，单个参与者的修改对于数据起到了修改的作用。其次，在区块链中，数据包的哈希值是一个区块唯一且准确的标志，区块链通过哈希计算方法对事务块中的交易信息进行加密，并将信息压缩成由一串数字和字母组成的哈希符号串，且加密码过程是不可逆的。那么，当政府部门利用区块链储存数据后，区块链板块的哈希值能通过区块链中的任何节点运用哈希算法得到，计算出的哈希值不会变化，这意味着政府存储在区块中的数据不会被篡改，从而降低政府部门对于数据的完整性和隐私性的担忧。最后，通过区块链的隐私保护技术对数据的存储进行保障。区块链上的隐私保护技术大致可以分为三类：一是对于交易信息的隐私保护；二是对于智能合约的隐私保护；三是对于链上数据的隐私保护。在政府部门使用区块链的过程中，区块链的"加密存储和分布式存储"相结合可以更好地保护数据的安全性和完整性。这些可以很好地确保地方区域政府的数据确权、数据收集、数据流通及数据精准记录等。

（三）提高数据真实性，促进政务公开

随着信息化时代的到来，每个人一天中要接收的信息非常多，在提高数据真实性方面，区块链具有独特的优势。因为区块链上发布的数据或者信息带有时间戳，且任何机构包括时间戳中心都不能对其进行修改，这使数据、信息或者文件被篡改的可能性为零，一定程度上防止了造假的情况。区块链的智能合约使用持久和实时的自动化方法，已使某些社交合约能够在机器的信任下执行，而无须大量的文书工作，完全实现了数字化。从信任方面来看，当用户建立新的交易时，区块链会将其加密、安全的电子签名和新交易的细节传播到附近的网络节点，所有经过身份认证的参与者通过共识机制对交易信息进行验证并且记录下来，形成分布式总账，从而达成一致，建立互信。

（四）提高数据共享性，优化管理水平

区块链技术的一个创新突破就是，一切皆可上链，一切皆可确权，这是数字经济中政府信息数据管理系统转型的必要条件。一方面，区块链的 P2P 网络交易没有固定集中的交易市场，通过对交易双方的双重身份认证，交易者直接与其他用户进行交易，且点对点交易系统信息灵敏，成交迅速。另一方面，政府在服务与管理公共事务的同时，可以通过区块链网络突破"各自为政""信息孤岛"等难题，实现真正的数据共享，简化事务流程，优化管理水平，如去中心化、差异化结构等，这些特征在数字经济中可以转化成低成本且安全可靠的共享机制。

三、区块链赋能赣南地方政府数据治理体系的创新路径研究

随着区块链的发展，衍生出不同的区块链技术形态：公有链、联盟链、侧链和私有链。就当前的技术来说，区块链完全应用于政府数据治理是一个长期的过程。因此，本书提出区块链赋能地方政府数据治理体系的四条创新路径，如图5-7所示。

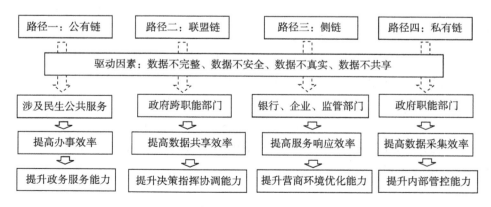

图5-7　区块链赋能政府数据治理的创新路径

资料来源：笔者根据文献材料整理得来。

（一）利用公有链提升政府政务服务能力

公有链是公共的、"完全去中心化"的区块链，其定位为区块链的底层的基础设施，具备访问门槛低、易读取、公开透明和无法篡改等特点。首先，在公有链中"去中心化"特征明显，公有链能保护参与者免受开发者的影响，它使得每一个人都成为链上的一个节点，公平公正地参与到这次记账的区块链里；其次，公有链的访问门槛低、限制少，原则上来说，任一互联网计算机都可以进行访问；最后，在默认情况下，公有链上的所有信息都是公开的，任何人或任何组织都无法控制或干扰其读写，且它的激励机制能够实现大规模的协作与共享。当下，已经有如比特币、以太坊及 EOS（Enterprise Operating System）等公有链的典型应用于实际。地方政府在进行民生公共服务的数据管理时，可能会有数据不完整、不安全、不共享等痛点，那么，利用公有链的相关特征能解决相关问题，提高办事效率，从而提升政务服务能力。地方政府在进行信息收集、日常生活业务办理等民生公共服务时，借助公有链可以扩大影响范围，同时，如果有需要公布的关键信息或者通知，也可以直接发布，任何人都可以通过公有链直接读取真实的信息。

（二）利用联盟链提升政府决策指挥与协调能力

联盟链是指由若干组织或者机构构建和管理一个区块链，并且只限于这些组织或者机构才能对联盟链中的数据进行访问、读写，联盟链的参与机构能够在组成联盟时通过互联网授权密钥向公众提供服务，这意味着其他人可以通过 API（应用程序接口）有限次数地查询和返回区块链状态信息。联盟链具有四个显著的特性：一是联盟链中的节点不多且节点之间具有很好的网络连接，如果出现故障，可以快速通过人工干预使其修复，并且允许使用共识算法来减少阻塞时间；二是联盟链的运营成本较低，可以提供快速交易处理、低廉交易费用和较好可扩展性的服务，并且可以应用于各种场景；三是联盟链中只要所有的机构中大部分达成共识，即可将区块数据进行修改，参与区块链的节点都是事先选择好的，如在 15 个部门之间建立了某个联盟链，要求必须有 10 家以上的公司同意才能达成共识；四是联盟链不允许任何人查看交易日志，具有强大的隐私保护功能。

联盟链是介于私有链和公有链之间的，在一定程度上可以看作是两者的结合应用。IBM 提供的 Hyperledger Fabric 是面向企业运用联盟类型区块链的一种，也是目前主流的开源技术框架之一，功能强大，应用比较广泛。如果将联盟链技术应用在政府的跨职能部门之间或者不同区域的地方政府之间，可以在低成本的情况下较好地提高数据共享效率，从而提升决策指挥协调能力。可以在区域内政府各部门间构建一个联盟链，数据处理和共享是在联盟链中进行的，部门之间不会出现数据不平衡的情况，又有利于区域内决策的准确性和恰当性。而在面对重大公共事件时，各地方政府可以构建一个联盟链，以更高效地达成数据共享，且不需要担心信息泄露等问题，对于一些需要公开的数据也可通过特定的 API 披露。

（三）利用侧链提升政府对营商环境的优化能力

侧链是基于人们需要在不影响主链工作升级主链或者在其中添加一些新功能的情况下被提出的，其实际是实现信息或者资产从一块区块链转移到另一块区块链，其技术基础是双向锚定。同时，侧链的使用不会影响主链，当侧链出现故障时，不会影响主链的使用。侧链的具体实现方式可以分为五种：一是单一托管模式，即主链将信息发送至托管方，托管方再根据信息在侧链上激活对应的数字资产；二是联盟模式，即使用公证人联盟取代单一的托管方；三是 SPV 模式，该模式是"去中心化"双向锚定技术和交易证明方法的一种手段；四是驱动链模式，即资产托管方时刻检测侧链状态，对数字资产进行监管；五是混合模式，即基于以上四种方式再根据实际需要任意混合使用。

侧链技术扩展了区块链技术的应用和创新领域。较著名的侧链包括比特币的 BTC Relay、Rootstock 的 Liquid，以及 Lisk 和 Asch 等非比特币侧链等。根据侧链的特点，其较适合用于银行、企业或者监管部门等与政府部门相关的第三方组织，可以在主链的基础上，提供一些共识机制、隐私保护等功能，而且用户在使用这些新服务时，不会对主链造成负面影响。例如，监管部门接收到举报，通过获取地方政府部门主链上的部分相关数据处理其事务，在小范围内达成共识的同时，加快了交易速度，提高了服务响应效率，同时减轻了营运商的压力，优化了其营运能力。

（四）利用私有链提升部门内部数据管控能力

私有链是指在组织或机构内完全控制数据或链上数据的读写权限，并且该链中所有参与者的节点都受到严格监管。私有链具有三个特点：一是私有链的交易速度快且交易成本低，因为它不需要所有网络节点来验证数据，只需要公认的高可靠性的节点验证交易即可；二是私有链的价值在于提供安全可靠、可追溯的数据信息，并且不会轻易受到恶意攻击，用户必须先注册验证身份得到许可后才能访问和使用；三是私有链可以提供更好的隐私保护，并且交易数据不会在整个网络中公开，私有链的使用场景通常在企业中，如中央银行发行的数字货币实际上就是私有链。那么，也可以把私有链应用到政府内部，如政府的行业统计数据、预算和决策，可以提高数据采集效率，从而提升政府部门内部管控能力。私有链的大部分价值在于提供一个安全、可追溯、不可篡改，但功能强大、安全的自动化处理平台，以抵御来自外部对数据安全的攻击，而这是传统系统难以实现的。

当然，不得不说，在利用区块链技术提升政府数据治理能力的过程中可能也会存在某些意想不到的风险与挑战，保持"摸着石头过河"的小心心态还是非常有必要的，所以在区块链架构设计上不能一蹴而就，要反复论证，尤其是初期的安全设计规范，代码开发的质量、应用平台等都要进行反复测试与完善，在实际应用中，还必须建立长期有效的安全架构校正机制，保障使用过程的安全。但不可否认，区块链这项新兴技术确实契合了政府数据治理与应用过程中的诸多场景，在切实认清与规避风险的前提下合理加以运用，有助于地方政府在数据治理能力上的革新，有助于提升政府治理能力的现代化水平。

第四节　构建赣南等原中央苏区生态振兴之路

赣州作为国家森林城市，在生态领域的建设更是具有得天独厚的优势。因此，要坚持绿色转型，适当借助其他地市的先进经验，助力赣南苏区走生态振兴这条创新路。

一、赣南苏区生态振兴的条件分析

（一）地理环境因素

赣州作为江西森林覆盖率最高的城市，被誉为"生态王国"，可谓我国南方地区的重要生态屏障之一，它也是东江流域生态保护与修复试验区和赣粤闽边绿色发展的先行区。而打造新时代革命老区的"赣州样板"，离不开打造森林等生态资源保护的示范样板。除此之外，赣州作为江西省面积最大、人口最多的城市，还是连接粤闽湘三地，实现四省通衢的重要枢纽。

但就目前而言，赣州作为省域副中心城市的地位不够突出，未能很好地结合城市丰富的生态资源，具体体现在以下两个方面：

（1）生态价值转化程度不高。赣州的"三山"国家森林公园——翠微峰国家森林公园、峰山国家森林公园、阳明山国家森林公园存在创新化、系统化的生态资源保护、开发、利用程度不高等问题。

（2）地域辐射集聚作用有限。赣州作为四省通衢之地，与粤港澳大湾区"2

小时经济生活圈"的融入程度不强，尤其在交通的互联互通上，未能很好地接受大湾区的辐射。

（二）政策机制因素

根据《国务院关于新时代支持革命老区振兴发展的意见》，到2025年，革命老区生态环境质量持续改善；到2035年，革命老区形成生态环境优美的发展新局面。对于赣南苏区而言，最大的福祉莫过于守住生态红线，通过生态保护补偿机制、产权激励机制等手段，构筑起长江流域乃至整个南方地区的生态安全屏障。政策很好地弥补了当地产业层次不高等问题。根据"产业生态化"和"生态产业化"的相关理念，支持发展节能环保、清洁生产、清洁能源、生态环境、基础设施绿色升级、绿色服务等绿色产业，通过构建一条完整的绿色生态产业体系，为走出一条生态振兴路添砖加瓦。

另外，根据《赣州市国民经济和社会发展第十四个五年规划和2035年远景目标纲要》，赣州计划建设对接融入粤港澳大湾区桥头堡和省域副中心城市，注重推进与大湾区的产业协作，尤其注重"生态+产业"这一链条在绿色农产品对接上的深度融入，打造一批面向粤港澳的"菜篮子""果园子"基地。

（三）人文环境因素

实现生态振兴，除了天时地利，更重要的是人和。这里的人和，不仅囊括了政策制度上的扶持支撑，还包括生态理念的落地落实。而这不单局限于赣南苏区这一个地域，具体表现为以下三个方面：

（1）从生态观念的宣传上来看，生态理念的形成还处于一个较为传统的阶段。尽管民众对"两山"理论已经有了初步的认识，也对国家实行的"垃圾分类""河长制"等制度能够普遍接受并执行，但论及了解程度并不乐观。以森林公园等自然保护区为例，人们对这类生态资源的概念还停留在传统的游览观光上，尚未充分认识到森林等生态资源所蕴含的潜在价值。

（2）从环保材料的应用上来看，大到行业、小到民众的使用情况仍然不理想。国家正在实行碳达峰行动计划，而"低碳生活"也早已不是什么新鲜词汇。但就目前而言，赣州市大到大街小巷里的"绿牌"，尤其是公共交通工具的"出镜率"还处于较低水平；小到日常的外卖和快递包装，塑料用品的使用率仍居高不下。此外，在当前农村环境保护建设能力相对薄弱，尤其是农村农业产业发展滞后的状况下，城乡地区的环境污染问题仍然较为严重。因此，"无废"的城乡一体化建设刻不容缓，生态振兴路任重而道远。

（3）从基础设施的建设情况上来看，其在城镇一体化的"新基建"方面仍有不到位之处。赣南苏区的红色文化作为当地的一面"金字招牌",未能与其丰富的生态资源实现有效的"战略性互补",应以城镇化为主要定位,以文促旅,迸发赣南苏区"宜居宜业更要宜游"的革命老区活力。尤其在把好"乡镇"这一环上,更需要用好用活老区苏区"招牌",补齐乡村的基础设施短板,合理规划、开发、保存革命老区的历史风貌,实现"两山"理念的转化。

二、福建各地市的先进实践经验分析

(一)福州的实践经验

福州与赣州同属南方丘陵地带,同为"国家森林城市",福州的林地、森林生态资源丰富。在城市空间的利用层面,福州坚持市树榕树的遍植方针,类比河道的"河长制",全面推广"林长制",使满城的绿意看得见、留得住、管得着,着力打造"生态城市";与此同时,福州合理规划国家森林公园的建设,充分发挥森林这一生态资源的价值,实现由生态到文旅的合理转化,打造了一批科学文化内涵丰富、观赏价值较高的植物专类园区,包括各类盆景观赏园、珍稀植物园、茶园、榕树景观区及福建地区森林博物馆等。

此外,福州积极发展新能源公共交通建设,由政府联合相关行业出台一系列配套保障措施。一是采取"先建后补""以奖代补"和"贷款贴息"等方式,设立环境保护技术研发专项基金,专款专用,为相关企业提供资金支持和风险承担。同时,由行业制订奖惩方案,对企业员工下达节能减排等有利于生态保护的考核指标。二是政府通过完善配套设施的用地建设——如协调加气站、充电站的选址规划,落实输气管网、充电网络和场站等配套设施,以推动天然气和电动公交车、"油改气"的发展,践行百姓实现"绿色出行"这一宗旨。

(二)武夷山的实践经验

武夷山的生态振兴之路,尤其是其率先提出的"三大创新",即武夷品牌、生态银行、水美经济,于赣南苏区而言,有诸多可复制、可推广、可实践之处。

"武夷山的水品着喝"是其打出的一句广告词,而了解武夷山的人都知道,武夷山的水也孕育了武夷山的茶,催生出特色鲜明的武夷岩茶等茶业,茶业领域的企业带动家庭农户,建设茶叶等特色农产品电商平台,增进现代农业与小农户之间的有机衔接。仅从"武夷山的水"这一点,就能催生出一整条较为完整的生态资源"价值线",生态美了,百姓也富了,可见打造产品、打出品牌的重要性。

另外,在打造"两山银行""生态银行"上,武夷山找准定位,大胆创新,充分借助武夷山的自然资源优势，着力培育发展"运动+""康养+"等生态服务业。其中，环武夷山国家森林公园正是一个较为成功的例子。该公园大力发展世界遗产观光、旅行观光、体育休闲等，打造了一批互动性、体验性强的文旅融合项目。仅体育休闲一项，该公园已举办武夷山国际马拉松赛、全国龙舟赛、郊野钓鱼赛、大武夷超级山径赛等赛事。

（三）长汀的实践经验

长汀自古为闽粤赣三省边陲要冲，被誉为"福建省的西大门"；而且"红旗越过汀江，直下龙岩上杭"，长汀更是闽西苏区的核心城市、中央苏区的核心地区。它的生态振兴路于赣南苏区而言，可谓是打开了一扇通向康庄大道的大门。

（1）依托丰富的林地资源、优良的生态环境，长汀因地制宜，走出了一条"生态产业化，产业生态化"的生态旅游之路。庵杰乡的汀江源国家级自然保护区就是该地的一个成功案例。该景点以"鲤跃龙门"为主题，充分利用汀江源变化多端的生态地形，打造主线由溪潭、险滩、田园风光带、摩崖雕刻群、溶洞等自然景观组成的"汀江源龙门漂流"路线，为打出"天下客家第一漂"这一生态旅游品牌奠定了坚实的基础，更为保护"一江两岸"献出了绵薄之力。

（2）在水土流失的治理上，长汀也积攒了一套从生态保护，到生态治理，再到生态修复的"长汀经验"。长汀牢记习近平对水土流失治理提出的"进则全胜，不进则退"的嘱托，确定了治山与治水，治理与保护，政府主导、群众主体与社会参与"三个结合"的治理思路，类比生态效益补偿机制，提出"谁治理、谁投资、谁受益"这一原则，推行承包、租赁、股份合作等开发模式，上到由政府引进扶持一批相关企业进驻投资，下到积极引导群众和社会志愿团体发展当地的特色农林业进行退耕还林，以"生态产业"这一小支点撬动"水土治理"这一大工程。当然，这里的"林"不仅限于普通的小树苗，而是经济农作物的树苗，如油茶、板栗、梨树等，既能减轻水土承载力，提高水土流失的治理效益，又能增加苏区人民的创收，可谓走出了一条兼顾生态建设与经济发展的可持续发展之路。

三、赣南苏区打造新时代革命老区"赣州样板"的可行性探索

（一）特色农业扩优势

森林资源丰富的赣南苏区培育出了一批特色优势的农业集群，同样能续写生态美好、百姓富裕的故事。赣南地区油菜资源丰富，盛产富硒农产品，又是"橙乡"，因此，应推动油菜、赣南脐橙以及富硒品种的培优与品质的提升。借鉴武

夷山的"武夷品牌"策略，运用"龙头企业+合作社+职业农户"的组织模式，引进和培育职业农户，推进农产品的标准化生产，打出独具特色的"赣南品牌"。以绿色食品、有机农产品为宣传点，辅以"让赣南的油菜走进千家万户、赣南的脐橙享誉中国大地"等宣传推介，加强特色优势产品的认证，不断提高品牌影响力和公信力，打造覆盖农林牧副渔五业的品牌生态圈。

（二）传统工业速转型

（1）坚持绿色为特色导向，积极争取和引导绿色技术创新企业"走进来"。围绕绿色技术创新企业的培育，重点扶持绿色产业的龙头企业，包括电子信息、新材料、新能源汽车等新型制造业。仅以新能源汽车为例，赣南苏区可以充分借鉴福州的先进经验，在技术创新层面，加速发展氢能制取、储运和应用，研究推进氢燃料电池车辆加氢设施建设，促进新能源汽车产业链发展。

（2）严格控制污染型产业的发展，因地制宜促进污染型行业的转型升级。一是提高高耗能、低产能、低附加值行业的准入门槛，以"节能降耗"为目标，推进清洁生产和淘汰落后产能，促使其进行技术改造，推动传统工业向低碳、循环、绿色方向迈进，创建一条"工厂—园区—供应链企业"的绿色环保体系；二是完善第五代移动通信网络、工业互联网、物联网等新一代信息基础设施，借助"生态+科技"引领工业的转型发展。

（3）积极引进和培育创新型人才，助力传统工业的创新驱动发展。积极推进赣州地区的"苏区之光"人才计划、"赣才回归"工程、"赣商名家"成长行动、"赣州工匠"培育计划等人才引进计划，进行科技创新，建设研究资源的绿色高效利用的科技创新平台。

（三）生态林业守红线

解决赣南等原中央苏区的生态问题，不仅局限于传统的对生态环境的保护和修复，更要推陈出新，在坚决守住"生态保护红线"这一前提下，化被动为主动，将生态林业建设，创新性地与"美丽乡村"建设结合起来，由单纯的"横向修复"适时与"竖向治理"相结合，打造山水林田湖草综合治理样板。

（1）乡村环境的"六乱"问题根深蒂固，倘若这一"疑难杂症"没有及时"药到病除"，生态林业建设上的攻坚克难就平添了许多阻力。美丽乡村"美"在哪儿？答案很明确："美"在其生态宜居。因此，注重乡村环境的整治与升级，重点是推动人居环境的提升，把乡镇建成生态林业治理的中心，使乡镇起到发展示范作用。前面提到，福建武夷山发展"水美"经济的一个大前提，就是要打造水美乡村。在污水防治方面，深入开展"清河行动"，推进乡镇污水管网全覆盖，梯次实施农村污水治理，打造水保示范园。另外，根据《国务院关于新时代支持革命老区振兴发展的意见》，该地区的山区存在水土流失、过度开垦等典型问题。因此，将乡镇山区中的废弃矿山生态修复作为治理源头，实施土地的复垦治理，打造生态矿业、绿色矿业发展示范区，发展矿山公园，实现"变沙为宝""变景为财"。生态林业综合治理的最高目标，便是实实在在地将"绿水青山"转化为看得见的"金山银山"。借鉴福建武夷山的成功经验，赣南苏区可以将"森林公园"这一林业资源进行生态效益的转化，着力发展以休闲游憩为核心的保健旅游，重点招徕森林休闲度假的中老年游客，积极引导、扶持一批"生态+康养"生态服务业走进自然，设立森林浴场、森林休疗所、健康步道、森林医院等休闲设施和场所，建设全国知名的康养基地。

（2）打造乡村山水林田湖草综合治理样板，离不开乡村规划治理体系的完善。除了上文提到的以外，利用"生态+矿业"、"生态+保健"等进行创新型治理还需要在"生态+红色旅游"这一特色导向上下足功夫，发挥赣南苏区以红色文化著称这一优势。生态林业如何"守"，答案很明确：与赣南苏区的文化繁荣互利共赢地"守"，走出一条可行之路。补齐乡村的基础设施短板，完善乡村文化旅游服务，重点是合理规划开发传统的古村落、古建筑、古革命遗址，保存历史风貌，划定和落实乡村建设的历史文化保护线，深挖乡村的红色文化与乡村的"美丽生态"相结合，实现"生态林业"在结合"生态文旅"后的生态价值最大化。

（3）赣南苏区书写生态林业路、生态振兴路的历程，归根结底，是革命老区人民书写奋斗史的历程。但这一奋斗史如何书写需要动员全体老区人民从上至下、群策群力，借鉴长汀"三个结合"的治理思路，实现政府主导、群众主体以及社会参与三管齐下的"竖向治理"方针。对于政府有关职能部门，要建立及时的生态环境保护与监察机制，对环境的监测管理信息做到实时、透明、全公开，遇到环保问题，利用大数据平台及时进行前端的风险预警与后端的反馈。建立环境资源联动与处理机制，辅以设置林权生态补偿制度，借鉴城镇的"污染者付费+第三方治理"，探索乡村林地资源的有偿使用和生态效益的补偿。哪里的"青山"看不见了，哪里就由相关责任人负责补偿。"政绩"不是纸上谈兵的数据，"绿水青山"也不是想象中的抽象画，都需要下到"基层"中，下到"自然"里，走一走，看一看，实地调研一番，看看其是否如画中所描绘的那样"青"和"绿"。对于社会群众，一方面，鼓励他们利用舆论监督这一"利器"间接参与生态林业的综合治理；另一方面，鼓励社会企业利用生态保护修复的产权激励机制，通过租赁、置换、合作等方式规范流转集体林地，筑牢我国乡村地区生态林业建设甚至是南方地区重要生态屏障。

第五节 全面迈向小康新时代

赣州享有国家历史文化名城、全国文明城市、中国优秀旅游城市、全国双拥模范城市等荣誉称号，也是原中央苏区所在地，是中国革命的摇篮。赣南的发展兴旺，对江西省乃至全国都意义重大且深远。

党和国家一贯重视赣南发展，出台了一系列指导赣南发展的意见和政策措施。《若干意见》的出台推动了赣南等原中央苏区的振兴发展。党的十九大以来，国家继续重视赣南发展。2021 年《国务院关于新时代支持革命老区振兴发展的意见》正式出台，支持赣州建设革命老区高质量发展示范区，将赣州振兴发展纳入国家重大区域战略。2021 年 4 月，国务院印发《新时代中央国家机关及有关单位对口支援赣南等原中央苏区工作方案》，进一步协调优质资源，调动积极因素，为新时代赣州发展注入强大动力。那么，在乘势而上全面建设社会主义现代化国家，实现中华民族伟大复兴的新征程中，赣州该如何抓住机遇，值得探究。

自 2012 年《若干意见》出台实施以来，在党中央、国务院的殷切关怀和国家相关部委的大力支持下，在江西省委、省政府的强力推动下，赣州市抢抓机遇，主动对接，推动赣南苏区振兴发展取得了瞩目的发展成果。2020 年是不平凡而艰难的一年。在江西省委、省政府和赣州市委的强有力领导下，深入贯彻习近平总书记视察江西和赣州的重要讲话精神，统筹经济社会发展，扎实做好"六稳"工作，全面落实"六保"任务，确保经济社会保持稳定发展。"十三五"时期，赣州市 GDP 增幅实现江西省五连冠，也是赣州综合实力迅速提高、城乡格局变化最大、群众的获得意识最强、创业氛围最浓厚的时期，它为"十四五"规划和社会主义全面现代化的开始奠定了坚实的基础。

回顾过去五年，赣州经济社会发展取得显著成效。一是《若干意见》目标较好地实现；二是在脱贫攻坚方面取得决定性的胜利；三是综合实力跃上新台阶，GDP 增幅连续五年江西省第一；四是老区面貌发生深刻变化，开通昌赣高铁和国际航线，供电能力大幅提升；五是人民生活有了很大改善。

2019 年赣州市全面小康监测指标实现情况总实现程度达 91%，总体完成情况较好，如表5-11所示，一级指标经济发展总体实现程度85.5%。在经济发展二级指标方面，除了全员劳动生产率实现值5.89，目标值不小于9.56，实现程度61.6%；战略性新兴产业增加值占GDP比重实现值5.1，目标值不小于8，实现程度64.0%；研究与试验发展经费投入强度实现值1.4，目标值不小于2，实现程度70.6%，其余监测指标实现程度均在85%以上，总体实现情况比较好。

表 5-11   2019 年赣州市全面小康监测指标实现情况（经济发展）

指标		计量单位	目标值	2019 年	
				实现值	实现程度（%）
一级指标	经济发展	%	—	—	85.5
二级指标	GDP（2010 年不变价）	番	≥1	1.19	100.0
	服务业增加值占 GDP 比重	%	≥45	49.8	100.0
	常住人口城镇化率	%	≥60	51.9	86.4
	互联网普及率指数	%	100	94.4	94.4
	全员劳动生产率	万元	≥9.56	5.89	61.6
	研究与试验发展经费投入强度	%	≥2	1.4	70.6
	战略性新兴产业增加值占 GDP 比重	%	≥8	5.1	64.0
	高新技术产业增加值占规上工业增加值比重	%	≥35	39	100.0

资料来源：赣州统计年鉴 2019 ［EB/OL］. 赣州市统计局，https：//www. ganzhou. gov. cn/zfxxgk/ c100093n1/202006/3a1969224f2142788f27ce3714b4313f. shtml.

如表5-12所示，2019 年赣州市全面小康监测指标一级指标民主法治的总体实现程度为89.0%。其中，就民主法治的二级指标而言，除了每万人口行政诉讼发案率实现值1.4，目标值不大于1，实现程度71.6%；每万人口拥有律师数实现值1.35，目标值不小于1.54，实现程度87.4%，其余监测指标实现程度均在95%以上，总体实现情况比较好。

表 5-12   2019 年赣州市全面小康监测指标实现情况（民主法治）

指标		计量单位	目标值	2019 年	
				实现值	实现程度（%）
一级指标	民主法治	%	—	—	89.0

续表

	指标	计量单位	目标值	2019 年	
				实现值	实现程度（%）
二级指标	基层民主参选率	%	≥93	90.3	97.1
	每万人口拥有律师数	人	≥1.54	1.35	87.4
	每万人口行政诉讼发案率	件	≤1	1.4	71.6
	公众安全感指数	%	≥95	98.5	100.0

资料来源：赣州统计年鉴 2019［EB/OL］.赣州市统计局，https：//www.ganzhou.gov.cn/zfxxgk/c100093n1/202006/3a1969224f2142788f27ce3714b4313f.shtml.

如表 5-13 所示，2019 年赣州市全面小康监测指标一级指标文化建设的总体实现程度为 79.7%。关于文化建设的二级指标，除了人均文化体育和传媒财政支出目标值大于实现值，实现程度 56.0%；居民文化娱乐服务支出占家庭消费支出比重实现值 2.9，目标值不小于 4.2，实现程度 68.6%；"三馆一站"文化服务设施覆盖率实现值 107.2，目标值不小于 120，实现程度 89.3%，其余监测指标实现程度均在 90% 以上，总体实现情况较好。

表 5-13　2019 年赣州市全面小康监测指标实现情况（文化建设）

	指标	计量单位	目标值	2019 年	
				实现值	实现程度（%）
一级指标	文化建设	%	—	—	79.7
二级指标	文化及相关产业增加值占 GDP 比重	%	≥5	4.5	91.0
	人均文化体育与传媒财政支出	元	≥200	112	56.0
	"三馆一站"文化服务设施覆盖率	%	≥120	107.2	89.3
	广播电视综合人口覆盖率	%	≥99	98.96	100.0
	居民文化娱乐服务支出占家庭消费支出比重	%	≥4.2	2.9	68.6

资料来源：赣州统计年鉴 2019［EB/OL］.赣州市统计局，https：//www.ganzhou.gov.cn/zfxxgk/c100093n1/202006/3a1969224f2142788f27ce3714b4313f.shtml.

如表 5-14 所示，2019 年赣州市全面小康监测指标一级指标人民生活总体的实现程度为 97.6%。在人民生活二级指标方面，除了平均受教育年限实现值 9.4，目标值不小于 10.8，实现程度 86.6%；城乡收入比实现值 2.92，目标值不大于 2.33，实现程度 87.7%；每千人口执业（助理）医师数实现值 1.91，目标值不小于 2，实现程度 95.5%；公共交通服务指数实现值 98.5，目标值 100，实现程度 98.5%；农村贫困人口累计脱贫率（现行标准）实现值 98.7，目标值 100，实现程度 98.7%，其余二级监测指标城乡居民人均收入、城镇登记失业率、居民人均住房建筑面积、平均预期寿命、基本社会保险参保率指数、单位 GDP 生产安全事故死亡率和产品质量合格率的实现程度均达到 100%，总体情况良好。

表 5-14　2019 年赣州市全面小康监测指标实现情况（人民生活）

指标		计量单位	目标值	2019 年	
				实现值	实现程度（%）
一级指标	人民生活	%	—	—	97.6
二级指标	城乡居民人均收入（2010 年不变价）	番	≥1	1.19	100.0
	城镇登记失业率	%	≤5	3.19	100.0
	城乡收入比	—	≤2.33	2.92	87.7
	居民人均住房建筑面积	平方米	≥44	47.8	100.0
	公共交通服务指数	%	100	98.5	98.5
	平均预期寿命	岁	≥74.5	77.6	100.0
	平均受教育年限	年	≥10.8	9.4	86.6
	每千人口执业（助理）医师数	人	≥2	1.91	95.5
	基本社会保险参保率指数	%	100	100	100.0
	农村贫困人口累计脱贫率（现行标准）	%	100	98.7	98.7
	单位 GDP 生产安全事故死亡率（2010 年不变价）	人/亿元	≤0.078	0.073	100.0
	产品质量合格率	%	≥92	94	100.0

资料来源：赣州统计年鉴 2019［EB/OL］．赣州市统计局，https：//www.ganzhou.gov.cn/zfxxgk/c100093n1/202006/3a1969224f2142788f27ce3714b4313f.shtml.

如表 5-15 所示，2019 年赣州市全面小康监测指标一级指标资源环境的总体实现程度为 96.5%。就资源环境的二级指标而言，除了单位 GDP 建设用地使用面积实现值 85.8，目标值不大于 58，实现程度 78.2%；单位 GDP 用水量实现值 130.7，目标值不大于 112，实现程度 85.9%；污水集中处理指数实现值 96.4，目标值 100，实现程度 96.2%，其余的二级指标包括生活垃圾无害化处理率、一般工业固体废物综合利用率、农村自来水普及率、农村卫生厕所普及率、单位 GDP 能源消耗、非化石能源占能源消费比重和环境质量指数的实现程度均为

100%，总体实现情况较好。

表 5-15 2019 年赣州市全面小康监测指标实现情况（资源环境）

指标		计量单位	目标值	2019 年	
				实现值	实现程度（%）
一级指标	资源环境	%	—	—	96.5
二级指标	单位 GDP 建设用地使用面积（2010 年不变价）	公顷/亿元	≤58	85.8	78.2
	单位 GDP 用水量（2010 年不变价）	立方米/万元	≤112	130.7	85.9
	单位 GDP 能源消耗（2010 年不变价）	吨标准煤/万元	≤0.456	0.403	100.0
	非化石能源占能源消费比重	%	≥11	20	100.0
	环境质量指数	%	100	100	100.0
	污水集中处理指数	%	100	96.4	96.2
	生活垃圾无害化处理率	%	≥95	100	100.0
	一般工业固体废物综合利用率	%	≥73	86.2	100.0
	农村自来水普及率	%	≥80	89	100.0
	农村卫生厕所普及率	%	≥85	96	100.0

资料来源：中共江西省委宣传部. 赣南原中央苏区高质量发展调研报告［EB/OL］. https：//www.jxnews.com/cn/tpz/system/2021/02/02/019180459.shtml，2021-02-02.

所以，近年来，赣州市委、市政府坚定不移践行"两山"理论，坚持保护与发展森林管理制度，加强森林资源管理，使赣州的空气质量达到稳定的国家二级标准，城市中心地区饮用水泉水质量标准为100%，赣州市森林覆盖率提高到76.23%，并获得首批全国森林旅游示范市的荣誉。赣南苏区人民把"绿水青山就是金山银山"这一发展理念深刻融入心中。倡导绿色、崇尚创新、注重协调、厚植开放、推进共享将成为未来赣南发展的主旋律，而绿色将作为"十四五"时期赣南经济社会发展的重要内生变量，贯彻于整个经济、政治、文化、社会建设中，解决人与自然和谐共生问题，实现赣南苏区高质量发展和经济的可持续增长。

"十四五"时期要努力构建赣南发展的新格局，具体建议包括：

一、坚持以经济建设为中心，增强区域经济影响力

发展"四大经济"，即城市经济、工业经济、旅游经济、回归经济。这为赣州发展提供了一些借鉴。

所谓城市经济，就是加强城市治理。提高城市管理建设水平，也是社会主义现代化建设的重要一环。一个城市要想发展经济、招商引资，首先必须给人一个良好的最初印象。赣州要抓好城市市容市貌整治工作，开展沿街店面美化工程。加强城市执法队伍建设，完善相关执法细则，提高执法人员素质。要有条不紊开展城中村和老旧小区改造事项，让城市焕然一新。同时，要完善城市基础设施建设，做好发展"硬件"工作。优秀文化促进经济发展，要打造城市文化品牌，弘扬道德模范、乡贤品质精神，营造"文明城市、你我同行"的良好社会氛围，做足发展"软件"工作。加强智慧城市建设，围绕"1411"体系，继续推进赣州蓉江新区建设，打造全方位互联互通，实现新区功能广泛感知、政务资源共享互通、区域经济动态可视、市民生活便捷顺畅。

工业经济主要立足于第二产业。赣州轻、重工业发展优势明显。赣州加强矿产开采生态保护，实现绿色发展、可持续发展。可以与安徽合肥的中国科学技术大学合作，共享前沿科研信息和科技发展动态，瞄准战略定位，制定发展规划。出台高科技人才落户优惠政策，着力满足人才在住房、医疗、子女教育等方面的需求，以最大诚意、最优措施，招贤纳士。

赣州南康区是中国实木家具之都、千亿家具产业基地。要继续深化政策扶持，支持家具企业发展。积极吸纳家具界人才，给予优厚待遇。扩大一年一度的南康家具博览会的影响力，通过赣州国际陆港和中欧班列，推动家具"走出去"。赣南脐橙作为国家地理标志产品，品种多，味道好。要加大科技投入，培育优良品种，提高果树抗病抗灾能力。扩大优质供给，推动脐橙产品绿色化。开发多种产品，积极宣传，提升品牌知名度。赣州多丘陵和山地，光照充足，水源丰富。得天独厚的自然条件，有利于茶树生长。同时，毛竹等植物资源，白莲、蔬菜等农产品种类多，中医药资源也丰富。赣州要与相关科研院所、制药企业、高等院校合作，打造中医药特色产业链。推动农业种植结构调整，加快现代农业、特色农业发展，建设面向东南沿海和粤港澳大湾区的农业生产示范区。

赣州山清水秀，人文底蕴深厚，旅游资源丰富。赣州旅游可以分成四个部分来发展。一是红色游。赣南是革命老区、红色故土。二是山水游。于都县的屏山、宁都县的翠微峰、石城县的通天寨、会昌县的汉仙岩等风景如画、令人向往，适合打造生态名片，使赣州成为美丽中国江西样板。三是文化游。赣州被誉为"客家摇篮"。赣州要立足于国家级客家文化（赣南）生态保护实验区，结合赣县区客家文化城、章贡区五龙客家风情园，以"一区两点"的布局，不断向外推介客家文化，引起海内外客家儿女的共鸣，打造客家文化寻根地。四是产业游。赣南脐橙产业不断壮大，知名度不断提高。可以将旅游项目融入脐橙产品种植、采摘、生产全过程。依托信丰赣南脐橙产业园，打造赣南脐橙产业绿色、可持续名片。

回归经济就是吸引在外乡的江西人，特别是赣州人回乡创业或是到家乡投资。赣州可以出台相关政策，为返乡创业、投资人员提供便利化、"一站式"服务。可以为回乡人员提供衣食住行等方面补贴，也可以依托各地的江西商会进行宣传，让更多的外地家乡人感受到来自家乡的温暖与热情。当地政府可以在现有的赣州跨境电商产业园的基础上规划建设电商企业孵化园，为高质量电商人才提供发展平台，为赣州培养更多的电商专业人才，增强产业可持续发展能力和核心竞争力。

二、加强党政建设，推进政府治理现代化

（1）提高思想认识和理论水平。赣州全市党政干部要找准政治站位，树立历史眼光，强化理论思维，增强大局观念，丰富知识素养，坚持问题导向。广大党员干部要主动学习马克思主义基本原理，并内化于心、外化于行，做到在认识、分析和处理党和国家政治问题时，在做出重大政治决策时，所站的政治立场正确，并具备一定的政治高度。要增强"四个意识"，坚定"四个自信"，做到"两个维护"。

（2）建设服务型政府。全力建设"五型"政府，深化"放管服"改革，实行政府权责清单制度，创建政务服务满意度一等地市。深化相对集中行政许可权改革试点。加强数字政府建设，推进数字政务一体化提档升级，推行链上政务、智能审批、智慧服务，实现政务服务"一次不跑、全程网办"，着力解决好群众服务"最后一公里"问题。用好政务服务"好差评"制度，深化"大众评公务"活动。深化商事制度改革，建立健全包容审慎的监管机制。建设"全产业链审批"服务示范区，推行企业入赣"无差别"办事体验。

（3）保障政府履职能力。强化规划战略引领和刚性约束作用，推进统计现代化改革，加强经济监测预警和政策预研储备。强化财政资源统筹，加强中期财政规划管理，大力推进零基预算和财政支出标准化改革，强化预算约束和绩效管理，增强重大战略任务和基层公共服务保障能力。健全政府债务管理制度，保持政府债务风险安全可控。深化征管体制改革，培育壮大地方税源。

三、加大民生方面投入，让发展成果惠及更多人民

就业是最大的民生。赣州要从人民群众的根本利益出发，把保就业放在突出位置，实施就业优先战略和积极的就业政策，打造良好的就业与创业环境。积极推动大众创业、万众创新。定期进行社会就业率与失业率调查，落实失业登记与失业保险金的发放。鼓励企业承担社会责任，增加就业岗位。

（1）在教育方面，赣州要深化教育体制机制改革，发展素质教育。要建立从学前教育到高等教育的教育监管体系。坚持为人民办教育，办人民满意的教育。坚决杜绝教育商业化、利益化。在幼儿园和小学，尝试实施课后托管制度，由专职教师看管、辅导学生直至家长下班。这样既能保障学生安全，又能减轻学生课后负担。对于家住偏远、上学不便的学生，有关部门可以规划校车接送路线，定点定时接送。要统筹协调、合理分配教育资源，热点地区适当增加学校数量。开展学校安全设施大检查，定期组织学生进行防灾自救演练，增强学生自我保护意识。开展校园安保人员培训，提高应急突发事件处置能力。同时，坚持学校疫情防控不松懈。

（2）在医疗方面，赣州要大力发展医疗事业。继续推进城镇医疗保险、新型农村合作医疗、居民大病保险等项目，让医疗保险人人参与、人人受益。增加公立医院数量，提高医护人员整体素质。开展诊所、私立医院等的专项检查，打击非法医疗经营活动。完善养老保险制度，大力发展康养产业。充分利用社会资本的力量，扩大康养市场主体，推动核心康养服务带、功能康养区、特色康养区，即"一带两区"又好又快发展。积极推广社区医疗服务，实行分级诊疗制度，推动实现"小病不出户，大病不出县"。

（3）在文化方面，赣州要推动文化事业繁荣多元发展。赣州历史悠久，文化丰富，着力推动客家文化、红色文化创造性转化、创新性发展，推动优秀文化内容形式、体制机制、传播手段创新。要结合当今时代背景来改编文化故事，使其打动人心、催人奋进。可以通过小品、话剧、舞台剧、漫画、小说等形式，以广播电视、报纸杂志、自媒体、社交软件、视频软件为载体，弘扬正能量。推动优秀文化进校园、进课堂，让学生们沐浴在春风下。定期举办文化展览、文艺汇演等活动，采用人民群众喜闻乐见的方式，宣扬优秀文化以及现如今的大政方针。通过这一系列措施，打造独特的地域文化名片。

基层治理不容忽视。赣州要注重基层治理中德治与法治的结合。推动制定村规民约等居民日常行为规范，开展道德模范评选活动，宣传好人好事、善行义

举。重视乡贤的作用，积极塑造新时代新乡贤。借鉴浙江诸暨"枫桥经验"，党政动手，依靠群众，预防纠纷，化解矛盾，维护稳定，促进发展。将大事化小，小事化了。还应宣传法律法规，增强居民法律意识，筑牢基层防线。

四、进一步完善基础设施网络，打造国家交通枢纽

（1）发展市内交通。治理城市道路堵点，打通断头路，兴建高架桥，打造城市快速路网。完善公交服务网络，拓展公交服务范围，实施城乡公交一体化改造，开通特色线路、旅游线路、游赣江水上巴士，积极争创国家公交都市。合理规划赣州轨道交通线路，深入开展可行性研究，争取早日开工、早日开通。加强对城市出租车的监督管理，使其成为赣州亮丽的风景线。

（2）加快铁路尤其是高速铁路建设。建成赣深高铁、兴泉铁路，开工瑞梅铁路、长赣高铁。争取赣郴永兴（赣郴桂）铁路、赣韶铁路扩能工程等纳入国家、省铁路"十四五"发展规划，景鹰瑞铁路和赣广、赣龙厦高铁纳入国家、省中长期铁路网规划。推动加密铁路运输通道，加快形成"两纵三横两放射"铁路网布局，推动加大普速货运铁路路网投资建设和改造升级力度。开展市域铁路规划研究，打造市际交通圈。以纵向京港澳通道、横向厦渝通道为主干，融入粤港澳大湾区，拥抱东南沿海，携手成渝城市群。

（3）加大公路建设力度。建设寻乌至龙川高速江西段、信丰至南雄高速公路、遂川至大余高速公路。实施大广高速南康至龙南段等国省道干线改造扩容工程。建设"四纵四横八联"高速公路网，便捷连接重点城镇和主要旅游景区，打造最美旅游公路。

（4）推动航空、水运发展。加快瑞金机场建设，推动实施赣州黄金机场三期扩建工程，建设黄金机场航空口岸并正式对外开放，争取建设国际邮件互换局、国际快件监管中心；加快综合水运枢纽建设和航道整治，争取国家加快赣粤运河前期研究工作。

（5）推进通信网络建设。加快5G基站布局建设，努力实现5G下乡进村，扩大5G服务范围，可以在主城区建设城市公共无线网，全天候、全时段向公众开放，让更多群众享受到优质网络服务。

（6）增强水文设施服务和灾害防御能力。推动建设一批重点水源工程和大型灌区工程，推进大中型灌区续建配套与现代化改造、中小河流治理、病险水库除险加固和山洪灾害防治等工程。更好地保障居民生活用水和生命财产安全。

（7）开展能源基础设施建设。争取规划建设支撑性清洁煤电项目、煤运通

道和煤炭储备基地，推动加快建设跨区域输电工程，完善电力骨干网架，推动加快石油、天然气管道和配套项目建设。实现能源供应主体多元化，提高能源调配水平，保障稳定持续的能源供应。

五、实施创新驱动，构建区域性新兴产业合作基地

（1）优化产业体系，打造产业集群。全市着力构筑"2422"的主导产业体系。提升现代农业及农产品精深加工、文化创意及休闲旅游两大特色品牌产业；重点打造稀土钨新材料及应用、新能源汽车及配套、电子信息、以家具为主的都市工业四大工业支柱产业；重点培育生物医药、高端装备制造两大新兴工业主导产业；培育以保税物流和区域电商物流为主的现代物流业，以金融科技服务、高端商务商贸为主的生产性服务业两类现代服务业。围绕特色优势产业，引进培育一批带动性强的龙头项目，打造若干个千亿元支柱产业集群和一批百亿元新兴产业集群。

（2）实施"双轮驱动"，培育新兴产业。推进工业、服务业"双轮驱动"发展道路，依托制造业深入发展生产性服务业，形成"二三产联动"模式。坚持创新引领，提升科技创新能力。打造区域性科研创新中心，建设一批科技企业孵化器、众创空间、高新技术产业化基地等科技创新平台。推进赣州市国家级产城融合示范区和龙南、信丰两个省级产城融合示范区建设，鼓励在产城融合体制机制上先行先试。大力推进发展智能制造，建立健全智能制造行业标准和智能制造创新平台。

（3）对接发达地区，加强产业合作。推进产业转移向产业合作转变，充分利用区域性交通设施改善的有利条件，推进瑞兴于试验区、三南地区融入赣粤、赣闽产业合作区的建设，实现"优势互补、资源共享、合作发展"，协力完善基础设施建设，推进区域生态保护，拓宽区域旅游合作，开展产业对接、经贸互动等。

六、下好科技创新"先手棋"，在绿色创新发展上做示范

（1）创新"绿色+农业"。在2020年中央一号文件中，建议利用现有资源来建设大型农业和农村大数据中心，并发展现代信息技术，如物联网、大数据、区块链、人工智能、5G和应用于农业领域的智能天气，以智慧农业为代表的新一轮"绿色+农业"技术革命正在深刻改变着传统农业生产方式。"十四五"时期，赣南苏区应明确清楚障碍，加大规划进程，科学设计农业发展战略，这对于加快发展优质农业具有重要意义。

（2）创新"绿色+工业"。当产业蓬勃发展时，所有产业都蓬勃发展，而当产业强大时，人们就变得富有。"十四五"时期，赣南必须加大种植力度，并引入一些强有力的建链、补链、延链、强链项目，以实现低消耗、低排放、高效率和高生产的绿色循环产业集群，加快形成"四种经济模式"引领绿色经济发展的新模式。

（3）创新"绿色+服务"。创新绿色生产性服务业与绿色生活服务业。"十四五"时期，赣南必须加大绿色服务产业平台体系的建设，促进绿色服务产业链的整合，同时，发展生态旅游业、绿色餐饮业、绿色物流业等代表绿色服务产业，提高整体绿色服务水平。

七、做好扩大内需"大文章"，在构建绿色新业态上勇争先

扩大内需已然成为构建新发展格局的核心要求。"十四五"期间，赣南必将把加快培育新消费、促进消费创新、深化供给侧结构性改革作为主要着力点，促进新供给和新业态的快速形成，做好扩大内需"大文章"。例如，通过创建物联网、云计算和大数据等项目，促进赣南在"生态旅游+文化体育""生态旅游+养老+医疗"等行业的全面发展；促进新兴医疗教育和细分市场发展的公共服务平台"数字医疗"的建设，积极研究和开发"康养+农业""康养+中医""康养+旅游""康养+体育"的新形式，积极争取构建全方位、示范性康养新业态。

八、增强改革开放"动力源"，构建赣南绿色发展新格局

中央经济工作会议指出，全面推进改革开放，要更加注重以深化改革开放增强发展内生动力，要在一些关键点上发力见效。"十四五"时期，赣南在完善社会主义市场经济体制的同时，还将努力营造全国一流营商环境，探索建立绿色金融市场体系，完善绿色货币政策和税费体系；研究建立绿色信用评估新指标体系，将生态环境保护和污染治理理念纳入资本市场、外汇市场和其他市场经济活动。通过绿色金融体系改革加快推进赣南产业转型和升级，走上绿色、低碳、循环的发展路径，以实现"碳达峰、碳中和"的目标和愿景，引领全省经济技术变革的方向，构建赣南绿色发展新格局。

九、依托绿水青山，打造健康养生基地

依托绿水青山的自然条件，推进建设医养结合示范城市，引进新业态、新模

式，发展生态休闲旅游产业和大健康产业，大力发展旅居、生态、休闲、温泉、观光等特色养老产业，建设一批养生养老中心和健康产业项目及高端健康养老与休闲旅游相结合的综合产业体，打造以青峰药谷为核心、多点分布的，重点面向赣南地区、赣粤闽客家地区银发阶层、中产富裕阶层的颐养基地，申请设立国家中医药健康旅游示范区，打造国内知名的养生养老基地。

参考文献

［1］Lev Ratnovski，Qin C. No Difference in Effect of High-speed Rail on Regional Economic Growth Based on Match Effect Perspective？［J］．Transportation Research Part A：Policy and Practice，2007（106）：144-157.

［2］Stiglitz. Regional Impacts of High-speed Rail：A Review of Methods and Models［J］．Transportation Letters，1997，5（3）：131-143.

［3］常言．既要金山银山　更要绿水青山——长汀县持续推进水土流失治理与生态文明建设［J］．福建党史月刊，2020（2）：14-18.

［4］陈绵水等．振兴原中央苏区的现实条件、产业布局和财税政策研究［M］．北京：中国社会科学出版社，2014.

［5］方雪娇．城市新能源公交车辆发展策略研究——以福州为例［J］．福建建筑，2015（10）：45-50.

［6］雷励华．教育信息化促进城乡教育均衡发展的国内研究综述［J］．电化教育研究，2019，40（2）：38-44.

［7］戚学祥．区块链技术在政府数据治理中的应用：优势、挑战与对策［J］．北京理工大学学报（社会科学版），2018，20（5）：105-111.

［8］田延光等．民生发展与改革实践——赣南苏区研究［M］．北京：经济管理出版社，2017.

［9］田延光等．共享理念下的赣南等中央苏区脱贫攻坚研究［M］．北京：经济管理出版社，2017.

［10］田延光等．赣南等中央苏区特色产业集群研究［M］．北京：经济管理出版社，2017.

［11］田延光等．民生发展与改革实践——赣南苏区研究［M］．北京：经济管理出版社，2017.

［12］魏后凯，田延光等．全国原苏区理论与实践［M］．北京：经济管理出版社，2018.

［13］王忠君．福州国家森林公园生态效益与自然环境旅游适宜性评价研究［D］．北京林业大学硕士学位论文，2004.

［14］姚毅．高铁经济对区域经济发展的影响［J］．开放导报，2018，196（1）：96-100.

［15］张毅，肖聪利，宁晓静．区块链技术对政府治理创新的影响［J］．电子政务，2016（12）：11-17.

［16］张雨菡，陈光临．高铁经济效应下中小城市应对之策——以安徽省铜陵市为例［J］．学周刊（下旬），2016，297（21）：31-32.

［17］中央党校第46期中青一班学员调研课题组，刘苏社．做好山水特色文章　探索绿色发展新路——福建省南平市践行"两山"理论的探索与实践［J］．发展研究，2019（10）：66-70.

［18］朱宣霖．"虹吸效应"视角下的创新创业人才流失影响因素研究——以江苏镇江为例［J］．行政事业资产与财务，2019（12）：3-4.